业务运营：
目标分解与部门岗位
绩效量化考核设计

罗　赢　孙宗虎◎著

从业务到任务 / 从任务到事项
从事项到指标 / 从指标到考核

电子工业出版社·
Publishing House of Electronics Industry
北京·BEIJING

内容简介

本书对12大业务进行了目标分解，为57个岗位制定了绩效量化方案，为12个部门的人员编撰了绩效考核制度、办法和细则，让目标分解与绩效量化考核工作更具可操作性。

本书建立了基于目标分解的、从部门到岗位到人员的绩效量化考核系统，利用目标方案、制度、办法、细则等手段为绩效考核工作的开展提供了可参照的模板、样板。本书可以作为企业推进绩效量化考核的工作手册和工具书。

本书不仅适合企业管理人员、人力资源部工作人员、培训师、咨询师使用，同时也适合高校教师、学生阅读和使用。

图书在版编目（CIP）数据

业务运营：目标分解与部门岗位绩效量化考核设计 / 罗赢，孙宗虎著. —北京：电子工业出版社，2023.4

（弗布克绩效考核拿来即用系列）

ISBN 978-7-121-45156-0

Ⅰ.①业… Ⅱ.①罗… ②孙… Ⅲ.①企业绩效－企业管理－研究 Ⅳ.①F272.5

中国国家版本馆CIP数据核字（2023）第036164号

责任编辑：张　毅

印　　刷：三河市兴达印务有限公司

装　　订：三河市兴达印务有限公司

出版发行：电子工业出版社

　　　　　北京市海淀区万寿路173信箱　　邮编：100036

开　　本：787×1092　1/16　印张：17.5　字数：452.7千字

版　　次：2023 年 4 月第 1 版

印　　次：2023 年 4 月第 1 次印刷

定　　价：79.00元

凡所购买电子工业出版社图书有缺损问题，请向购买书店调换。若书店售缺，请与本社发行部联系，联系及邮购电话：（010）88254888，88258888。

质量投诉请发邮件至zlts@phei.com.cn，盗版侵权举报请发邮件至dbqq@phei.com.cn。

本书咨询联系方式：（010）57565890，meidipub@phei.com.cn。

前　言

本书从业务到任务，从任务到事项，从事项到指标，从指标到考核，用目标、方案、制度、办法、细则五位一体的考核体系，把12大业务、12大部门和57个岗位的绩效量化考核加以细化，为企业绩效量化考核工作提供了可以参照的模板、样板，便于企业拿来即用、拿来即参、拿来即学、拿来即改。

1. 哪些考核工作需要本书?

企业在做每一类业务目标分解时，可以参阅本书将企业的战略目标分解为各个业务目标，并进而分解到各部门、各岗位和各人员。

企业在做每一个岗位的量化考核时，可以参照本书提供的量表、方案，并根据自己的行业、业务、岗位具体工作内容，适当修改后使用。

企业在做每一个部门的绩效考核时，可以参看本书提供的部门绩效考核制度。本书为12大部门提供了绩效考核制度。

企业在做每一类人员或者岗位的绩效考核时，可以参用本书提供的办法和细则。这些办法和细则要么是量化的，要么是非常详细的，细化了考核的具体事项，便于考核工作的顺利开展和执行。

2. 每个业务目标是如何分解的?

每个业务都被分解为三级目标，并且把三级目标尽量用量化的方式描述，为后面的量化考核指标提供依据。

3．每个部门的绩效考核是如何设计的?

每个部门的绩效考核都制定了制度，便于部门绩效考核的规范实施和管理。

4．每个岗位的量化考核方案是如何设计的?

尽量用量化的指标，凡是能量化的指标，都给出了公式。同时按照指标的所占权重来排列这些考核指标，便于挑选KPI（关键绩效指标）。

5．每个具体的职位或岗位考核是如何设计的?

每个具体的职位或者岗位考核，是通过考核办法或者细则来进行设计的，要么量化，要么尽量详细，以便于考核的操作和执行。

欢迎广大读者不吝赐教，给出宝贵意见，便于我们改版时修正。

罗赢　孙宗虎

2023年2月

目　　录

第 2 章
产品管理业务目标分解与部门岗位绩效量化考核

第 3 章
技术研发业务目标分解与部门岗位绩效量化考核

第 4 章
供应链管理业务目标分解与部门岗位绩效量化考核

第5章
设备管理业务目标分解与部门岗位绩效量化考核

第6章
生产制造业务目标分解与部门岗位绩效量化考核

第7章
质量管控业务目标分解与部门岗位绩效量化考核

第8章
网店运营业务目标分解与部门岗位绩效量化考核

第 9 章
电商平台营销业务目标分解与部门岗位绩效量化考核

第 10 章
新媒体运营业务目标分解与部门岗位绩效量化考核

第 11 章
仓储物流业务目标分解与部门岗位绩效量化考核

第 12 章
客户服务业务目标分解与部门岗位绩效量化考核

第 13 章
项目管理业务目标分解与部门岗位绩效量化考核

第 1 章

目标分解与绩效量化

1.1　目标分解

1.1.1　目标分解的定义与作用

1. 目标分解的定义

目标分解就是按照一定的要求和方法，把总体目标在纵向、横向或时序上分解到各层次、各部门甚至具体的人，形成目标体系的过程。

对于企业而言，目标分解就是将企业各项目标不断细化至有明确目标值的过程。这个过程要求分目标与总目标在总体方向上保持一致，并且各个分目标之间要在内容与形式上互相协调、平衡，并且同步发展。

2. 目标分解的作用

目标分解，在保证总体目标实现的过程中，是作为明确目标责任的前提而存在的。具体到企业管理中，目标分解有以下作用。

（1）目标分解是企业分配各项资源的依据。企业的经营目标与支撑这个目标的资源是互相匹配的，做完目标分解，每个部门、每个员工的目标是清晰、明确的，相关部门与员工可从上级获得多少资源支持也就随之确定。

（2）目标分解具有导向作用。目标的确立与分解，为企业管理者与目标实施者都提供了前进的方向，这有助于引导企业各级成员形成统一的行动。

（3）目标分解具有激励作用。目标本身就具备一种激励人心的力量，将目标分解后，总体目标显得更加容易实现，阶段性目标成果一目了然。不管是作为管理者还是员工，都可以明确看到下一步工作的结果，这样更能调动人的潜在积极性，促使人尽力而为，创造最佳业绩。

（4）目标分解具有凝聚作用。目标分解的凝聚作用来源于它的激励作用。企业目标虽然本身就代表了企业所有员工的共同利益，但只有通过目标分解，这个共同利益才能细化到员工本身。只有让员工意识到自身所做的努力给企业带来的实际成果，才能极大地激发员工的工作热情、献身精神和创造性。

（5）目标分解具有考核作用。由于目标分解将每个员工的工作任务细分到具体的执行事项，因此这极大地方便了对员工的工作考核。目标分解的尽头实质上是员工的绩效考核指标，这也为企业进行绩效考核提供了相应的依据。

1.1.2　目标分解的要求

1. 目标分解的形式要求

目标分解的形式主要有两种，即按时间顺序分解和按关系分解。这两种形式经过了无数企业的管理实践，已经成为目标分解的共识，因此也就成为目标分解的要求之一。

（1）按时间顺序分解。按时间顺序分解要求将总目标按任务进度进行分解，这有利于对任务进行过程控制。它构成了目标分解时间体系。

（2）按关系分解。按关系分解又分为按管理层次分解与按职能部门分解。按管理层次分解，是一种纵向分解，要求将总目标从企业自上而下逐级分解到个人。按职能部门分解，是一种横向分解，要求将总目标横向分解到相关的职能部门。它构成了目标分解空间体系。

2. 目标分解的句式要求

目标分解的句式要求，是指将总目标分解后，各分目标的表达要简单、准确、明晰，尤其是要求要有具体的目标值以及完成时限，否则无法对分目标进行考核。

3. 目标分解的其他要求

除以上要求外，目标分解还有以下两个重要要求。

（1）目标分解应按整分合原则进行。所谓整分合原则，就是能对应、优化组合。也就是说，目标分解要求将总目标分解后各个分目标能体现总目标，且所有分目标的实现都能保证总目标的实现，甚至超越总目标。

（2）目标分解后的各个分目标之间在内容与时间上要互相协调，并做到整体平衡。

1.1.3　目标分解的模板

常见的目标分解形式有二级分解与三级分解。本书所有目标分解的内容，都将采用三级分解的形式。

1. 二级分解及其模板

二级目标分解就是将目标分解一次，让一级目标与二级目标形成二级目标分解体系。二级分解一般用于构建空间目标体系，尤其是按部门职能对目标进行横向划分。

二级目标分解模板如表1-1所示。

表1-1　二级目标分解模板

一级目标（企业总目标）	二级目标（各部门分目标）
1. 目标一	（1）
	（2）
2. 目标二	（1）
	（2）
3. 目标三	（1）
	（2）
	（3）
……	……

在表1-1中，一级目标是总目标，一般都是指企业目标；二级目标是分目标，是指各部门为完成企业总目标而要达成的分目标。

2. 三级分解及其模板

三级目标分解就是将目标分解两次，让一级目标、二级目标与三级目标形成三级目标分解体系。三级分解适用性强，无论是横向还是纵向分解，都能用三级分解。

三级目标分解模板如表1-2所示。

表1-2　三级目标分解模板

一级目标	二级目标	三级目标
1. 目标一	（1）	①
		②
	（2）	①
		②
2. 目标二	（1）	①
		②
	（2）	①
		②

续表

一级目标	二级目标	三级目标
3．目标三	（1）	①
		②
	（2）	①
		②
	（3）	①
		②
……	……	……

在表1-2中，一级目标是总目标，这个总目标可以是企业目标，也可以是项目、任务目标。二级目标是对总目标的分解，是指为完成总目标而需要完成的阶段性工作任务。三级目标是更具体的工作事项，具体到岗位，描述语言是动作、目标值或完成时限。

1.1.4　目标责任书模板

目标责任书是签订双方为完成某项任务、达成某个目标而签订的一份协议性文件。目标责任书对目标的完成要求、签订双方的权利义务、目标完成后的确认、目标完成后的奖惩等内容，都做了明确的规定。

文件名称	×××目标责任书	编　号	
		受控状态	

一、目的

为确保……达成，推进……工作，根据企业《×××制度》《×××规章》等规定，×××（主导方/企业）与×××（签订方/员工）签订本"×××目标责任书"。

二、×××权利与义务

1．……

2．……

3．……

三、×××目标与任务说明

1. ……

2. ……

3. ……

四、×××目标绩效考核确认

1. ……

2. ……

3. ……

五、奖惩约定

1. ……

2. ……

3. ……

六、其他特别说明（解约条件、特殊情况等）

1. ……

2. ……

3. ……

目标责任书案例

七、有效期

本责任书一式三份，×××（主导方/企业）与×××（签订方/员工）各执一份，企业档案管理中心存档一份。有效期为_____年____月____日至_____年____月____日。

主管签字：×××　　　　　　　　　　　　　员工签字：×××

　　　年　　月　　日　　　　　　　　　　　　　年　　月　　日

1.2 绩效量化

1.2.1 绩效量化的定义与方法

1. 绩效量化的定义

所谓绩效量化，是指通过应用一些科学的技术方法或手段，对企业员工的绩效成果做出具体的、明确的评估，是将绩效成果具体化、数量化的过程。

2. 绩效量化的方法

常见的绩效量化方法有以下5种。

（1）质量量化法。质量量化法主要是衡量工作任务成果及过程的优劣程度、精确度、优越性和创新性。考核的具体指标包括准确度、差错率、满意度、通过率、达标率、合格率、投诉率等。

（2）成本量化法。企业可根据责任成本控制体系，构建所有责任部门人员的考核指标，成本量化考核指标通常包括成本节约率、投资回报率、折旧率、费用控制率、预算达成率等。一般情况下，企业可将企业总成本指标分为销售成本、采购成本、生产成本、仓储成本、财务成本等细分指标，各部门业务分工可细分量化为若干明细指标。

（3）时间量化法。企业可从时间维度量化考核指标，如完成时间、批准时间、期限天数、及时性、周期、按时完成率等考核指标。时间量化可对完成任务过程中事态的发展进行控制，通过计算特定时间与行为之间的因果关系对结果进行赋值。

（4）结果量化法。结果量化法是指通过分析某项工作的最终目标，确定实现此项考核指标后最终可获得的结果，从而使考核指标从结果的维度得到量化的一种方法。考核指标可通过两种方式进行结果量化：一是需要达到什么样的结果或状态；二是与适宜的竞争对手和标杆企业进行对比。

结果量化的绩效指标主要包括计划达成率、目标实现率、任务完成率等。

（5）行动量化法。行动量化法是指从分析达成某项目标出发，明确需要采取的行动，并对各项需要采取的行动设置考核指标的一种方法。行动量化的具体标准可分为频率标准、类别标准、次序标准、差距标准、比率标准等五种。

1.2.2　部门绩效量化制度模板

本书所有针对部门的考核，都以考核制度的形式加以规范。所有部门考核制度都将采用统一的模板，模板内只列举部门绩效考核制度的常规项。这样做是为了做到形式与格式上的统一。制度的具体内容会根据部门职责的不同而调整。

以下是部门绩效考核制度的模板。

制度名称	×××部绩效考核制度		受控状态	
			编　号	
执行部门		监督部门	编修部门	

第1章　总则

第1条　目的

为了达成如下目的，特制定本制度。

1. ……

2. ……

第2条　适用范围

本制度适用于×××部绩效考核工作的管理。

第3条　考核原则

1. ……

2. ……

3. ……

第2章　考核人员与被考核人员

第4条　考核人员说明

1. ……

2. ……

第5条　被考核人员说明

1. ……

2. ……

第3章　绩效考核方式

第6条　时间与周期规定

1. ……

2. ……

第7条　评分体系管理

1. ……

2. ……

第4章　绩效考核内容

第8条　考核维度规定

1. ……

2. ……

3. ……

第9条　指标设定说明

1. ……

2. ……

3. ……

第5章　绩效考核程序

第10条　工作结果收集管理

1. ……

2. ……

3. ……

第11条　指标分析管理

1. ……

2. ……

3. ……

第12条　考核实施管理

1. ……

2. ……

3. ……

第13条　考核结果计算说明

1. ……

2. ……

3. ……

第6章　考核结果运用

第14条　运用方向

1. ……

2. ……

3. ……

第15条　绩效面谈

1. ……

2. ……

3. ……

第7章　绩效申诉

第16条　申诉适用情形

1. ……

2. ……

3. ……

第17条 申诉时间					
1. ……					
2. ……					
3. ……					
第18条 申诉程序					
1. ……					
2. ……					
3. ……					
第8章　附则					
第19条 编制单位					
本制度由×××部负责编制、解释与修订。					
第20条 生效时间					
本制度自××××年××月××日起生效。					
编制日期		审核日期		批准日期	
修改标记		修改处数		修改日期	

1.2.3　岗位量化考核方案模板

对于岗位绩效的考核，我们设计了岗位量化考核方案。该方案包含了考核指标、计算公式与指标描述、指标所占权重、考核标准4大关键内容。这4大内容实质上就是岗位绩效考核方案的核心内容。

我们将这些内容以表格的形式展现，这样相当于保留了一份考核方案的核心内容，去除了常规项，避免了行文冗余。

岗位量化考核方案模板如表1–3所示。

表1-3　岗位量化考核方案模板

考核指标	量化考核说明		
	计算公式与指标描述	权重	考核标准
类型一： ×××率	×××率= $\dfrac{×××}{×××} \times 100\%$	×%	正向指标说明： ①×××率在____%以上，得____分 ②每降低____%，扣____分 ③低于____%，不得分 负向指标说明： ①×××率在____%以下，得____分 ②每增加____%，扣____分 ③高于____%，不得分
类型二： ×××的完成时间	应在____个工作日之内完成	×%	①按时完成，得____分 ②每延迟1天，扣____分 ③延迟超过____天，不得分
类型三： ×××的数量	应不低于____家/个/份/辆/吨……	×%	①×××数量在____家/个/份/辆/吨以上，得满分 ②×××每少1家/个/份/辆/吨，扣____分 ③×××少于____家/个/份/辆/吨，不得分
……	……	……	……

1.2.4　经理（主管）绩效量化考核办法模板

　　本书所有针对经理（主管）的考核，都以考核办法的形式加以规范。所有部门考核办法都将采用统一的模板，模板内只列举绩效考核办法的常规项。这样做是为了做到形式与格式上的统一。各个考核办法的具体内容会根据岗位职责的不同而调整。

　　以下是绩效考核办法的模板。

办法名称	×××绩效考核办法		受控状态	
			编　号	
执行部门		监督部门	编修部门	

第1条　目的

为了……，特制定本办法。

第2条　考核原则

1.……

2.……

3.……

第3条　负责人员

1.……负责……

2.……负责……

第4条　考核时间与周期

……

第5条　考核维度

……

第6条　考核指标

……

第7条　考核方式

……

第8条　评分系统

……

第9条　考核程序

……

第10条　考核结果运用

……

第11条　编制单位

本办法由×××部负责编制、解释与修订。

第12条　生效时间

本办法自××××年××月××日起生效。

1.2.5　专员绩效量化考核细则模板

本书所有针对专员的考核，都以考核细则的形式加以规范。所有专员考核细则都将采用统一的模板，模板内只列举考核细则的常规项。这样做是为了做到形式与格式上的统一。细则的具体内容会根据岗位职责的不同而调整。

以下是专员绩效考核细则的模板。

细则名称	×××专员绩效考核细则		受控状态	
			编　　号	
执行部门		监督部门	编修部门	

第1条　为了……，特制定本细则。

第2条　对……岗位进行绩效考核时，要坚持……原则。

第3条　……负责……；……负责……

第4条　考核时间与周期：……

第5条　考核维度：……

第6条　考核指标：……

第7条　考核方式：……

……

第×条　评分系统：……

第×条　考核程序：……

第×条　考核结果运用：……

第×条　本细则由×××部负责编制、解释与修订。

第×条　本细则自××××年××月××日起生效。

第 2 章

产品管理业务目标分解与
部门岗位绩效量化考核

2.1 爆品打造、市场分析、新产品开发、产品测试、产品生命周期管理业务目标分解

2.1.1 爆品打造业务目标分解

爆品打造业务的4大主要目标是：挖掘用户需求，提炼产品卖点，做好产品设计，大力宣传推广。据此设计的三级分解目标如表2-1所示。

产品管理部目标
分解案例

表2-1　爆品打造业务目标分解

一级目标	二级目标	三级目标
1. 挖掘用户需求	（1）设计调查问卷，进行市场调研，了解用户需求	①市场调研准备工作在＿＿＿个工作日之内完成 ②至少收集＿＿＿份调查问卷
	（2）分析调研结果，明确用户需求，撰写调研报告	①采用至少＿＿＿种方法对调研结果进行分析 ②调研报告应内容完整、结果明确、指导性强，并审核通过
2. 提炼产品卖点	（1）根据市场调研分析结果，制作用户画像	用户画像制作工作在＿＿＿个工作日之内完成
	（2）对比已有产品或产品设想，分析产品特点，提炼产品卖点	至少提炼出＿＿＿个核心卖点
	（3）撰写爆品打造可行性分析报告	①爆品打造可行性分析报告在＿＿＿个工作日之内完成 ②爆品打造可行性分析报告内容完整，可行性强，并审核通过
3. 做好产品设计	（1）根据市场调研结果和卖点分析，选择拟重点打造的产品	至少选择＿＿＿种产品同时打造
	（2）根据市场分析结果，对选择的产品的外观、包装、功能等进行全新设计，以满足目标用户的需要	产品重新设计、包装相关工作在＿＿＿个工作日之内完成

续表

一级目标	二级目标	三级目标
4．大力宣传推广	（1）制订线上宣传计划，明确线上宣传的平台、形式、标语、时间、预算等内容	①线上宣传计划内容完整、可行性强，并审核通过 ②线上宣传计划应在＿＿个工作日之内完成
	（2）制订线下宣传计划，明确线下宣传的形式、场所、时间等内容	①线下宣传计划内容完整、可行性强，并审核通过 ②线下宣传计划在＿＿个工作日之内完成
	（3）执行线上与线下的宣传计划，大力推广产品，将其打造为爆品	①线上、线下的宣传推广活动至少持续＿＿天 ②线上、线下的宣传推广活动应将宣传经费控制在＿＿元以内 ③至少采取＿＿种宣传形式

2.1.2　市场分析业务目标分解

市场分析业务的3大主要目标是：准备产品市场调研，进行产品市场调研，进行产品市场分析。据此设计的三级分解目标如表2-2所示。

表2-2　市场分析业务目标分解

一级目标	二级目标	三级目标
1．准备产品市场调研	（1）明确产品市场调研的具体任务和细节，做好市场调研准备工作	市场调研准备工作在＿＿日内完成
	（2）制订完善的产品市场调研计划，规划好市场调研工作	①产品市场调研计划内容完整、可执行性强 ②产品市场调研计划审核通过
2．进行产品市场调研	（1）根据产品市场调研计划有序开展市场调研工作	产品市场调研工作在＿＿日内完成
	（2）收集并整理市场调研数据	至少收集＿＿条有效市场调研数据

续表

一级目标	二级目标	三级目标
2. 进行产品市场调研	（3）及时处理市场调研中遇到的问题	市场调研遇到的问题应在____小时内解决
	（4）做好市场调研的资料记录	市场调研资料应准确、完整、无差错、无遗漏
3. 进行产品市场分析	（1）召开产品市场调研结果分析会议	至少要求____个相关部门参加会议，参会人员不得少于____人
	（2）分析产品市场调研结果	至少采用____种分析方法分析调研结果
	（3）得出结果，编制产品市场调研工作报告	产品市场调研工作报告应在____日内完成并审核通过

2.1.3　新产品开发业务目标分解

新产品开发业务的4大主要目标是：产品开发准备，进行产品开发，产品开发调整，产品开发结果评价。据此设计的三级分解目标如表2-3所示。

表2-3　新产品开发业务目标分解

一级目标	二级目标	三级目标
1. 产品开发准备	（1）进行产品开发可行性论证，撰写论证报告，做好开发备案	可行性论证报告应在____日之内完成并审核通过
	（2）明确产品开发工作的具体任务和细节，制订产品开发工作计划	①产品开发工作计划应在____日内完成②产品开发工作计划内容完整、可执行性强，并审核通过
2. 进行产品开发	（1）进行产品开发设想	产品开发设想工作应在____日内完成
	（2）得出产品开发样品	样品开发应在____日内完成
	（3）通过会议明确开发样品的可取和不足之处，制定调整方案	产品开发调整方案应在____日内完成并审核通过

续表

一级目标	二级目标	三级目标
3. 产品开发调整	根据产品开发调整方案，进行产品开发调整优化	产品开发调整工作在____日内完成
4. 产品开发结果评价	（1）对调整后的产品开发结果进行评价	至少邀请____名相关部门的专业人员参与产品开发结果评价
	（2）根据评价结果，产品开发或通过或改良或重做	至少采取____个角度分析、评价产品开发结果
	（3）若通过，则进入后续环节；若须改良，则制定改良方案；若须重做，则重新制订产品开发计划	①产品改良工作应在____个工作日之内完成 ②产品重做工作应在____个工作日之内完成

2.1.4　产品测试业务目标分解

产品测试业务的4大主要目标是：产品测试准备，产品初测，产品内测，产品公测。据此设计的三级分解目标如表2-4所示。

表2-4　产品测试业务目标分解

一级目标	二级目标	三级目标
1. 产品测试准备	（1）编制好产品测试计划，明确产品测试所需要的时间、场景、技术、资料以及所需要完成的任务等内容	产品测试计划应在____日内完成并审核通过
	（2）根据产品测试计划调度时间、地点、人力、资料等资源，做好产品测试准备	产品测试准备工作应在____日内完成
2. 产品初测	（1）按产品测试计划进行产品初测，产品初测主要测试产品的外观、功能、性状等是否达标	产品初测工作应在____日内完成
	（2）初测完成后编制产品初测报告	产品初测报告应在____日内完成

续表

一级目标	二级目标	三级目标
3. 产品内测	（1）按计划进行产品复测，产品复测主要解决产品初测可能存在的问题，并对产品各项参数进行最终确认	产品复测工作应在____日内完成
	（2）产品复测完成后，将产品有选择地投入指定市场，进入产品内测环节	产品内测工作应在____日内完成
	（3）产品内测完成后编制产品内测报告	①产品内测用户满意率应达到____% ②产品内测报告应在____日内完成
4. 产品公测	（1）按计划对产品进行公测，产品公测主要是市场测试，将产品试生产后投入市场，观察市场反应	产品最终测试工作应在____日内完成
	（2）根据产品公测结果，对产品作最终调整，编制产品公测报告，作为产品正式上市的依据之一	①产品公测用户满意率应达到____% ②产品公测报告应在____日内完成

2.1.5　产品生命周期管理业务目标分解

产品生命周期管理业务的4大主要目标是：产品导入期管理，产品成长期管理，产品饱和期管理，产品衰退期管理。据此设计的三级分解目标如表2-5所示。

表2-5　产品生命周期管理业务目标分解

一级目标	二级目标	三级目标
1. 产品导入期管理	（1）制订产品入市宣传计划，做好产品宣传工作，扩大产品影响力	①产品宣传计划应在____日之内完成 ②产品宣传计划内容完整、合理，并审核通过
	（2）策划产品促销活动方案，加大产品销售力度	至少策划____起促销活动
	（3）制订导入期产品销售计划，持续增加产品销售力度	导入期产品销售额至少达到____元/月

续表

一级目标	二级目标	三级目标
2. 产品成长期管理	（1）制订产品成长期销售计划，并持续加大销售力度	成长期产品销售额至少达到____元/月
	（2）做好竞品分析管理，适当调整产品价格策略	每月至少收集____条竞品信息
3. 产品饱和期管理	（1）制订产品饱和期销售计划，继续稳定销售产品	饱和期产品销售额至少达到____元/月
	（2）根据饱和期产品情况，调整价格策略，加大促销力度	①价格策略以获取最大利润为原则，要做到合理、科学 ②至少策划____起促销活动
4. 产品衰退期管理	（1）制订产品衰退期销售计划，控制销售力度	衰退期产品销售额至少达到____元/月
	（2）加大市场调研力度，关注竞品动态，积极开发新品，弥补衰退期产品因退市而带来的市场份额损失	①衰退期市场调研应每月进行____次 ②每月至少提出____个新产品构思

2.2　产品经理、市场调研主管、产品设计主管、产品开发主管、产品测试专员量化考核方案

2.2.1　产品经理量化考核方案

产品经理绩效考核指标主要有7个，其中2个KPI指标为产品利润贡献率、产品市场满意率。据此设计的产品经理量化考核方案如表2-6所示。

表2-6　产品经理量化考核方案

考核指标	量化考核说明		
	计算公式与指标描述	权重	考核标准
1．产品利润贡献率	产品利润贡献率=$\dfrac{所负责产品的营业利润}{企业所有产品营业总利润}×100\%$	25%	①产品利润贡献率达到____%，得____分 ②每降低____个百分点，扣____分 ③低于____%，不得分
2．产品市场满意率	产品市场满意率=$\dfrac{市场调研满意结果数量}{市场调研结果总数量}×100\%$	25%	①产品市场满意率高于____%，得____~____分 ②介于____%~____%，得____~____分 ③低于____%，不得分
3．需求收集任务完成率	需求收集任务完成率=$\dfrac{需求收集任务完成额}{需求收集任务总额}×100\%$	10%	①需求收集任务完成率达到____%，得____分 ②每降低____个百分点，扣____分 ③低于____%，不得分
4．需求预测准确率	需求预测准确率=$\dfrac{需求预测准确次数}{需求预测总次数}×100\%$	10%	①需求预测准确率达到____%，得____分 ②每降低____个百分点，扣____分 ③低于____%，不得分
5．产品开发任务完成率	产品开发任务完成率=$\dfrac{产品开发任务完成额}{产品开发任务总额}×100\%$	10%	①产品开发任务完成率达到____%，得____分 ②每降低____个百分点，扣____分 ③低于____%，不得分
6．产品设计任务完成率	产品设计任务完成率=$\dfrac{产品设计任务完成额}{产品设计任务总额}×100\%$	10%	①产品设计任务完成率达到____%，得____分 ②每降低____个百分点，扣____分 ③低于____%，不得分
7．产品宣传工作有效性	产品宣传工作应落到实处，切实有效	10%	①产品宣传工作完成后，产品销售额同比每增加____元，得____分 ②销售额同比每减少____元，扣____分

2.2.2　市场调研主管量化考核方案

市场调研主管绩效考核指标主要有7个，其中3个KPI指标为市场调研有效数据率、市场变动反应及时性、市场分析准确率。据此设计的市场调研主管量化考核方案如表2-7所示。

表2-7　市场调研主管量化考核方案

考核指标	量化考核说明		
	计算公式与指标描述	权重	考核标准
1. 市场调研有效数据率	市场调研有效数据率= $\dfrac{\text{市场调研有效数据}}{\text{市场调研总数据}} \times 100\%$	20%	①市场调研有效数据率达到____%，得____分 ②每降低____个百分点，扣____分 ③低于____%，不得分
2. 市场变动反应及时性	市场变动出现后的反应速度	20%	①市场变动出现后____小时之内反应，得满分 ②每延迟____小时，扣____分
3. 市场分析准确率	市场分析准确率= $\dfrac{\text{市场分析正确次数}}{\text{市场分析总次数}} \times 100\%$	20%	①市场分析准确率达到____%，得____分 ②每降低____个百分点，扣____分 ③低于____%，不得分
4. 市场调研次数	每月应至少进行____次市场调研工作	10%	①每月完成____次市场调研工作，得满分 ②每少1次，扣____分 ③少于____次，不得分
5. 市场建议次数	每月至少提供____次市场建议	10%	①每月提供____次市场建议，得满分 ②每少1次，扣____分 ③少于____次，不得分
6. 市场建议采纳率	市场建议采纳率= $\dfrac{\text{被采纳的市场建议数}}{\text{提供的市场建议总数}} \times 100\%$	10%	①市场建议采纳率达到____%，得____分 ②每降低____个百分点，扣____分 ③低于____%，不得分
7. 调研记录准确率	调研记录准确率= $\dfrac{\text{调研记录准确次数}}{\text{调研记录总次数}} \times 100\%$	10%	①调研记录准确率达到____%，得____分 ②每降低____个百分点，扣____分 ③低于____%，不得分

2.2.3　产品设计主管量化考核方案

产品设计主管绩效考核指标主要有7个，其中3个KPI指标为产品设计成本控制力、产品设计立项通过率、产品设计任务完成率。据此设计的产品设计主管量化考核方案如表2-8所示。

表2-8　产品设计主管量化考核方案

考核指标	量化考核说明		
	计算公式与指标描述	权重	考核标准
1. 产品设计成本控制力	控制产品设计成本在设计预算之内	20%	①产品设计成本在设计预算之内，得满分 ②每超出____元，扣____分 ③超过____元，不得分
2. 产品设计立项通过率	产品设计立项通过率=$\dfrac{产品设计立项通过次数}{产品设计立项申请总次数}\times100\%$	20%	①产品设计立项通过率达到____%，得____分 ②每降低____个百分点，扣____分 ③低于____%，不得分
3. 产品设计任务完成率	产品设计任务完成率=$\dfrac{产品设计任务完成数}{产品设计任务总数}\times100\%$	20%	①产品设计任务完成率达到____%，得____分 ②每降低____个百分点，扣____分 ③低于____%，不得分
4. 产品设计退回率	产品设计退回率=$\dfrac{产品设计被退回次数}{提交的产品设计总次数}\times100\%$	10%	①产品设计退回率为0，得满分 ②每增加____%，扣____分 ③高于____%，不得分
5. 产品设计修改次数	提交的产品设计被较大幅度修改的次数	10%	①产品设计修改次数低于____次，得满分 ②每增加1次，扣____分 ③超过____次，不得分
6. 设计资料保管规范性	设计资料应存档保管，严禁泄露	10%	①设计资料存档完好，无遗失、损坏，得满分 ②设计资料每遗失或损坏1份，扣____分 ③遗失或损坏超过____份，不得分 ④资料泄露给企业造成损失的，依相关规定进行赔偿
7. 设计创意贡献数量	每月应至少提交____个新产品设计创意	10%	①每月提交____个及以上设计创意，得满分 ②每少1个，扣____分 ③少于____个，不得分

2.2.4　产品开发主管量化考核方案

产品开发主管绩效考核指标主要有7个，其中3个KPI指标为产品开发成本控制力、产品开发任务完成率、产品开发成果采纳率。据此设计的产品开发主管量化考核方案如表2-9所示。

表2-9　产品开发主管量化考核方案

考核指标	量化考核说明		
	计算公式与指标描述	权重	考核标准
1. 产品开发成本控制力	控制产品开发成本在设计预算之内	20%	①产品开发成本在设计预算之内，得满分 ②每超出____元，扣____分 ③超出____元，不得分
2. 产品开发任务完成率	产品开发任务完成率=$\frac{产品开发任务完成数}{产品开发任务总数}\times100\%$	20%	①产品开发任务完成率达到____%，得____分 ②每降低____个百分点，扣____分 ③低于____%，不得分
3. 产品开发成果采纳率	产品开发成果采纳率=$\frac{产品开发成果被采纳数量}{产品开发成果总数量}\times100\%$	20%	①产品开发成果采纳率达到____%，得____分 ②每降低____个百分点，扣____分 ③低于____%，不得分
4. 产品开发设想采纳率	产品开发设想采纳率=$\frac{产品开发设想被采纳数}{产品开发设想提交总数}\times100\%$	10%	①产品开发设想采纳率达到____%，得____分 ②每降低____个百分点，扣____分 ③低于____%，不得分
5. 产品开发结果满意度	下游部门对产品开发结果的满意程度	10%	①满意度打分高于____分，得满分 ②每降低____分，扣____分 ③低于____分，不得分
6. 产品开发设想数量	每月应提交____个产品开发设想	10%	①提交的产品开发设想数量大于____个，得满分 ②每少____个，扣____分 ③少于____个，不得分
7. 产品开发资料保管规范性	产品开发资料应存档保管，严禁泄露	10%	①产品开发资料存档完好，无遗失、损坏，得满分 ②产品开发资料每遗失或损坏1份，扣____分 ③遗失或损坏超过____份，不得分 ④资料泄露给企业造成损失的，依相关规定进行赔偿

2.2.5　产品测试专员量化考核方案

产品测试专员绩效考核指标主要有5个，其中3个KPI指标为测试任务完成率、测试工作出错率、测试操作规范性。据此设计的产品测试专员量化考核方案如表2-10所示。

表2-10　产品测试专员量化考核方案

考核指标	量化考核说明		
	计算公式与指标描述	权重	考核标准
1.　测试任务完成率	测试任务完成率= $\dfrac{产品测试任务完成数}{产品测试任务总数} \times 100\%$	30%	①测试任务完成率达到___%，得___分 ②每降低___个百分点，扣___分 ③低于___%，不得分
2.　测试工作出错率	测试工作出错率= $\dfrac{测试工作出错次数}{测试工作总次数} \times 100\%$	30%	①测试工作出错率为0，得___分 ②每增加___个百分点，扣___分 ③高于___%，不得分
3.　测试操作规范性	测试操作应严格按照相关规定进行	20%	①无操作错误，得___分 ②每操作错误1次，扣___分 ③操作错误超过___次，不得分
4.　测试数据保存准确率	测试数据保存准确率= $\dfrac{测试数据保存准确数}{测试数据保存总数} \times 100\%$	10%	①测试数据保存准确率达到___%，得___分 ②每降低___个百分点，扣___分 ③低于___%，不得分
5.　测试资料保存安全性	测试资料应存档保管，严禁泄露	10%	①测试资料存档完好，无遗失、损坏，得满分 ②测试资料每遗失或损坏1份，扣___分 ③资料泄露给企业造成损失的，不得分，并依相关规定进行赔偿

2.3　产品管理部与产品管理岗位量化考核制度、办法、细则

2.3.1　产品管理部绩效考核制度

制度名称	产品管理部绩效考核制度		受控状态	
			编　　号	
执行部门		监督部门	编修部门	

<table>
<tr><td colspan="5" align="center">第1章　总则</td></tr>
</table>

第1条　目的

为加强对产品管理部的管理，规范对产品管理部的绩效考核程序，特制定本制度。

第2条　适用范围

本制度仅适用于企业对产品管理部绩效考核工作的管理。

第3条　职责划分

1．人力资源部负责产品管理部绩效考核的具体实施和管理。

2．产品管理部负责部门内部考核与提供考核信息。

第2章　考核时间与方式

第4条　考核时间与周期

产品管理部的绩效考核分为月度考核与年度考核。

1．月度考核每月进行一次，由人力资源部于每月最后一个工作周的周一开始收集信息，并于次月第一个工作周的周五之前完成绩效考核。

2．年度考核在每年12月开始进行，并在次年1月的第一个工作周内完成。

第5条　考核方式

对产品管理部的考核采取人力资源部考评与产品管理部内部自查相结合的方式。产品管理部经理要做好内部管理，按规定在月度、年度绩效考核开始前向人力资源部提供与绩效考核相关的信息。

第6条　绩效分机制

企业给产品管理部设置了绩效分得分规则（总分为100分），用于评价部门绩效。绩效分将影响部门绩效奖励与部门重点负责人的晋升。

第3章　考核内容

第7条　市场调研工作考核

产品管理部应按月度或年度市场调研工作计划进行市场调研工作，其评估依据为市场调研完成率（所有考核指标此处不赘述公式，具体以产品管理部内部管理制度为准）。市场调研完成率达到＿＿％，得＿＿分；每降低＿＿个百分点，扣＿＿分；低于＿＿％，不得分。

第8条　产品研发工作考核

产品管理部应按规定进行产品研发工作，该项工作的评估依据为产品研发完成率。产品研发完成率达到____%，得____分；每降低____个百分点，扣____分；低于____%，不得分。

第9条　产品设计工作考核

产品设计工作考核主要以产品设计完成率为考核依据。产品设计完成率达到____%，得____分；每降低____个百分点，扣____分；低于____%，不得分。

第10条　产品测试工作考核

产品测试工作考核主要以产品测试完成率为考核依据。产品测试完成率达到____%，得____分；每降低____个百分点，扣____分；低于____%，不得分。

第11条　产品宣传工作考核

产品宣传工作考核主要以产品宣传有效性为考核依据。产品宣传工作完成后，产品销售额同比增加，得满分；销售额同比每减少____元，扣____分。

第12条　其他工作考核

1．产品管理部所有设备的采购、资料的保管、技术的引进等工作都需要有详细的记录，考核依据为相关事项的记录准确率。

2．产品管理部应在内部树立积极向上、爱岗敬业的风气。若部门成员出现消极怠工、违法犯罪等给企业带来负面影响的行为，视其严重程度对部门主要负责人进行问责，并扣除相应部门绩效分，具体如下。

（1）轻微情况，是指部门员工给企业带来的经济损失低于____元，且未导致企业有明显社会形象损失的，扣除部门绩效分____分。

（2）较严重情况，是指部门员工给企业带来的经济损失在____~____元，且造成企业社会形象受到影响的，问责部门负责人与具体当事人，并扣除部门绩效分____分。

（3）特别严重情况，是指部门员工给企业带来的经济损失大于____元，且严重影响企业社会形象的，严厉问责部门负责人与相关当事人，并扣除部门绩效分____分。

第4章　考核实施

第13条　绩效考核程序

1．月度考核

（1）人力资源部于每月最后一个工作周的周一向产品管理部发送"产品管理部绩效考核信息表"，由产品管理部负责人填写此表，并于当周周五前返送至人力资源部。

（2）人力资源部收到产品管理部填报的表单后，开始进行信息确认、录入与评分工作。

（3）评分完成后，人力资源部将产品管理部绩效考核结果发送至产品管理部，请其确认。

（4）产品管理部确认无误后，人力资源部将产品管理部月度考核结果上传至企业考核系统。

2．年度考核

年度考核在工作流程上与月度考核相似，人力资源部须整理、统计产品管理部全年的绩效考核信息，并统计其全年绩效分得分。

第5章　考核结果管理

第14条　月度考核结果运用

产品管理部将月度考核结果作为部门奖金发放的依据。当部门月度考核结果连续3个月在____分以上时，一次性发放____元的部门集体奖金。

第15条　年度考核结果运用

产品管理部将年度考核结果作为部门绩效奖励及部门主要负责人职务调整的依据，人力资源部将对企业所有部门的年度考核结果进行分级管理，具体如下。

1．五星部门：是指部门年度考核得分平均分在90~100分的部门。

2．四星部门：是指部门年度考核得分平均分在80~89分的部门。

3．三星部门：是指部门年度考核得分平均分在70~79分的部门。

4．二星部门：是指部门年度考核得分平均分在60~69分的部门。

5．一星部门：是指部门年度考核得分平均分低于60分的部门。

对于五星部门，一次性发放____元部门集体奖金，其部门主要负责人获得一次提薪或竞聘机会；对于四星部门，一次性发放____元部门集体奖金；对于三星部门，发放____元鼓励金；对于二星及以下的部门，不发放奖金，且为其制订培训计划，相关部门负责人半年内不得申请调薪或晋升。

第6章　考核申诉管理

第16条　考核申诉处理部门

企业人力资源部是考核申诉的管理部门，被考核部门如果对考核结果不清楚或者持有异议，相关负责人可向人力资源部提出申诉。

第17条　考核申诉时间

1．被考核部门对考核结果有异议的，在得知考核结果后____个工作日内，可向人力资源部提出申诉。

2．若超过申诉时间期限的，人力资源部将不予受理。

第18条　考核申诉流程

1．部门负责人填写"绩效考核申诉表"，申诉表的内容应包括申诉人姓名、部门、申诉事由等。

2．人力资源部接到申诉后，须在____个工作日内作出是否受理的答复。对于申诉事项无客观事实依据，仅凭主观臆断的申诉不予受理。

3．受理的申诉事件，人力资源部首先对申诉内容进行调查，然后与产品管理部进行协调、沟通。

4．若协商不一致，企业总经理拥有申诉的最终决定权，人力资源部可请企业总经理批示。

第7章　附则

第19条　编制单位

本制度由人力资源部负责编制、解释与修订等。

第20条　生效时间

本制度自××××年××月××日起生效。

编制日期		审核日期		批准日期	
修改标记		修改处数		修改日期	

2.3.2　产品经理绩效考核办法

产品经理绩效考核办法

办法名称	产品经理绩效考核办法		受控状态	
			编　　号	
执行部门		监督部门	编修部门	

第1条　目的

为了提高产品经理的工作积极性，规范对产品经理的绩效考核工作，特制定本办法。

第2条　考核原则

1．客观性原则。

2．公平、公正、公开原则。

第3条　权责人员

1．人力资源部主导整个绩效考核程序，包括考核信息确认、录入、评分、运用等。

2．产品管理部经理负责对产品经理进行具体考核，包括日常评价、考核信息收集等。

第4条　考核时间与周期

对产品经理实行月度考核，具体时间为每月最后一个工作周。

第5条　考核内容

对产品经理的考核内容主要有工作结果与工作态度两方面。

1．工作结果。主要从工作完成数量与质量两方面进行考核。

2．工作态度。主要从日常工作积极性、迟到早退情况等方面进行考核。

第6条　考核方式

1．对产品经理的考核采取评分制，即将其工作成果以考核指标的形式进行呈现，再划分每个指标的权重，并对每个指标的完成情况进行打分，最后将得分结果加以运用。

2．绩效考核总分为100分，由工作结果与工作态度两方面得分综合折算而得。

第7条　考核指标、权重与评分

工作结果与工作态度所占权重分别为60%与40%。

1．工作结果考核指标、权重与评分

（1）需求收集任务完成率。占工作能力权重的10%。需求收集任务完成率达到＿＿＿%，得＿＿＿分；每降低＿＿＿个百分点，扣＿＿＿分；低于＿＿＿%，不得分。

（2）需求预测准确率。占工作能力权重的10%。需求预测准确率达到＿＿＿%，得＿＿＿分；每降低＿＿＿个百分点，扣＿＿＿分；低于＿＿＿%，不得分。

（3）产品开发任务完成率。占工作能力权重的10%。产品开发任务完成率达到＿＿＿%，得＿＿＿分；每降低＿＿＿个百分点，扣＿＿＿分；低于＿＿＿%，不得分。

（4）产品设计任务完成率。占工作能力权重的20%。产品设计任务完成率达到＿＿＿%，得＿＿＿分；每降低＿＿＿个百分点，扣＿＿＿分；低于＿＿＿%，不得分。

（5）产品宣传工作有效性。占工作能力权重的10%。产品宣传工作完成后，产品销售额同比每增加____元，得____分；销售额同比每减少____元，扣____分。

（6）产品利润贡献率。占工作能力权重的20%。产品利润贡献率达到____%，得____分；每降低____个百分点，扣____分；低于____%，不得分。

（7）产品市场满意率。占工作能力权重的20%。产品市场满意率高于____%，得____~____分；产品市场满意率在____%~____%，得____~____分；产品市场满意率低于____%，不得分。

2．工作态度考核指标、权重与评分

（1）当月出勤天数。占工作态度权重的40%。当月应出勤天数每少1天，扣____分。

（2）当月迟到次数。占工作态度权重的30%。当月迟到次数每增加1次，扣____分。

（3）当月早退次数。占工作态度权重的30%。当月早退次数每增加1次，扣____分。

第8条　考核实施

1．由产品管理部经理每月定期收集产品经理的绩效考核信息，并填写"产品经理月度绩效考核表"，发送至人力资源部。

2．人力资源部收到表单后，对表单内容进行审查，如有疑问及时处理、确认。

3．确认表单内容后，人力资源部根据表单内容计算产品经理的绩效考核结果。

第9条　发布考核结果

1．人力资源部应将产品经理的绩效考核结果发给产品管理部，请其确认。

2．产品管理部经理确认无误后，人力资源部将考核结果存档，作为工资发放等工作的依据。

第10条　考核结果运用

对产品经理的绩效考核主要用于其绩效工资的核算。

1．当月绩效得分在____~____分的，发放绩效工资的100%；在____~____分的，发放绩效工资的90%；在____~____分的，发放绩效工资的80%；在____~____分的，发放绩效工资的70%；在____~____分的，发放绩效工资的60%。

2．绩效工资最少发放60%，但若连续3个月绩效考核得分低于____分，应降低其绩效工资的总额。

第11条　编制单位

本办法由人力资源部负责编制、解释与修订。

第12条　生效时间

本办法自××××年××月××日起生效。

2.3.3　产品开发专员绩效考核细则

产品开发专员绩效考核细则

细则名称	产品开发专员绩效考核细则		受控状态	
			编　　号	
执行部门		监督部门	编修部门	

第1条　为了规范企业对产品开发专员的绩效考核工作，提高其工作积极性，特制定本细则。

第2条　对产品开发专员进行绩效考核时，要以事实为依据，公平、公开地进行。

第3条　产品管理部经理负责提供具体考核信息，人力资源部负责主导整个考核流程。

第4条　对产品开发专员工作的考核，每月进行一次。

第5条　对产品开发专员工作的考核，主要从工作结果与工作态度方面进行。

第6条　工作结果考核权重为60%，工作态度考核权重为40%。

第7条　工作结果考核指标中的产品开发任务完成率的公式是：产品开发任务完成率＝ $\dfrac{产品开发任务完成数}{产品开发任务总数}×100\%$，该项指标主要用以考核产品开发专员产品开发工作的整体完成情况。

第8条　工作结果考核指标中的产品开发成果采纳率的公式是：产品开发成果采纳率＝ $\dfrac{产品开发成果被采纳数量}{产品开发成果总数量}×100\%$，该项指标主要用以考核产品开发专员产品开发工作的质量。

第9条　工作结果考核指标中的产品开发设想数量，是指产品开发专员每月应提交至少____个产品开发设想，该项指标主要用以考核产品开发专员的工作创新能力和开拓能力。

第10条　工作结果考核指标中的产品开发设想采纳率的公式是：产品开发设想采纳率＝ $\dfrac{产品开发设想被采纳数}{产品开发设想提交总数}×100\%$，该项指标主要用以衡量产品开发专员产品开发设想的质量。

第11条　工作结果考核指标中的产品开发结果满意度是指下游部门对产品开发结果的满意程度，该项指标主要用以衡量产品开发专员产品开发成果的质量。

第12条　工作结果考核指标中的开发成本控制力是指产品开发专员对于产品开发经费的控制能力。

第13条　产品开发资料保管规范性是指产品开发专员要妥善保管产品开发资料，不得泄露企业机密。

第14条　产品开发任务完成率的考核权重占工作结果考核权重的20%。

第15条　产品开发成果采纳率的考核权重占工作结果考核权重的20%。

第16条　产品开发设想数量的考核权重占工作结果考核权重的10%。

第17条　产品开发设想采纳率的考核权重占工作结果考核权重的10%。

第18条　产品开发结果满意度的考核权重占工作结果考核权重的10%。

第19条　产品开发成本控制力的考核权重占工作结果考核权重的20%。

第20条　产品开发资料保管规范性的考核权重占工作结果考核权重的10%。

第21条　工作态度方面的考核，主要从出勤率、迟到早退次数、工作状态等方面进行。

第22条　出勤率与迟到早退的核算以企业内部打卡系统导出的结果为准。

第23条　工作状态的考核以产品管理部经理的评价为准。

第24条　对产品开发专员的绩效考核进行评分管理，并将其划分为A级、B级、C级三个等级。

第25条　工作结果与工作态度满分各为100分，按考核指标所占权重比例进行折算。具体扣分原则以产品管理部内部管理制度为准。

第26条　人力资源部应在每月最后一个工作周内完成对产品开发专员工作的考核信息收集工作，并核算考核分。

第27条　人力资源部应于考核月次月第一个工作周内将考核结果发至产品管理部，请其确认。

第28条　对产品开发专员工作的考核，将直接影响其绩效工资的发放。

第29条　如果产品开发专员对考核结果有异议，可在____个工作日之内向人力资源部提出申诉，人力资源部按相关制度进行处理。

产品开发绩效
提成管理制度

第30条　本细则由人力资源部负责编制、解释与修订。

第31条　本细则自××××年××月××日起生效。

第 3 章

技术研发业务目标分解与
部门岗位绩效量化考核

3.1 技术研发业务以及项目、费用、进度管理目标分解

3.1.1 技术研发业务目标分解

　　技术研发业务的5大主要目标是：技术研发产品管理，技术研发工艺管理，技术标准管理，技术服务管理，知识产权管理。据此设计的三级分解目标如表3-1所示。

表3-1　技术研发业务目标分解

一级目标	二级目标	三级目标
1. 技术研发产品管理	（1）制订产品研发计划，合理分配研发工作任务	①产品研发计划提交审批并通过 ②任务分配公正、合理
	（2）分析、审核研发调研报告和研发立项申请	①分析、审核工作要科学、严谨、公正 ②审核信息反馈及时率在＿＿%以上
	（3）拟定研发成果测评标准，客观、准确地评估、分析研发成果，并推动研发成果的应用	①测评标准科学、合理 ②研发成果测评合格率达到＿＿% ③新产品产值率达到＿＿%
2. 技术研发工艺管理	（1）根据企业发展规划和实际工艺条件，合理制订工艺研发工作计划，并合理分配工作任务	①工艺研发工作计划提交审批并通过 ②任务分配合理、科学
	（2）组织开展工艺研发、引进和改进工作，不断提高工艺水平	①工艺研发、引进和改进的任务完成率达到＿＿% ②消化、吸收所有引进技术
	（3）组织做好工艺评估工作，客观、准确地反映工艺性能	①工艺评估客观、准确 ②评估报告提交及时率达到＿＿%
	（4）组织开展新工艺的推广应用工作，有效降低产品生产成本，提高生产质量和生产安全性	①生产成本降低率在＿＿%以上 ②工时定额降低率在＿＿%以上 ③工艺技术应用率在＿＿%以上
	（5）组织做好工艺文件的编制、管理和监督工作	①工艺文件内容准确、完整 ②工艺文件无遗失、泄露情况

续表

一级目标	二级目标	三级目标
3．技术标准管理	（1）组织编制和修订技术标准，并报上级领导审批	①技术标准科学、合理 ②技术标准编制及时率达到____%
	（2）应用技术标准并组织开展技术测试和评估工作	①技术测试合格率达到____% ②测试报告提交及时率达到____%
4．技术服务管理	（1）合理划分技术服务范围，并组织落实技术服务工作，及时解决生产运行中的各种技术问题	①技术服务及时率达到____% ②相关部门满意度评分达到____分
	（2）组织开展产品试制工作并确保产品试制工作顺利进行	产品试制成功率达到____%
	（3）协助人力资源部，对其他部门人员组织开展技术培训工作，确保其掌握基本工艺与技术	①培训计划完成率达到____% ②学员考核通过率达到____%
5．知识产权管理	（1）组织建设知识产权管理体系，完善企业知识产权管理工作	①知识产权管理体系合理、规范 ②研发成果泄露次数为0
	（2）组织做好知识产权的认证和维护工作	①新增专利数达到____个 ②专利申请成功率达到____%

3.1.2　技术研发项目管理目标分解

技术研发项目管理的4大主要目标是：技术研发调研工作管理，技术研发项目规划管理，技术研发项目成本管理，技术研发项目风险管理。据此设计的三级分解目标如表3-2所示。

表3-2　技术研发项目管理目标分解

一级目标	二级目标	三级目标
1．技术研发调研工作管理	（1）组织开展技术研发调研工作，以广泛收集市场需求、竞争对手研发项目、行业先进技术等相关信息	①调研计划提交审批并通过 ②调研信息客观、准确、全面 ③调研报告提交及时率达到____%

一级目标	二级目标	三级目标
1．技术研发调研工作管理	（2）根据技术研发计划和研发调研结果，合理分析、评估和筛选研发项目，并提出研发立项申请	①项目选择合理，可行性高 ②研发立项提交审批并通过
2．技术研发项目规划管理	（1）制定项目研发战略，并根据市场调研结果确定项目目标	项目研发战略和项目目标清晰且可行性高
	（2）编制研发项目方案并对方案进行评估与修改	①研发项目方案市场与技术可行性高，成本可控 ②研发项目方案评估过程正确，修改合理
	（3）编制"项目计划书"并提交审批	①"项目计划书"内容全面且可行性高 ②"项目计划书"提交审批并通过
3．技术研发项目成本管理	（1）依照项目本身状况，合理选择项目成本控制方法，及时发现项目成本差异并予以纠正	①项目成本控制方法选择合理且可行性高 ②项目成本纠正及时，不影响后续任务的执行
	（2）按企业规定核算技术研发项目实际成本，正确计算技术研发过程中的各项费用	①技术研发项目实际成本的核算范围准确，核算标准正确 ②项目费用计算正确率达到____%
	（3）审查资金使用及项目成本实际情况，并编写分析报告，对异常情况进行监督和指导	①分析报告客观、真实、准确 ②对异常情况在____天内加以指导
4．技术研发项目风险管理	（1）系统地、连续地识别研发项目风险并对研发项目风险进行评估	①研发项目风险识别及时且准确 ②研发项目风险评估客观、准确
	（2）对研发项目风险进行定性评价和定量分析	①研发项目风险定性评价依据可靠、结果准确 ②研发项目风险定量分析方法选择正确、数据准确
	（3）制定研发项目风险应对办法，并对研发项目风险进行监控	①研发项目风险应对办法可行性高、效果显著 ②研发项目风险监控全面、有效

3.1.3　技术研发费用管理目标分解

技术研发费用管理的4大主要目标是：技术研发费用预算制定，技术研发费用预算执行，技术研发费用核算，技术研发费用分析。据此设计的三级分解目标如表3-3所示。

表3-3　技术研发费用管理目标分解

一级目标	二级目标	三级目标
1. 技术研发费用预算制定	（1）测估技术研发过程中所需的各项费用，并编制费用预算交由上级审批	①技术研发费用测估准确且无遗漏 ②费用预算计划提交审批并通过
	（2）根据技术研发过程中各项工作所需占用的资源量来确定每项工作的预算费用	各项工作中的预算费用分配合理
2. 技术研发费用预算执行	（1）确定每项工作所需费用的定额基准，编制费用控制基准表	①费用定额基准制定合理 ②费用控制基准表在____天内完成
	（2）监督各阶段所需的费用，如果某项工作所需费用超出核定费用，应该在项目范围内及时调整	①费用监督在____天内得到反馈 ②预算费用调整及时且可接受
3. 技术研发费用核算	（1）划清各项费用之间的界限并分类，实事求是地核算各项费用	①各项费用之间的界限清晰 ②各项费用核算准确率达到____%
	（2）整理、汇总费用核算资料，并报上级审批	①费用核算资料准确、完整 ②费用核算资料提交审批并通过
4. 技术研发费用分析	（1）逐项分析每项费用的结余或超支情况，并寻找原因	①各项费用分析客观、准确 ②费用结余或超支原因正确且可借鉴
	（2）总结费用结余经验，吸取费用超支教训，并为下次费用控制工作提供对策	费用控制对策合理且有效

3.1.4　技术研发进度管理目标分解

技术研发进度管理的4大主要目标是：技术研发进度计划编制，技术研发进度计划分解，技术研发进度控制，进度偏差控制。据此设计的三级分解目标如表3-4所示。

表3-4　技术研发进度管理目标分解

一级目标	二级目标	三级目标
1．技术研发进度计划编制	（1）组织技术研发人员编制项目进度计划，并报上级审批	①技术研发进度计划编制方法合理 ②技术研发进度计划科学、合理 ③技术研发进度计划提交审批并通过
	（2）以技术研发进度计划对相关人员进行绩效考核	①绩效考核合理且有效 ②绩效考核结果在____天内得到反馈
2．技术研发进度计划分解	（1）分解技术研发进度计划，建立计划分级管理体系	技术研发项目分级管理体系完整且合理
	（2）选择合理的研发进度控制点作为进度目标	研发进度控制点选择合理且分布合理
3．技术研发进度控制	（1）做好规划设计、采购、项目实施与试运行之间的接口控制	各步骤之间的接口控制良好，没有出现失误
	（2）选择合适的进度控制工具进行追踪、预测，并将新的进度数据应用于进度计划	①进度控制工具选择合理、高效 ②项目进度实现率达到____% ③进度数据统计完整且准确率达到____%
4．进度偏差控制	（1）根据工作绩效考核结果，计算出进度偏差与进度绩效指数并记录在案	①进度偏差与进度绩效指数计算准确率达到____% ②进度偏差与进度绩效指数记录在____天内准确完成
	（2）分析产生偏差的原因，并根据更新后的进度数据变更项目进度计划	①进度偏差原因分析合理 ②项目进度计划在____天内完成变更

3.2　技术研发总监、设计师、工程师、工艺师量化考核方案

3.2.1　技术研发总监量化考核方案

技术研发总监绩效考核指标主要有6个，其中3个KPI指标为技术研发项目计划完成率、重大技术改进项目完成数、技术研发费用控制。据此设计的技术研发总监量化考核方案如表3-5所示。

表3-5　技术研发总监量化考核方案

考核指标	量化考核说明		
	计算公式与指标描述	权重	考核标准
1. 技术研发项目计划完成率	技术研发项目计划完成率= $\dfrac{\text{已完成的技术研发项目数}}{\text{技术研发项目总数}} \times 100\%$	20%	①技术研发项目计划完成率在____%以上，得____分 ②每降低____个百分点，扣____分 ③低于____%，不得分
2. 重大技术改进项目完成数	考核期内，技术研发总监完成重大技术改进项目的数量	20%	①重大技术改进项目完成数超过____项，得____分 ②每减少____项，扣____分 ③少于____项，不得分
3. 技术研发费用控制	考核期内，技术研发总监对技术研发费用的控制效果	20%	①技术研发费用低于____万元，得____分 ②每增加____万元，扣____分 ③高于____万元，不得分
4. 新产品产值率	新产品产值率= $\dfrac{\text{考核期内新产品产值}}{\text{考核期内所有产品产值}} \times 100\%$	15%	①新产品产值率在____%以上，得____分 ②每降低____个百分点，扣____分 ③低于____%，不得分

续表

考核指标	量化考核说明		
	计算公式与指标描述	权重	考核标准
5. 技术改造费用控制	考核期内，技术研发总监对技术改造费用的控制效果	15%	①技术改造费用低于____万元，得____分 ②每增加____万元，扣____分 ③高于____万元，不得分
6. 部门员工培训项目计划完成率	部门员工培训项目计划完成率=$\dfrac{\text{实际完成的培训项目数}}{\text{计划的培训项目数}}\times100\%$	10%	①部门员工培训项目计划完成率在____%以上，得____分 ②每降低____个百分点，扣____分 ③低于____%，不得分

3.2.2　技术研发设计师量化考核方案

技术研发设计师绩效考核指标主要有10个，其中3个KPI指标为技术研发设计任务完成率、技术研发设计成果审批通过率、技术研发设计出错率。据此设计的技术研发设计师量化考核方案如表3-6所示。

表3-6　技术研发设计师量化考核方案

考核指标	量化考核说明		
	计算公式与指标描述	权重	考核标准
1. 技术研发设计任务完成率	技术研发设计任务完成率=$\dfrac{\text{已完成的技术研发设计任务数}}{\text{计划完成的技术研发设计任务数}}\times100\%$	15%	①技术研发设计任务完成率在____%以上的，得____分 ②每降低____个百分点，扣____分 ③低于____%，不得分
2. 技术研发设计成果审批通过率	技术研发设计成果审批通过率=$\dfrac{\text{审批通过的技术研发设计成果数量}}{\text{提交审批的技术研发设计成果数量}}\times100\%$	15%	①技术研发设计成果审批通过率在____%以上，得____分 ②每降低____个百分点，扣____分 ③低于____%，不得分

考核指标	量化考核说明		
	计算公式与指标描述	权重	考核标准
3．技术研发设计出错率	技术研发设计出错率= $\dfrac{\text{技术研发设计出错次数}}{\text{技术研发设计总次数}} \times 100\%$	15%	①技术研发设计出错率在＿＿＿%以下，得＿＿＿分 ②每增加＿＿＿个百分点，扣＿＿＿分 ③超出＿＿＿%，不得分
4．技术设计方案提交及时率	技术设计方案提交及时率= $\dfrac{\text{按时提交的技术设计方案的数量}}{\text{应提交的技术设计方案的数量}}$ $\times 100\%$	10%	①技术设计方案提交及时率在＿＿＿%以上，得＿＿＿分 ②每降低＿＿＿个百分点，扣＿＿＿分 ③低于＿＿＿%，不得分
5．市场调研任务完成率	市场调研任务完成率= $\dfrac{\text{已完成的市场调研任务数}}{\text{计划完成的市场调研任务数}}$ $\times 100\%$	10%	①市场调研任务完成率在＿＿＿%以上，得＿＿＿分 ②每降低＿＿＿个百分点，扣＿＿＿分 ③低于＿＿＿%，不得分
6．市场调研成本节省率	市场调研成本节省率= $\dfrac{\text{市场调研成本预算-市场调研实际成本}}{\text{市场调研成本预算}}$ $\times 100\%$	10%	①市场调研成本节省率在＿＿＿%以上，得＿＿＿分 ②每降低＿＿＿个百分点，扣＿＿＿分 ③低于＿＿＿%，不得分
7．研发设计能力	技术研发设计师灵活运用各种软件和设备，依据技术研发需求进行技术创建和产品设计的能力	10%	①研发设计能力强，得＿＿＿分 ②研发设计能力一般，得＿＿＿分 ③研发设计能力差，得＿＿＿分
8．研发技术的科学性和实用性	考核期内，技术研发设计师所研发技术的实际使用效果及其与所设想情况的偏差	5%	①所研发技术的实际使用效果良好，且与所设想情况一致，得＿＿＿分 ②实际使用效果一般，且与所设想情况有出入，得＿＿＿分 ③实际使用效果较差，且与所设想情况不一致，得＿＿＿分
9．设计的合理性	技术研发设计师所设计的成果能否符合产品结构、功能和工艺要求	5%	①设计合理性良好，得＿＿＿分 ②设计合理性一般，得＿＿＿分 ③设计合理性较差，得＿＿＿分

续表

考核指标	量化考核说明		
	计算公式与指标描述	权重	考核标准
10．新研发技术的稳定性	产品投入市场后因为技术问题导致不合格产品的批次数，或因技术质量问题导致的技术更改次数	5%	①不合格产品的批次数加上技术更改次数少于____次，得____分 ②每增加____次，扣____分 ③多于____次，不得分

3.2.3　技术研发工程师量化考核方案

技术研发工程师绩效考核指标主要有9个，其中3个KPI指标为功能模块完整率、研发项目验收一次性通过率、返工次数。据此设计的技术研发工程师量化考核方案如表3-7所示。

表3-7　技术研发工程师量化考核方案

考核指标	量化考核说明		
	计算公式与指标描述	权重	考核标准
1．功能模块完整率	功能模块完整率=$\dfrac{\text{研发实现的功能模块量}}{\text{计划应用的功能模块总量}} \times 100\%$	20%	①功能模块完整率高于____%，得____分 ②每降低____个百分点，扣____分 ③低于____%，不得分
2．研发项目验收一次性通过率	研发项目验收一次性通过率=$\dfrac{\text{一次性验收通过的研发项目数}}{\text{提交验收的研发项目总数}}$ $\times 100\%$	15%	①研发项目验收一次性通过率高于____%，得____分 ②每降低____个百分点，扣____分 ③低于____%，不得分
3．返工次数	考核期内，研发成果交付后因质量问题返工的次数	15%	①返工次数低于____次，得____分 ②每增加____次，扣____分 ③高于____次，不得分
4．试验事故发生总次数	考核期内试验、测试事故发生总次数	15%	①试验、测试事故发生总次数低于____次，得____分 ②每增加____次，扣____分 ③高于____次，不得分

续表

考核指标	量化考核说明		
	计算公式与指标描述	权重	考核标准
5. 研发任务按时完成率	研发任务按时完成率= $\dfrac{按时完成的研发任务数}{计划完成的研发任务数} \times 100\%$	10%	①研发任务按时完成率高于___%，得___分 ②每降低___个百分点，扣___分 ③低于___%，不得分
6. 测试用例质量指数	测试用例质量指数= $\left(\sum \dfrac{测试用例缺陷数}{总缺陷数} / 测试用例数\right)$ $\times 100\%$	10%	①测试用例质量指数高于___%，得___分 ②每降低___个百分点，扣___分 ③低于___%，不得分
7. 测试用例制作数量	考核期内，技术研发工程师每天制作测试用例的数量	5%	①测试用例制作数量高于___个，得___分 ②每降低___个，扣___分 ③低于___个，不得分
8. 技术资料完整率	技术资料完整率= $\dfrac{技术资料编制数量}{技术资料总需求数量} \times 100\%$	5%	①技术资料完整率高于___%，得___分 ②每降低___个百分点，扣___分 ③低于___%，不得分
9. 技术资料编制正确率	技术资料编制正确率= $\dfrac{技术资料编制正确的数量}{技术资料编制总数量} \times 100\%$	5%	①技术资料编制正确率高于___%，得___分 ②每降低___个百分点，扣___分 ③低于___%，不得分

3.2.4　技术研发工艺师量化考核方案

技术研发工艺师绩效考核指标主要有7个，其中3个KPI指标为新产品工艺设计任务完成率、工艺试验及时完成率、新工艺开发费用控制。据此设计的技术研发工艺师量化考核方案如表3-8所示。

表3-8　技术研发工艺师量化考核方案

考核指标	量化考核说明		
	计算公式与指标描述	权重	考核标准
1．新产品工艺设计任务完成率	新产品工艺设计任务完成率=$\dfrac{已经完成的新产品工艺设计任务数}{计划完成的新产品工艺设计任务总数}$×100%	15%	①新产品工艺设计任务完成率在____%以上，得____分 ②每降低____个百分点，扣____分 ③低于____%，不得分
2．工艺试验及时完成率	工艺试验及时完成率=$\dfrac{及时完成的工艺试验数量}{计划完成的工艺试验数量}$×100%	15%	①工艺试验及时完成率在____%以上，得____分 ②每降低____个百分点，扣____分 ③低于____%，不得分
3．新工艺开发费用控制	考核期内，新工艺开发所需要的费用	15%	①新工艺开发费用低于____万元，得____分 ②每增加____万元，扣____分 ③高于____万元，不得分
4．工艺改进成本降低率	工艺改进成本降低率=$\dfrac{上一期的工艺改进成本-这一期的工艺改进成本}{上一期的工艺改进成本}$×100%	15%	①工艺改进成本降低率在____%以上，得____分 ②每降低____个百分点，扣____分 ③低于____%，不得分
5．标准工时降低率	标准工时降低率=$\dfrac{上一期的标准工时-这一期的标准工时}{上一期的标准工时}$×100%	15%	①标准工时降低率高于____%，得____分 ②每降低____个百分比，扣____分 ③低于____%，不得分
6．工艺技术问题及时解决率	工艺技术问题及时解决率=$\dfrac{及时解决的工艺技术问题数量}{出现的工艺技术问题总数量}$×100%	15%	①工艺技术问题及时解决率在____%以上，得____分 ②每降低____个百分点，扣____分 ③低于____%，不得分
7．工艺文件差错次数	考核期内，出现的工艺文件差错次数	10%	①工艺文件差错次数低于____次，得____分 ②每增加____次，扣____分 ③高于____次，不得分

3.3　技术研发部与技术研发岗位量化考核制度、办法、细则

3.3.1　技术研发部绩效考核制度

制度名称	技术研发部绩效考核制度		受控状态	
			编　号	
执行部门		监督部门	编修部门	

第1章　总则

第1条　目的

为了达成如下目的，特制定本制度。

1．客观、全面地评价技术研发部工作绩效的情况。

2．为职位调动、晋升、薪资调整及教育培训等相关人力资源工作提供重要依据。

3．激励员工提高工作绩效，推动企业发展。

第2条　适用范围

本制度适用于企业对技术研发部绩效考核工作的管理。

第3条　考核要求

1．考核注重结果，参照过程，力求全面、客观地反映技术研发部工作实效。

2．考核侧重基础工作的达标和任务的完成，同时鼓励工作特色的创新。

第2章　绩效考核内容

第4条　考核组织

1．技术研发部和人力资源部应组织成立技术研发部绩效考核小组，全权负责技术研发部的绩效考核工作。

2．技术研发部相关人员应积极配合技术研发部绩效考核小组的工作，及时、准确地提供相关数据、资料，如实回答考核小组人员提出的相关问题，以促进考核工作的顺利进行。

第5条　考核周期与时间

对技术研发部的考核分为月度考核、季度考核和年度考核。

1．月度考核

月度考核的考核内容主要为技术研发部上月度的技术研发过程和成果，考核时间为下月度的____—____日。

2．季度考核

季度考核的考核内容主要为上季度技术研发部技术研发工作的业绩及其计划的完成情况，考核时间为下季度第一个月的____—____日。

3．年度考核

年度考核的考核内容为上年度技术研发部技术研发工作的总体绩效水平，考核时间为下年度第一个月的____—____日。

第6条　指标设定说明

技术研发部的考核指标具体如下（括号中为该项所占权重）。

1. 研发目标计划完成率（10%）

$$研发目标计划完成率=\frac{已完成的研发目标数}{计划完成的研发目标总数}\times100\%$$

2. 研发项目延期率（10%）

$$研发项目延期率=\frac{实际研发用时-计划研发用时}{计划研发用时}\times100\%$$

3. 研发成果达成率（10%）

$$研发成果达成率=\frac{研发项目最终达成成果数}{研发项目计划达成成果数}\times100\%$$

4. 产品故障率（10%）

$$产品故障率=\frac{产品故障次数}{产品总使用次数}\times100\%$$

5. 研发费用超支率（10%）

$$研发费用超支率=\frac{实际研发费用-计划研发费用}{计划研发费用}\times100\%$$

6. 专利申请数量（10%）

技术研发完成后，申请专利的数量。

7. 技术改造项目完成率（5%）

$$技术改造项目完成率=\frac{已经完成的技术改造项目数}{计划完成的技术改造项目数}\times100\%$$

8. 工艺试验及时完成率（5%）

$$工艺试验及时完成率=\frac{及时完成的工艺试验数}{计划完成的工艺试验数}\times100\%$$

9. 技术服务满意率（5%）

$$技术服务满意率=\frac{客户满意的技术服务次数}{提供的技术服务总次数}\times100\%$$

10. 新技术投资利润率（15%）

$$新技术投资利润率=\frac{新技术利润总额}{新技术研发投资总额}\times100\%$$

11. 核心员工流失率（10%）

$$核心员工流失率=\frac{已离职的核心技术人员数}{离职前核心技术人员总数}\times100\%$$

第7条　评分体系管理

企业把技术研发部的绩效考核成绩分为5个等级，并根据等级发放部门奖金。

1．当技术研发部的绩效考核成绩为90~100分时，被评为A级。

2．当技术研发部的绩效考核成绩为80~89分时，被评为B级。

3．当技术研发部的绩效考核成绩为70~79分时，被评为C级。

4．当技术研发部的绩效考核成绩为60~69分时，被评为D级。

5．当技术研发部的绩效考核成绩为59分及以下时，被评为E级。

第3章　绩效考核实施

第8条　绩效考核程序

1．人力资源部向技术研发部相关人员发放"技术研发部考核表"。

2．技术研发部相关人员根据实际情况填写"技术研发部考核表"。

3．人力资源部汇总考核表并计算技术研发部考核得分。

4．人力资源部将考核结果上报企业总经理审批通过后，向技术研发部公布。

第9条　绩效考核结果应用

部门绩效考核结果将作为个人绩效考核的内容之一，以不同的权重计入个人的绩效考核成绩，部门绩效考核得分占技术研发部经理考核得分的30%，占技术研发部主管考核得分的20%，占技术研发部专员考核得分的10%。以技术研发部的绩效考核结果作为该部门集体奖金发放的依据。

第10条　绩效申诉

1．若技术研发部对考核结果有异议，可填写"考核申诉表"，申诉表的内容应包括申诉部门、申诉事由等。

2．人力资源部接到申诉后，须在5个工作日内作出是否受理的答复；对于申诉事项无客观事实依据而仅凭主观臆断的申诉，将不予受理。

3．受理的申诉事件，人力资源部首先对申诉内容进行调查，然后与技术研发部经理进行协调、沟通。不能协商的，人力资源部可报企业总经理处理。

4．企业总经理拥有申诉的最终决定权，各相关人员须按照其指示进行处理。

第4章　附则

第11条　编制单位

本制度由人力资源部和技术研发部共同负责编制、解释与修订。

第12条　生效时间

本制度自××××年××月××日起生效。

编制日期		审核日期		批准日期	
修改标记		修改处数		修改日期	

3.3.2 技术研发工程师绩效考核办法

技术研发工程师绩效考核办法

办法名称	技术研发工程师绩效考核办法		受控状态	
			编 号	
执行部门		监督部门	编修部门	

第1条 目的

为全面评价技术研发工程师的工作绩效，贯彻企业的发展战略，结合技术研发工程师的工作特点，特制定本办法。

第2条 考核原则

1. 客观性原则

以企业对技术研发工程师制定的工作业绩指标、相关管理指标以及员工实际工作中的客观事实为基本考核依据。

2. 公开、公正原则

以全面、客观、公正、公开、规范为原则开展考核工作。

3. 及时性原则

及时对技术研发工程师过去一段时间的工作绩效进行评估，肯定其成绩并发现其存在的问题，为其下一阶段工作绩效的改进做好准备。

第3条 权责人员

1. 人力资源部根据技术研发工程师的岗位职责和素质要求选择合理、有效的指标并设定权重，编制"技术研发工程师绩效考核量化表"。

2. 人力资源部和技术研发部共同成立技术研发工程师绩效考核小组，专门负责技术研发工程师的绩效考核工作。

3. 技术研发部相关人员积极配合绩效考核小组的工作，并提交相关资料，共同做好技术研发工程师的绩效考核工作。

第4条 考核时间与周期

根据技术研发工程师的工作性质，将技术研发工程师的考核分为项目结束考核和年度考核。项目结束考核的考核时间为一个技术研发项目结束后的7个工作日内。年度考核的考核时间为下一年的1月1—___日。

第5条 考核指标

技术研发工程师的考核指标具体如下（括号中为该项所占权重）。

1. 研发任务按时完成率（10%）

$$研发任务按时完成率 = \frac{按时完成的研发任务数}{计划完成的研发任务数} \times 100\%$$

2. 功能模块完整率（20%）

$$功能模块完整率 = \frac{研发实现的功能模块量}{计划应用的功能模块总量} \times 100\%$$

3. 研发项目验收一次性通过率（15%）

$$研发项目验收一次性通过率 = \frac{一次性验收通过的研发项目数}{提交验收的研发项目总数} \times 100\%$$

4. 返工次数（15%）

考核期内，研发成果交付后因质量问题返工的次数。

5. 测试用例制作数量（5%）

考核期内，技术研发工程师每天制作测试用例的数量。

6. 测试用例质量指数（10%）

$$测试用例质量指数 = \left(\sum \frac{测试用例缺陷数}{总缺陷数} / 测试用例数 \right) \times 100\%$$

7. 试验事故发生总次数（15%）

考核期内试验、测试事故发生的总次数。

8. 技术资料完整率（5%）

$$技术资料完整率 = \frac{技术资料编制数量}{技术资料总需求数量} \times 100\%$$

9. 技术资料编制正确率（5%）

$$技术资料编制正确率 = \frac{技术资料编制正确的数量}{技术资料编制总数量} \times 100\%$$

第6条　评分系统

企业把技术研发工程师的绩效考核得分划分为5个等级，详情如下。

1. 考核得分在90（含）分以上的，等级为优秀。

2. 考核得分在80~89分的，等级为良好。

3. 考核得分在70~79分的，等级为好。

4. 考核得分在60~69分的，等级为合格。

5. 考核得分在59（含）分以下的，等级为差。

第7条　考核程序

1. 在绩效考核周期内，技术研发主管要对技术研发工程师在工作过程中存在的问题给予指导和督促，并提出建议，帮助技术研发工程师改进相关问题。

2. 绩效考核小组对技术研发工程师的工作业绩及能力进行评估。

3. 技术研发工程师在对个人的工作情况进行自我评价后，若对考核结果有任何异议的，可以提出申诉。

第8条　考核结果运用

1. 当技术研发工程师项目结束考核级别达到"优秀"时，企业将给予现金奖励____元，并随下月薪资发放。

2. 当技术研发工程师年度绩效考核级别达到"优秀"时，除了进行现金奖励，企业还将对其进行晋级培训。

3. 当技术研发工程师连续三年的年度绩效考核级别达到"优秀"时，企业将给予其职位晋升奖励。

4. 对于绩效考核级别为"差"的技术研发工程师，企业将扣除其奖金并对其做轮岗等处理。

第9条　考核申诉

1. 技术研发工程师若对绩效考核结果不满意或持有异议的，可采取书面形式向人力资源部提出申诉。

2. 人力资源部接到技术研发工程师的申诉后，应在＿＿个工作日内作出答复。

第10条　编制单位

本办法由人力资源部和技术研发部负责编制、解释与修订。

第11条　生效时间

本办法自××××年××月××日起生效。

3.3.3　技术研发助理奖金发放管理细则

技术研发助理奖金发放管理细则

细则名称	技术研发助理奖金发放管理细则		受控状态	
			编　号	
执行部门		监督部门	编修部门	

第1条　为了科学、合理地分配技术研发助理劳动报酬，激发技术研发助理工作的积极性、能动性和创造性，特制定本细则。

第2条　适用对象：本企业技术研发部技术研发助理。

第3条　职责分工

1. 人力资源部：负责技术研发助理奖金的核算与发放工作。

2. 技术研发部：负责技术研发助理绩效考核数据的收集与整理工作。

第4条　奖金发放时间

技术研发助理奖金发放的时间为研发项目绩效考核结束后和年度绩效考核结束后。

第5条　设置原则

按照价值分配的原则，依照技术研发助理的绩效考核评分确定其奖金的数额，如果技术研发助理年度绩效评估分数低于60分，则取消其年度奖金。

第6条　奖金类型

1. 全勤奖

全勤奖是为了奖励员工满勤而设立的奖金项目，若有请假者则无此奖。

2．新技术研发完工奖

新技术研发成功后，根据技术研发助理的绩效考核结果来确定其奖金的多少，并分两次发放，其中，在图纸设计、工艺编制等技术准备工作完成后，奖金发放应发放数额的____%，剩余部分奖金待技术可应用并通过鉴定或用户认可后再发放。若未按计划进度完成图纸设计和工艺编制等技术准备工作的，每延期一天，扣减奖金数额的____%，造成经济损失的，视情节轻重加倍扣罚。

3．新研发技术提成奖

在新研发技术投入市场的前____年内，根据新技术市场占有率、新技术投资利润率等指标，每年按不同的比例提取奖金。

4．年终奖

用技术研发助理的年度考核成绩来确定考核评级，然后根据考核评级和技术研发助理的工龄来确定奖金的数额。

第7条　奖金发放形式

奖金发放的形式分为货币形式和非货币形式。

1．货币形式

财务部在____月____日统一发放奖金，若技术研发助理有任何问题可以在三个工作日内向财务部咨询。

2．非货币形式

如果技术研发助理对企业有非常巨大的贡献，经企业高层同意，可以用股票或者期权的形式对其进行奖励。此外，平时若遇技术研发助理生日或节假日可以发给其购物券或者生日卡。

第8条　奖金的核算

人力资源部根据技术研发助理的考勤记录、绩效考核成绩以及项目奖金来核算奖金发放数额是否正确。

第9条　奖金的调整

每年1月份，人力资源部组织评议小组对上年度技术研发助理奖金发放管理细则的实施情况进行评定，对实施效果不佳，或不方便操作的地方进行调整。

第10条　特殊说明

技术研发助理有严重违章违纪行为给企业造成重大损失的或非因退休等原因解除、终止劳动关系的，将失去奖金获得资格。

第11条　本细则由人力资源部和技术研发部负责编制、解释与修订。

第12条　本细则自××××年××月××日起生效。

技术研发人员
绩效考核细则

供应链管理业务目标分解
与部门岗位绩效量化考核

4.1 需求管理、采购管理、招标管理、供应链过程协同管理、供应链风险控制业务目标分解

4.1.1 需求管理业务目标分解

需求管理业务的4大主要目标是：需求预测执行，需求预测评估，需求数据整理，需求申请管理。据此设计的三级分解目标如表4-1所示。

表4-1　需求管理业务目标分解

一级目标	二级目标	三级目标
1. 需求预测执行	（1）结合市场预测情况和历史需求资料，对市场需求作出基本预测	①各方面信息、资料、数据的收集要全面、及时，内容要真实、准确 ②需求预测的程序要科学
	（2）市场营销人员对需求预测结果进行判断，提出调整意见	根据市场一线情况提出调整意见，并确保调整意见时效性强
2. 需求预测评估	（1）供应链管理部对需求预测结果的准确性进行综合评估，进一步降低需求预测误差	①需求预测准确率高 ②需求预测的误差项数少于____个
	（2）根据需求预测评估情况，对需求预测结果进行校准	需求预测结果校准正确率在____%以上
3. 需求数据整理	（1）综合安全库存与市场销售情况，作出生产制造计划安排，统计各部门对应的需求数据	需求数据统计要及时，不得影响后续环节的进度
	（2）汇总需求数据，整理归类，查找错误项	①需求项统计完备 ②各需求项种类明确、数量正确、规格精确
4. 需求申请管理	（1）编制需求申请清单，报送供应链管理部审批	①需求申请清单编制完整率达到____% ②需求申请清单审批一次性通过率达到____%
	（2）参照审批意见，调整需求申请内容	需求申请修改次数小于____次

4.1.2　采购管理业务目标分解

采购管理业务的4大主要目标是：采购需求数据统计，编制采购计划与预算，采购计划的执行与变更，采购工作管理。据此设计的三级分解目标如表4-2所示。

表4-2　采购管理业务目标分解

一级目标	二级目标	三级目标
1．采购需求数据统计	（1）统计并汇总企业各部门的采购需求数据	①采购需求数据统计按时完成率达到＿＿％ ②采购需求统计数据准确
	（2）根据各部门采购需求，编制采购需求相关报表，并将报表报主管领导审批	采购需求相关报表编制及时率达到＿＿％
2．编制采购计划与预算	（1）按时编制年度、月度采购计划，报主管领导审批通过后组织实施	①采购计划编制及时率达到＿＿％ ②采购计划完成率达到＿＿％
	（2）按照采购成本编制各环节预算和供应链总体采购预算	①各环节预算完成率达到＿＿％ ②总体采购预算完成率达到＿＿％
3．采购计划的执行与变更	（1）分解采购计划，并对采购计划执行情况进行监督	采购计划完成率达到＿＿％
	（2）根据订单与需求变动的实际情况，及时编制临时采购计划	临时采购计划编制及时率达到＿＿％
	（3）根据生产与销售变动的实际情况及时调整采购计划	采购计划调整及时率达到＿＿％
4．采购工作管理	（1）组织开展供应商调查、评估、考核工作，并与合格供应商建立战略合作伙伴关系	①调查供应商数量不低于＿＿家 ②供应商合格率达到＿＿％ ③供应商考核工作按时完成 ④供应商满意度评分达到＿＿分
	（2）监督并参与大批量订货业务的洽谈工作	洽谈工作顺利进行
	（3）主持采购招标和合同评审工作，签订采购合同，监督合同执行情况并建立合同台账	采购合同履约率达到＿＿％

续表

一级目标	二级目标	三级目标
4. 采购工作管理	（4）监督采购工作进展情况，开展采购跟单和催货工作，进行采购交期管理	采购交期准时率达到____%
	（5）监督并开展采购物资验收工作，确保采购的物资满足各部门需求	采购物资验收质量合格率达到____%

4.1.3 招标管理业务目标分解

招标管理业务的4大主要目标是：招标项目确认与审批，招标文件管理，招标投标管理，评标监督管理。据此设计的三级分解目标如表4-3所示。

表4-3 招标管理业务目标分解

一级目标	二级目标	三级目标
1. 招标项目确认与审批	（1）根据采购项目的实际内容，确定是否符合开展招标工作的标准	违规开展招标项目个数为0
	（2）采购项目确定需要进行招标的，将招标项目报送领导审批，审批通过后才能实施招标采购工作	招标项目审批通过率不低于____%
2. 招标文件管理	（1）编制招标公告，明确招标的项目名称和简要内容，详细说明招标资金来源、招标截止时间、招标地点、联系电话等	招标公告的内容准确、无遗漏、无重大失误
	（2）编制投标须知，包括投标人资格要求、投标程序、投标内容要求、投标语言、修改和撤销投标的规定、评标的标准和程序、开标的时间、地点等内容	投标须知的内容表述要清晰、明确
	（3）明确技术要求，规定采购项目所包含的货物、设备的性能和标准等	技术要求描述正确率达到____%

续表

一级目标	二级目标	三级目标
2. 招标文件管理	（4）标书编制要求，包括投标文件构成、投标保证金、总投标价及标书的有效期等内容	标书审批一次性通过率达到____%
	（5）规定投标保证金，明确投标保证金的交纳数额和交纳方式	保证金交纳到位，可采用现金、支票、银行保函、保险公司或证券公司出具的担保书等方式交纳
3. 招标投标管理	（1）在正式招标工作开始之前，招标主管通过各类渠道发布招标公告	①发布渠道符合企业招标管理制度的要求 ②招标公告发布准确、无误
	（2）对投标人进行审查，包括投标人的组织机构、中标经验、供货能力、财务状况等，投标人应当具备承担招标项目的能力和良好的资信	投标人审查准确率达到____%
	（3）对投标人提交的文件进行审查，包含供货表和报价单等	投标文件审查准确率达到____%
4. 评标监督管理	（1）监管评标委员会成员	严格遵守保密规定，对有相关利害关系的评标委员会人员名单进行保密
	（2）对评标资料与评标地点的保密与监管	不得以任何形式泄露相关保密事宜
	（3）监管评标程序	无贪污、受贿、泄露重要信息等违法、违规行为

4.1.4　供应链过程协同管理业务目标分解

供应链过程协同管理业务的4大主要目标是：供应商协同管理，仓储物流协同管理，信息和数据协同管理，第三方服务协同管理。据此设计的三级分解目标如表4-4所示。

表4-4   供应链过程协同管理业务目标分解

一级目标	二级目标	三级目标
1. 供应商协同管理	（1）需求预测信息沟通，基于供应链信息共享系统（如CFAR、CPFR），共同规划供应安排	①供应商协同数量超过＿＿＿个 ②供货延误次数为0
	（2）质量要求一致，确保各级各类供应商的供货质量一致	供货质量合格率高于＿＿＿%
2. 仓储物流协同管理	（1）仓储物流系统建设，如仓储管理系统（如WMS系统）和运输管理系统（如TMS系统）	①智能化仓储 ②可视化物流
	（2）仓配一体化运营，在多维度信息数据和仓储运配联动的支持下，实现仓配一体化运营	①仓储物流系统反应速度快，响应及时 ②仓配一体化程度高
3. 信息和数据协同管理	（1）通过供应链协作网络或者信息共享系统，各环节的企业成员在业务合作的过程中及时进行日常信息的交流、沟通	①信息沟通效率高，失真度低 ②协同能力不断得到提升
	（2）通过供应链各环节企业成员之间的数据分享，进一步降低需求变动在供应链传递中带来的影响	①数据共享水平高 ②供应链运转效率高
4. 第三方服务协同管理	（1）根据供应链管理实际需求，确定第三方服务的内容和类型	不断降低采购、物流、仓储、生产制造等环节的成本
	（2）签订第三方服务合同，对服务过程进行监督	①第三方服务合同正常履约率超过＿＿＿% ②监督服务全过程，及时发现问题，作出纠正

4.1.5   供应链风险控制业务目标分解

供应链风险控制业务的4大主要目标是：风险识别管理，风险衡量管理，风险控制方法，风险控制实施。据此设计的三级分解目标如表4-5所示。

表4-5　供应链风险控制业务目标分解

一级目标	二级目标	三级目标
1. 风险识别管理	（1）了解供应链相关风险的内容、类型、不确定性要素等，对供应链面临的各种潜在风险进行识别、归类、分析	妥善应对供应及交付风险、供应链网络风险、质量安全风险、供应链运营风险、财务风险、市场变化风险、行业周期风险、政策法律风险、环境灾祸风险等
	（2）掌握供应链风险识别的方法，如危险分析与关键控制点法、失效模式和效应分析法、危险与可操作性分析法等	①方法使用正确 ②准确识别出相关风险
2. 风险衡量管理	（1）对特定风险发生的可能性和损失范围及程度进行估计和衡量	风险衡量结果清晰，参考价值较高
	（2）掌握供应链风险衡量的方法，如风险矩阵法、风险指数法、"SEP"法等	①方法使用正确 ②定量分析并评估风险
3. 风险控制方法	（1）针对供应链管理目标确定具体的风险控制思路和方法	灵活处理风险，掌握机会辨别能力
	（2）掌握供应链风险控制方法，如风险回避、损失控制、风险转移、风险保留等	①方法使用正确 ②全面掌握各类风险控制方法
4. 风险控制实施	（1）按照确定的风险控制管理目标，选择恰当的风险控制工具	风险控制管理目标以供应链管理目标为基础，并非所有风险都是不利的
	（2）协调、配合使用各类风险控制管理工具，不断反馈、检查、调整、修正	①工具使用正确 ②组合使用风险控制工具，从而加强风险控制能力

4.2 需求预测主管、采购主管、招标主管、风险控制专员量化考核方案

4.2.1 需求预测主管量化考核方案

需求预测主管绩效考核指标主要有5个，其中2个KPI指标为需求预测准确性、需求预测完成率。据此设计的需求预测主管量化考核方案如表4-6所示。

表4-6 需求预测主管量化考核方案

考核指标	量化考核说明		
	计算公式与指标描述	权重	考核标准
1. 需求预测准确性	指需求预测结果与实际市场需求数据之间的相似性	30%	①准确预测的项目数在____个以上，得____分 ②每减少____个，扣____分 ③少于____个，不得分
2. 需求预测完成率	需求预测完成率= $\dfrac{完成的需求预测项目数}{总需求预测数} \times 100\%$	20%	①需求预测完成率在____%以上，得____分 ②每降低____%，扣____分 ③低于____%，不得分
3. 需求预测校准正确率	需求预测校准正确率= $\dfrac{校准后误差更小的需求预测次数}{需求预测校准总次数} \times 100\%$	20%	①需求预测校准正确率在____%以上，得____分 ②每降低____%，扣____分 ③低于____%，不得分
4. 需求预测结果偏差性	指需求预测结果与实际市场需求数据之间的差异性	20%	①偏差较大的项目数在____个以下，得____分 ②每增加____个，扣____分 ③多于____个，不得分
5. 需求预测及时性	是否按照企业规定，在一定期限内完成需求预测工作	10%	①按时完成的需求预测次数在____次以上，得____分 ②每减少____次，扣____分 ③少于____次，不得分

4.2.2　采购主管量化考核方案

采购主管绩效考核指标主要有7个，其中3个KPI指标为采购计划完成率、供应商合格率、采购物资质检合格率。据此设计的采购主管量化考核方案如表4-7所示。

表4-7　采购主管量化考核方案

考核指标	量化考核说明		
	计算公式与指标描述	权重	考核标准
1．采购计划项目完成率	采购计划项目完成率= $\dfrac{已完成的采购计划项目数}{采购计划项目总数} \times 100\%$	20%	①采购计划项目完成率在____%以上，得____分 ②每降低____%，扣____分 ③低于____%，不得分
2．供应商合格率	供应商合格率= $\dfrac{合作供应商中合法合规供应商数量}{合作供应商总数} \times 100\%$	20%	①供应商合格率在____%以上，得____分 ②每降低____%，扣____分 ③低于____%，不得分
3．采购物资质检合格率	采购物资质检合格率= $\dfrac{采购物资质检合格批次数}{采购物资质检总批次数} \times 100\%$	15%	①采购物资质检合格率在____%以上，得____分 ②每降低____%，扣____分 ③低于____%，不得分
4．采购计划编制及时率	采购计划编制及时率= $\dfrac{及时编制的采购计划数}{需编制的采购计划总数} \times 100\%$	15%	①采购计划编制及时率在____%以上，得____分 ②每降低____%，扣____分 ③低于____%，不得分
5．采购计划调整及时率	采购计划调整及时率= $\dfrac{及时调整的采购计划数}{需调整的采购计划总数} \times 100\%$	10%	①采购计划调整及时率在____%以上，得____分 ②每降低____%，扣____分 ③低于____%，不得分
6．采购项目交期准时率	采购项目交期准时率= $\dfrac{准时交付的采购项目数}{需交付的采购项目总数} \times 100\%$	10%	①采购项目交期准时率在____%以上，得____分 ②每降低____%，扣____分 ③低于____%，不得分

续表

考核指标	量化考核说明		
	计算公式与指标描述	权重	考核标准
7．采购合同履约率	采购合同履约率=$\dfrac{\text{正常履约的采购合同数}}{\text{已签订的采购合同总数}}\times100\%$	10%	①采购合同履约率在____%以上，得____分 ②每降低____%，扣____分 ③低于____%，不得分

4.2.3　招标主管量化考核方案

招标主管绩效考核指标主要有7个，其中3个KPI指标为标书审批通过率、投标人审查准确率、招标项目审批通过率。据此设计的招标主管量化考核方案如表4-8所示。

评标主管量化
考核方案

表4-8　招标主管量化考核方案

考核指标	量化考核说明		
	计算公式与指标描述	权重	考核标准
1．标书审批通过率	标书审批通过率=$\dfrac{\text{审批合格的标书份数}}{\text{提交审批的标书总份数}}\times100\%$	20%	①标书审批通过率在____%以上，得____分 ②每降低____%，扣____分 ③低于____%，不得分
2．投标人审查准确率	投标人审查准确率=$\dfrac{\text{审查结果正确的投标人数}}{\text{审查的总投标人数}}\times100\%$	20%	①投标人审查准确率在____%以上，得____分 ②每降低____%，扣____分 ③低于____%，不得分
3．招标项目审批通过率	招标项目审批通过率=$\dfrac{\text{审批通过的招标项目数}}{\text{提交审批的招标项目总数}}\times100\%$	20%	①招标项目审批通过率在____%以上，得____分 ②每降低____%，扣____分 ③低于____%，不得分
4．招标公告合格率	招标公告合格率=$\dfrac{\text{合格招标公告数}}{\text{招标公告总数}}\times100\%$	10%	①招标公告合格率在____%以上，得____分 ②每降低____%，扣____分 ③低于____%，不得分

考核指标	量化考核说明		
	计算公式与指标描述	权重	考核标准
5．评标委员会监管合格率	评标委员会监管合格率= $\dfrac{监管合规评标次数}{监管评标总次数} \times 100\%$	10%	①评标委员会监管合格率在____%以上，得____分 ②每降低____%，扣____分 ③低于____%，不得分
6．招标文件保密性	对招标主管在招标过程中对所有非公开文件保密工作的考核	10%	①招标文件完全保密，得____分 ②每泄露____份非公开文件，扣____分 ③非公开文件泄露多于____份，不得分
7．招标程序合规性	对招标程序、步骤、流程的合法合规性的考核	10%	①招标程序完全合规，得____分 ②每增加____个不合规程序，扣____分 ③不合规程序多于____个，不得分

4.2.4　风险控制专员量化考核方案

风险控制专员绩效考核指标主要有4个，其中2个KPI指标为风险评估正确率、风险控制有效率。据此设计的风险控制专员量化考核方案如表4-9所示。

表4-9　风险控制专员量化考核方案

考核指标	量化考核说明		
	计算公式与指标描述	权重	考核标准
1．风险评估正确率	风险评估正确率= $\dfrac{评估结果正确的风险数}{评估的风险总数} \times 100\%$	25%	①风险评估正确率在____%以上，得____分 ②每降低____%，扣____分 ③低于____%，不得分
2．风险控制有效率	风险控制有效率= $\dfrac{控制效果明显的风险数}{采用工具进行控制的风险总数} \times 100\%$	25%	①风险控制有效率在____%以上，得____分 ②每降低____%，扣____分 ③低于____%，不得分

考核指标	量化考核说明		
	计算公式与指标描述	权重	考核标准
3．风险识别及时率	风险识别及时率= $\dfrac{\text{及时发现的风险数}}{\text{潜在风险总数}} \times 100\%$	25%	①风险识别及时率在_____%以上，得_____分 ②每降低_____%，扣_____分 ③低于_____%，不得分
4．风险分析准确率	风险分析准确率= $\dfrac{\text{内容分析准确的风险数}}{\text{分析的风险总数}} \times 100\%$	25%	①风险分析准确率在_____%以上，得_____分 ②每降低_____%，扣_____分 ③低于_____%，不得分

4.3　供应链管理部与供应链管理岗位量化考核制度、办法、细则

4.3.1　供应链管理部绩效量化考核制度

制度名称	供应链管理部绩效量化考核制度		受控状态	
			编　号	
执行部门		监督部门	编修部门	

第1章　总则

第1条　目的

为了达成如下目的，特制定本制度。

1．对供应链管理部各项工作进行考核，综合评估供应链管理部整体绩效完成水平。

2．以绩效考核结果为参照，不断提高企业供应链管理工作能力。

第2条　适用范围

本制度适用于企业对供应链管理部绩效考核工作的管理。

第3条　考核要求

1．以绩效工作过程中的客观事实为基本依据。

2．以绩效工作评估制度规定的内容、程序和方法为操作准则。

3．以全面、客观、公正、公开、规范为核心考核理念。

第2章　考核组织与被考核人员

第4条　考核组织管理

1．由人力资源部和供应链管理部共同组建供应链管理部绩效考核小组。其中人力资源部负责执行绩效考核工作，供应链管理部负责提供所需数据，协助人力资源部完成绩效考核工作。

2．主管供应链业务的副总经理负责对相关领导事项进行审核审批。

第5条　被考核人员管理

1．供应链管理部各层级管理人员，主要对其所负责的相关领域工作的阶段性完成情况进行考核。

2．供应链各环节管理专员，主要考核其工作任务指标的实际完成情况。

第3章　绩效考核内容

第6条　考核维度规定

对供应链管理部的绩效考核，主要评估5大方面。

1．供应链效率与效力，是指对企业供应链全过程、各环节的工作内容的实际效率与效力进行的考核。

2．供应链协同性，是指管理供应链各个环节、各个部分时，企业实现协同运作而进行的考核。

3．供应链敏捷性，是指供应链根据需求动态变化时，对各部分功能快速地重构和调整进行的考核。

4．供应链可靠性，是指将供应链整个网络系统中的不确定性因素减至最少，保证供应链的物流、信息流和资金流的正常流动而进行的考核。

5．供应链响应性，是指对以实现供应链的商流功能为主要目标，即对市场需求变化做出迅速反应进行的考核。

第7条　指标设定说明

根据面对对象的不同，将供应链绩效评价指标分为5类：供应链成本、资产管理、生产率、质量、客户服务。

1．供应链成本，如采购成本、仓储成本、运输成本、库存管理成本、订单处理成本等。

2．资产管理，如资产回报率、资产周转率、产能利用率等。

3．生产率，如生产计划完成率、按时交付率等。

4．质量，如成品合格率、交付合格率等。

5．客户服务，如客户满意度、客户保持率、客户增长率等。

第4章　绩效考核方式

第8条　考核时间和周期

考核时间和周期的设定要参考企业供应链运行的实际情况。

1．以一个完整的供应链运行周期为绩效考核周期，考核时间即为一个完整供应链运行周期结束后的____日内。

2．以月、季、年为考核周期，考核时间即为下一考核周期开始前的____日内。

第9条　权重设计管理

1．单个绩效考核指标的权重设计占比不应过高，须根据具体情况进行设计。

2．绩效考核指标的权重总和应为1或100、100%等形式。

第5章　绩效考核程序

第10条　统计节点执行情况和目标完成情况

1．节点执行情况描述

描述节点所处的供应链环节及节点实施现状，指标具体完成度及其与计划值之间的差距。

2．目标完成情况统计

（1）总体目标完成情况：与节点总体绩效计划相比较的节点绩效目标完成情况。

（2）阶段性目标完成情况：与节点阶段性绩效计划相比较的节点阶段性绩效目标完成情况。

第11条　评估供应链管理节点实际绩效

1．节点整体绩效：供应链管理相关工作节点获得的成绩及已达到的效果。

2．进度绩效：节点进度按节点计划的实施情况，包括节点延期率为＿＿＿%，节点偏离率为＿＿＿%，节点工时降低率为＿＿＿%等。

3．成本绩效：节点实际成本与节点预算吻合程度，包括节点成本节约率为＿＿＿%，节点成本控制率为＿＿＿%，节点成本有效利用率为＿＿＿%等。

4．质量绩效：节点实际质量与节点计划质量的差异，包括节点成果质量审核通过率为＿＿＿%，节点设备与原材料合格率为＿＿＿%，节点质检及时率为＿＿＿%，节点质量预算达成率为＿＿＿%，节点质量问题改善率为＿＿＿%等。

5．客户满意度：企业客户、与供应链管理部工作相关的企业内部人员、供应链管理成果使用或占有人员对节点的满意程度，包括客户意见反馈率为＿＿＿%，客户投诉率为＿＿＿%，客户满意率为＿＿＿%等。

第12条　考核实施管理

1．供应链管理部绩效考核小组召开会议，对绩效数据和评估资料进行汇总、整理，确定绩效考核结果。

2．整理绩效考核通知单，以书面或电子单据的形式发送给对应人员，并要求其进行结果确认。

3．供应链管理部绩效考核结果确认无误后，提交主管该业务的副总经理审批。

4．绩效考核结果审批通过后，在供应链管理部的查阅范围内进行公开。

第6章　考核结果运用

第13条　供应链绩效改进

供应链管理部对绩效考核结果进行分析，并召开内部讨论会议，针对供应链管理薄弱项制订改进计划，同时不断强化绩效优势，发挥长板作用。

第14条　绩效面谈管理

1．正向激励，采取鼓励性的手段来进行正面激励，使在相应节点工作的管理人员努力提升自己的绩效完成水平，如发奖金、晋级、升职、提拔等方式。

2．负向激励，通过批评、惩罚的手段，让相关责任人员意识到自己的错误，然后改进绩效完成水平，如批评、扣发绩效奖金、降薪、调任等方式。

第7章　附则

第15条　编制单位

本制度由人力资源部联合供应链管理部共同编制、解释与修订。

第16条　生效时间

本制度自××××年××月××日起生效。

编制日期		审核日期		批准日期	
修改标记		修改处数		修改日期	

4.3.2　采购主管绩效考核办法

采购主管绩效考核办法

办法名称	采购主管绩效考核办法	受控状态	
		编　　号	
执行部门		监督部门		编修部门	

第1条　目的

为了进一步规范企业对采购主管工作成果的绩效考核工作，进而不断提高采购质量与采购效率，特制定本办法。

第2条　考核要求

1．聚焦成果，但更要规范过程。

2．客观公正，避免受主观因素影响。

第3条　权责人员

1．人力资源部负责采购主管绩效考核的具体组织工作。

2．人力资源部组建绩效考核小组，小组成员由人力资源部经理、采购部经理等组成。

第4条　考核时间与周期

1．对采购主管的绩效考核一般分为月度考核、年度考核两类。若有特殊需要的，可根据采购项目的完成情况安排考核。

2．采购主管绩效月度考核，主要考核其工作业绩，一般在次月的＿＿日到＿＿日进行。

3．采购主管绩效年度考核，主要考核其工作业绩、工作态度与工作能力，一般在次年的1月＿＿—＿＿日进行。

第5条　考核维度

工作业绩、工作态度与工作能力考核是采购主管绩效考核的三大维度，其中工作业绩占比为75%、工作能力占比为10%、工作态度占比为15%。

第6条　考核指标

1．工作业绩的考核指标主要包含7个部分。

（1）采购计划编制及时率。

（2）采购计划项目完成率。

（3）采购计划调整及时率。

（4）供应商合格率。

（5）采购项目交期准时率。

（6）采购合同履约率。

（7）采购物资质检合格率。

2．工作能力的考核指标主要包含2个部分，分别是：计划能力、执行能力。

3．工作态度的考核指标主要包含3个部分，分别是：廉洁自律性、成本意识、主动性。

第7条　评分系统

1．工作业绩考核得分计算公式：工作业绩得分=（采购计划编制及时率×15%）+（采购计划完成率×20%）+（采购计划调整及时率×15%）+（供应商合格率×20%）+（采购交期准时率×10%）+（采购合同履约率×10%）+（采购物资质检合格率×10%）。

2．工作能力考核得分计算公式：工作能力得分=（计划能力×50%）+（执行能力×50%）。

3．工作态度考核得分计算公式：工作态度得分=（廉洁自律性×50%）+（成本意识×25%）+（主动性×25%）。

4．绩效得分计算公式：总绩效得分=（工作业绩得分×75%）+（工作能力得分×10%）+（工作态度得分×15%）。

5．采购主管绩效考核结果按照总绩效得分从高到低排序，可分为4个级别，分别对应A（优秀）、B（良好）、C（一般）、D（较差）。

第8条　考核程序

1．采购主管将考核期间的工作报告在考核期内交予采购部经理审核后，提交至人力资源部。

2．绩效考核小组根据采购主管的实际工作成果展开评估，人力资源部汇总并统计绩效考核结果，然后请采购主管确认其考核结果，无误后再将考核结果公布。

3．采购部经理负责组织绩效面谈，并及时将面谈结果上交人力资源部。

4．采购主管对自身绩效考核结果若有异议，可向人力资源部提出申诉，人力资源部受理绩效申诉后，在规定时间内回复处理结果。

第9条　考核结果运用

1．发放采购主管的项目绩效奖金。

2．对违反企业管理规定的采购主管作出对应处罚。

3．作为采购主管职位调整的考评依据。

第10条　编制单位

本办法由人力资源部联合采购部共同编制、解释与修订。

第11条　生效时间

本办法自××××年××月××日起生效。

4.3.3　招标主管绩效考核办法

招标主管绩效考核办法

办法名称	招标主管绩效考核办法		受控状态	
			编　号	
执行部门		监督部门	编修部门	

第1条　目的

为贯彻企业绩效考核管理制度，对招标主管的工作成果进行全面绩效考核，促进招标管理工作水平的不断提升，特制定本办法。

第2条　考核要求

1．以实际招标工作成果为依据，量化考核。

2．双向沟通，保持客观，避免受主观因素影响。

第3条　权责人员

1．人力资源部负责招标主管绩效考核的具体组织工作。

2．人力资源部组建绩效考核小组，小组成员由人力资源部经理、采购部经理等组成。

第4条　考核时间与周期

1．由于招标主管工作的特殊性质，其绩效考核工作一般以招标项目为阶段进行划分。考核周期自招标项目启动之日起，至招标项目结束之日止。

2．考核时间一般为招标项目结束后的____月____日到____月____日。

第5条　考核方式

招标主管的绩效考核以招标项目为基础，采取定量考核与定性考核相结合的方式。

第6条　考核维度

招标主管绩效考核维度主要包含4个部分。

1．招标项目确认与审批。

2．招标文件管理。

3．招标投标管理。

4．评标监督管理。

第7条　关键绩效考核指标

1．招标流标比率，定量指标，反映招标流标数量与总招标数量之间的关系。

2．招标体系的建设完成度，定量指标，反映实际完成的项目数量与计划完成的项目数量之间的关系。

3．种类标准化覆盖率，定量指标，反映标准化采购产品的种类或数量与总采购产品种类或数量之间的关系。

4．采购成本控制率，定量指标，反映实际成本与目标成本之间的关系。

5．无效成本，特殊扣分项，指因招标工作不合格造成的停工延误等成本。

6．招标采购关键节点任务达成率，定量指标，反映达成的关键节点任务数与关键节点任务总数之间的关系。

7．招标违规次数，特殊扣分项，指在招标过程中发生的违规次数。

8．核心采购供应商覆盖率，定量指标，反映已被搜集信息的供应商数量与目标供应商数量之间的关系。

9．各采购品类数据覆盖率，定量指标，反映已搜集数据的品类数量与总体品类数量之间的关系。

10．数据信息的准确性，定性指标，以各项数据的综合偏差程度为考核依据。

第8条　评分系统

1．招标主管绩效考核满分为100分，其中单项满分为招标流标比率20分、招标体系的建设完成度10分、种类标准化覆盖率5分、采购目标成本达成率10分、无效成本10分、招标采购关键节点任务达成率10分、招标违规次数10分、核心采购供应商覆盖率15分、各采购品类数据覆盖率5分、数据信息的准确性5分。

2．根据绩效考核总得分划分等级：85~100分为优秀；60~84分为良好；59分及以下为不合格。

第9条　考核实施

1．人力资源部根据招标执行的结果，对招标主管作出绩效考核评分，采购部经理参与绩效考核评分的审核。

2．绩效考核结果审核无误后，将考核结果下发给对应招标主管，并请其确认。

第10条　考核结果运用

招标主管的绩效考核结果将作为其奖金发放、薪资调整、岗位培训、岗位调整等人事决策的客观依据。

第11条　编制单位

本办法由人力资源部联合采购部共同编制、解释与修订。

第12条　生效时间

本办法自××××年××月××日起生效。

评标人员绩效
考核办法

4.3.4　风险控制专员绩效考核细则

风险控制专员绩效考核细则

细则名称	风险控制专员绩效考核细则		受控状态	
			编　号	
执行部门		监督部门	编修部门	

第1条　为了考核风险控制专员的实际风险管理工作成果，不断提高风险控制专员的专业化水平，特制定本细则。

第2条　对风险控制专员进行绩效考核时，要坚持结果导向、公平公正的原则。

第3条　风险控制部负责提供风险控制专员的工作成果评估资料；人力资源部负责风险控制专员绩效考核工作的具体实施。

第4条　对风险控制专员的绩效考核每月进行一次，考核时间一般为每月初的____—____日。

第5条　对风险控制专员的绩效考核，主要依据风险识别及时率、风险分析准确率、风险评估正确率和风险控制有效率等指标进行。

第6条　风险识别及时率指标的计算公式：风险识别及时率$=\dfrac{\text{及时发现的风险数}}{\text{潜在风险总数}}\times100\%$，该指标主要用于考察风险控制专员识别供应链各环节风险的能力。

第7条　风险分析准确率指标的计算公式：风险分析准确率$=\dfrac{\text{内容分析准确的风险数}}{\text{分析的风险总数}}\times100\%$，该指标主要用于考核风险控制专员研究各类风险的水平。

第8条　风险评估正确率指标的计算公式：风险评估正确率$=\dfrac{\text{评估结果正确的风险数}}{\text{评估的风险总数}}\times100\%$，该指标主要用于考核风险控制专员判断不同风险影响力大小结果的质量。

第9条　风险控制有效率指标的计算公式：风险控制有效率$=\dfrac{\text{控制效果明显的风险数}}{\text{采用工具进行控制的风险总数}}\times100\%$，该指标主要用于考核风险控制专员运用各类风险控制工具的熟练度和准确度，以及能否有效控制风险的能力。

第10条　风险识别及时率指标绩效考核得分占比为25%。风险识别及时率在____%以上，得____分；每降低____%，扣____分；低于____%，不得分。

第11条　风险分析准确率指标绩效考核得分占比为25%。风险分析准确率在____%以上，得____分；每降低____%，扣____分；低于____%，不得分。

第12条　风险评估正确率指标绩效考核得分占比为25%。风险评估正确率在____%以上，得____分；每降低____%，扣____分；低于____%，不得分。

第13条　风险控制有效率指标绩效考核得分占比为25%。风险控制有效率在____%以上，得____分；每降低____%，扣____分；低于____%，不得分。

第14条　根据绩效考核得分情况，将风险控制专员的绩效考核等级划分为3级：A级（优秀）、B级（良好）、C级（差）。

第15条　人力资源部根据风险控制部提供的风险控制专员工作成果的评估资料对其进行绩效考核，计算各项得分，得出风险控制专员的绩效考核结果。

第16条　人力资源部将绩效考核结果发送给对应的风险控制专员，请其确认绩效考核结果。

第17条　人力资源部受理风险控制专员提出的绩效申诉，并对其提出的异议进行审查。

第18条　人力资源部根据确认无误后的绩效考核结果发放风险控制专员的相关项目奖金，同时作为其岗位调动的评估依据。

第19条　本细则由人力资源部联合风险控制部共同编制、解释与修订。

第20条　本细则自×××年××月××日起生效。

第 5 章

设备管理业务目标分解与
部门岗位绩效量化考核

5.1 设备采购与安装、设备使用与保养、设备检查与维修、设备报废与处置业务目标分解

5.1.1 设备采购与安装业务目标分解

设备采购与安装业务的3大主要目标是：设备采购管理，设备安装管理，设备调试管理。据此设计的三级分解目标如表5-1所示。

表5-1 设备采购与安装业务目标分解

一级目标	二级目标	三级目标
1. 设备采购管理	（1）确保设备和设备维修备件能快速、准确供应	①设备采购及时率达到____% ②设备采购准确率达到____%
	（2）做好设备和设备维修备件验收的交接工作	①采购的设备质量合格率达到____% ②采购的设备验收准确率达到____%
2. 设备安装管理	（1）根据设备安装现场的格局，制定设备安装方案	设备安装方案审核一次性通过率为____%
	（2）严格按照设备安装方案完成设备安装工作	①设备安装任务执行率达到____% ②设备安装合格率达到____%
	（3）及时处理设备安装中的问题，对于无法妥善解决的问题，应及时上报主管领导	①设备安装问题及时解决 ②无法解决的问题____小时内上报
	（4）认真填写有关设备安装的记录资料，同时做好工作记录	设备安装记录完整、无差错
3. 设备调试管理	（1）制订设备调试工作计划，组织编写设备调试方案	①设备调试计划在____日内完成 ②设备调试方案审核一次性通过率为____%
	（2）按照设备调试计划与方案进行设备调试	①设备调试操作失误次数为0 ②设备调试验收合格
	（3）编写设备调试工作报告，并按规定上交主管领导	设备调试报告应在____日内完成

5.1.2　设备使用与保养业务目标分解

设备使用与保养业务的2大主要目标是：设备使用管理，设备保养管理。据此设计的三级分解目标如表5-2所示。

表5-2　设备使用与保养业务目标分解

一级目标	二级目标	三级目标
1. 设备使用管理	（1）编制设备使用管理办法，规范设备使用程序	设备使用管理办法的内容完整、详细且具体
	（2）规范地、正确地使用各类设备	设备使用出错率为0
	（3）制定设备技术改造方案，有效利用各类设备	设备技术改造方案的内容完整，可执行性强
	（4）记录设备运行情况，并及时提交设备运行管理报告	设备运行情况记录准确、无遗漏
2. 设备保养管理	（1）编制设备保养方案，明确设备保养的时间、人员、具体方法及步骤	①设备保养方案内容完整，可执行性强，并审批通过 ②设备保养方案在____日内完成
	（2）按时地、规范地对设备进行保养	①设备保养完成率达到____% ②设备保养出错率为0
	（3）做好设备保养记录	设备保养记录准确率达到____%

5.1.3　设备检查与维修业务目标分解

设备检查与维修业务的2大主要目标是：设备检查管理，设备维修管理。据此设计的三级分解目标如表5-3所示。

表5-3　设备检查与维修业务目标分解

一级目标	二级目标	三级目标
1. 设备检查管理	（1）编制设备检查管理办法，规范设备检查管理工作	设备检查管理办法内容完整，并通过审批

续表

一级目标	二级目标	三级目标
1.　设备检查管理	（2）按照设备检查管理办法的相关规定，采用正确的检测方法及时地对有关设备进行检测	①设备检测及时率达到____% ②设备检测任务完成率达到____% ③设备检测失误操作次数为0
	（3）设备检查后，及时做好设备检查记录	设备检查记录完整、齐全，记录出错率为0
2.　设备维修管理	（1）根据设备检查情况，及时地对需要维修的设备进行维修	设备维修任务完成率达到____%
	（2）做好设备维修记录工作	设备维修记录准确、完整，记录出错率为0
	（3）做好设备维修工具的保管工作	设备维修工具丢失率为0

5.1.4　设备报废与处置业务目标分解

设备报废与处置业务的2大主要目标是：设备报废管理，设备处置管理。据此设计的三级分解目标如表5-4所示。

表5-4　设备报废与处置业务目标分解

一级目标	二级目标	三级目标
1.　设备报废管理	（1）编制设备报废管理办法，规范设备报废管理工作	设备报废管理办法内容完整，并通过审批
	（2）按照设备报废管理办法的相关规定，对符合条件的设备进行报废处理	设备报废处理准确率达到____%
	（3）设备报废后，及时做好设备报废记录	设备报废记录准确、完整，记录出错率为0
2.　设备处置管理	（1）定期对设备进行评估，估算其经济价值后，进行报废、回收、出售、出租等处理	①设备评估处置工作每季度进行1次 ②设备评估处置工作准确率达到____%
	（2）每次进行设备处置后，都需要及时做好记录工作	设备处置记录准确、完整，记录出错率为0

5.2　设备管理主管、巡检专员、维修工程师、报废与处置专员量化考核方案

5.2.1　设备管理主管量化考核方案

设备管理主管绩效考核指标主要有6个，其中4个KPI指标为设备采购完成率、设备验收完成率、设备处置正确率、设备规范使用率。据此设计的设备管理主管量化考核方案如表5-5所示。

表5-5　设备管理主管量化考核方案

考核指标	量化考核说明		
	计算公式与指标描述	权重	考核标准
1．设备采购完成率	设备采购完成率= $\dfrac{设备采购完成次数}{应采购设备总次数} \times 100\%$	20%	①设备采购完成率达到____%，得____分 ②每降低____个百分点，扣____分 ③低于____%，不得分
2．设备验收完成率	设备验收完成率= $\dfrac{设备验收完成次数}{应验收设备总次数} \times 100\%$	20%	①设备验收完成率达到____%，得____分 ②每降低____个百分点，扣____分 ③低于____%，不得分
3．设备处置正确率	设备处置正确率= $\dfrac{设备处置正确次数}{设备处置总次数} \times 100\%$	20%	①设备处置正确率达到____%，得____分 ②每降低____个百分点，扣____分 ③低于____%，不得分
4．设备规范使用率	设备规范使用率= $\dfrac{设备规范使用次数}{设备使用总次数} \times 100\%$	20%	①设备规范使用率达到____%，得____分 ②每降低____个百分点，扣____分 ③低于____%，不得分
5．设备台账记录准确率	设备台账记录准确率= $\dfrac{记录准确的设备台账数量}{设备台账总数量} \times 100\%$	10%	①设备台账记录准确率达到____%，得____分 ②每降低____个百分点，扣____分 ③低于____%，不得分
6．新设备使用培训及时性	新设备的使用培训工作应在新设备验收安装完成后及时完成	10%	①新设备使用培训在____日之内完成，得____分 ②每延迟一天，扣____分 ③延迟超过____天，不得分

5.2.2　设备巡检专员量化考核方案

设备巡检专员绩效考核指标主要有5个，其中3个KPI指标为设备巡检完成率、设备巡检及时性、设备巡检记录准确率。据此设计的设备巡检专员量化考核方案如表5-6所示。

表5-6　设备巡检专员量化考核方案

考核指标	量化考核说明		
	计算公式与指标描述	权重	考核标准
1. 设备巡检完成率	设备巡检完成率= $\dfrac{\text{设备巡检完成次数}}{\text{设备应巡检总次数}} \times 100\%$	30%	①设备巡检完成率达到＿＿%，得＿＿分 ②每降低＿＿个百分点，扣＿＿分 ③低于＿＿%，不得分
2. 设备巡检及时性	每次设备巡检工作是否在规定时间之内完成	20%	①每次设备巡检工作在规定时间之内完成，得＿＿分 ②每延迟10分钟，扣＿＿分 ③延迟超过＿＿分钟，不得分
3. 设备巡检记录准确率	设备巡检记录准确率= $\dfrac{\text{设备巡检记录准确次数}}{\text{设备巡检记录总次数}} \times 100\%$	20%	①设备巡检记录准确率达到＿＿%，得＿＿分 ②每降低＿＿个百分点，扣＿＿分 ③低于＿＿%，不得分
4. 巡检报告及时性	设备巡检报告是否在＿＿小时内完成并上报	20%	①设备巡检报告在＿＿小时之内完成并上报，得＿＿分 ②每延迟30分钟，扣＿＿分 ③延迟超过＿＿分钟，不得分
5. 设备巡检漏检次数	设备巡检漏检的次数	10%	①设备巡检漏检次数在＿＿次以内，得＿＿分 ②每多漏检＿＿次，扣＿＿分 ③漏检超过＿＿次，不得分

5.2.3　设备维修工程师量化考核方案

设备维修工程师绩效考核指标主要有7个，其中4个KPI指标为设备维修任务完成率、设备故障返修率、设备平均维修时间、设备故障修复率。据此设计的设备维修工程师量化考核方案如表5-7所示。

表5-7　设备维修工程师量化考核方案

考核指标	量化考核说明		
	计算公式与指标描述	权重	考核标准
1．设备维修任务完成率	设备维修任务完成率= $\dfrac{设备维修任务完成次数}{应完成设备维修任务总次数}$ ×100%	20%	①设备维修任务完成率达到____%，得____分 ②每降低____个百分点，扣____分 ③低于____%，不得分
2．设备故障返修率	设备故障返修率= $\dfrac{设备故障返修次数}{设备故障修复总次数}$×100%	20%	①设备故障返修率在____%以下，得____分 ②每增加____个百分点，扣____分 ③高于____%，不得分
3．设备平均维修时间	设备的平均维修时间，代表设备的维修速度	15%	①设备平均维修时间在____小时内，得____分 ②每超出____小时，扣____分 ③超过____小时，不得分
4．设备故障修复率	设备故障修复率= $\dfrac{设备故障修复次数}{设备故障维修总次数}$×100%	15%	①设备故障修复率达到____%，得____分 ②每降低____个百分点，扣____分 ③低于____%，不得分
5．设备维修及时率	设备保修后开始维修到维修完成的时间	10%	①设备维修工作在____天以内完成，得____分 ②每延迟1天，扣____分 ③延迟____天以上，不得分
6．设备维修工具丢失率	设备维修工具丢失率= $\dfrac{设备维修工具丢失件数}{设备维修工具总件数}$×100%	10%	①设备维修工具丢失率为0，得____分 ②每增加____个百分点，扣____分 ③大于____%，不得分
7．备品备件完好率	备品备件完好率= $\dfrac{完好的备品备件数量}{备品备件总数量}$×100%	10%	①备品备件完好率在____%以上，得____分 ②每降低____个百分点，扣____分 ③低于____%，不得分

5.2.4　设备报废与处置专员量化考核方案

设备报废与处置专员绩效考核指标主要有6个，其中4个KPI指标为设备评估完成率、设备评估准确率、设备处置合理性、设备处置完成率。据此设计的设备报废与处置专员量化考核方案如表5-8所示。

表5-8　设备报废与处置专员量化考核方案

考核指标	量化考核说明		
	计算公式与指标描述	权重	考核标准
1．设备评估完成率	设备评估完成率=$\dfrac{设备评估完成次数}{应评估设备总次数}\times100\%$	20%	①设备评估完成率达到____%，得____分 ②每降低____个百分点，扣____分 ③低于____%，不得分
2．设备评估准确率	设备评估准确率=$\dfrac{设备评估准确次数}{设备评估总次数}\times100\%$	20%	①设备评估准确率达到____%，得____分 ②每降低____个百分点，扣____分 ③低于____%，不得分
3．设备处置合理性	设备处置方案一次性审批通过	20%	①设备处置方案一次性审批通过，得____分 ②未一次性审批通过的，每驳回1次，扣____分
4．设备处置完成率	设备处置完成率=$\dfrac{设备处置完成次数}{应处置设备总次数}\times100\%$	15%	①设备处置完成率达到____%，得____分 ②每降低____个百分点，扣____分 ③低于____%，不得分
5．设备处置出错率	设备处置出错率=$\dfrac{设备处置出错次数}{设备处置总次数}\times100\%$	15%	①设备处置出错率达到____%，得____分 ②每增加____个百分点，扣____分 ③高于____%，不得分
6．设备处置记录准确率	设备处置记录准确率=$\dfrac{设备处置记录准确次数}{设备处置记录总次数}\times100\%$	10%	①设备处置记录准确率达到____%，得____分 ②每降低____个百分点，扣____分 ③低于____%，不得分

5.3　设备管理部与设备管理岗位量化考核制度、办法、细则

5.3.1　设备管理部绩效考核制度

制度名称	设备管理部绩效考核制度		受控状态	
			编　号	
执行部门		监督部门	编修部门	

第1章　总则

第1条　目的

为加强对设备管理部的工作管理，提高设备管理部工作人员的积极性和工作效率，特制定本制度。

第2条　适用范围

本制度仅适用于企业对设备管理部绩效考核工作的管理。

第3条　职责划分

1．人力资源部负责设备管理部绩效考核的具体实施和管理。

2．设备管理部负责部门内部考核与提供考核信息。

第2章　考核时间与考核方式

第4条　考核周期与时间

设备管理部的绩效考核分为月度考核与年度考核。

1．月度考核每月进行一次，由人力资源部于每月最后一个工作周的周一开始收集信息，并在次月第一个工作周的周五之前完成。

2．年度考核于每年12月开始进行，并在次年1月第一个工作周内完成。

第5条　考核方式

对设备管理部的绩效考核采取人力资源部考评与设备管理部内部自查相结合的方式。设备管理部经理要做好内部管理，按规定在月度、年度绩效考核开始前向人力资源部提供绩效考核信息。

第6条　绩效分机制

企业给设备管理部设定100分的绩效分，绩效分主要用于评价绩效。评分依据为设备管理部主要工作的完成情况。

第3章　考核内容

第7条　设备采购工作考核

设备管理部应按月度或年度设备采购计划进行设备采购工作，其评估依据为设备采购准确率（具体参考设备管理部内部管理制度）。设备采购准确率达到＿＿＿％，得＿＿＿分；每降低＿＿＿个百分点，扣＿＿＿分；低于＿＿＿％，不得分。

第8条　设备验收工作考核

设备管理部应对采购的设备进行验收管理，该项工作的评估依据为设备验收完成率。设备验收完成率达到＿＿＿％，得＿＿＿分；每降低＿＿＿个百分点，扣＿＿＿分；低于＿＿＿％，不得分。

第9条　设备使用工作考核

设备使用工作考核主要以设备使用失误率为考核依据。设备使用失误率的目标值是0，每增加____个百分点，扣____分。

第10条　设备检查与维修工作考核

1. 对设备检查与维修工作的考核，由设备管理部内部进行，设备管理部要做好记录，汇报每月对设备的检查与维修情况。

2. 对于影响企业生产的重大维修事件，设备管理部要根据实际情况向企业领导反映情况，制定维修方案，并按时完成维修工作。

3. 以上工作每出现一项异常，扣____分。

第11条　设备保养工作考核

1. 设备管理部应依据其内部管理制度做好设备保养工作，所有设备应规范操作，不得人为损坏。

2. 设备管理部每月进行绩效考核时，须提供设备保养记录，每出现一项异常情况，扣____分。

第12条　设备保管工作考核

设备管理部应妥善保管所有设备，要求所有在登记的设备性能良好、运转正常、合理损耗。对这项工作的评估以设备完好率为准。设备完好率达到____%，得____分；每降低____个百分点，扣____分；低于____%，不得分。

第13条　设备处置工作考核

设备管理部要按照企业有关规定对设备进行出租、出售、改造、回收、报废等处理。以上所有处置工作都要详细记录。该项工作的考核依据为设备处置准确率。设备处置准确率达到____%，得____分；每降低____个百分点，扣____分；低于____%，不得分。

第14条　其他工作考核

1. 设备管理部所有设备的采购、验收、使用、维修、保养、处置等工作都需要有详细的记录，考核依据为相关事项的记录准确率。

2. 设备管理部应在内部树立积极向上、爱岗敬业的风气。若部门成员出现消极怠工、违法犯罪等给企业带来负面影响的行为时，视其严重程度对部门主要负责人进行问责，并扣除相应绩效分，具体如下。

（1）轻微情况：是指部门员工给企业带来的经济损失低于____元，且未导致企业明显社会形象受损的，扣部门绩效分____分。

（2）较严重情况：是指部门员工给企业带来的经济损失在____~____元，且造成企业社会形象受到不良影响的，问责部门负责人与具体当事人，并扣部门绩效分____分。

（3）特别严重情况：是指部门员工给企业带来的经济损失大于____元，且严重影响企业社会形象的，严厉问责部门负责人与相关当事人，并扣部门绩效分____分。

第4章　考核实施

第15条　绩效考核程序

1. 月度考核

（1）人力资源部于每月最后一个工作周的周一向设备管理部发送"设备管理部绩效考核信息表"，由设备管理部负责人填写此表，并于当周周五前发送人力资源部。

（2）人力资源部收到设备管理部填报的表单后，开始进行信息确认、录入与评分工作。

（3）评分完成后，人力资源部将设备管理部绩效考核结果发送至设备管理部负责人，请其确认。

（4）设备管理部负责人确认无误后，人力资源部将设备管理部月度考核结果上传至企业考核系统。

2. 年度考核

年度考核的工作流程与月度考核相似，人力资源部要统计设备管理部全年的绩效考核信息，并统计全年绩效分结果。

第5章　考核结果管理

第16条　月度考核结果运用

设备管理部每月的考核结果将作为部门奖金发放的依据。当部门月度考核连续3个月在____分以上，一次性发放____元的部门集体奖金。

第17条　年度考核结果运用

设备管理部的年度考核结果将作为部门福利发放及部门主要负责人的职务调整的依据，人力资源部将对企业所有部门的年度考核结果进行分级管理，具体如下。

1. 优秀部门：是指部门年度考核得分平均分在90~100分的部门。

2. 良好部门：是指部门年度考核得分平均分在80~89分的部门。

3. 中等部门：是指部门年度考核得分平均分在70~79分的部门。

4. 一般部门：是指部门年度考核得分平均分在60~69分的部门。

5. 不合格部门：是指部门年度考核得分平均分低于60分的部门。

对于优秀部门，一次性发放____元集体奖金，其部门主要负责人获得一次提薪或竞聘机会；对于良好部门，一次性发放____元集体奖金；对于中等部门，一次性发放____元鼓励金；对于一般及不合格部门，不发放奖金，且为其制订培训计划，相关部门负责人半年内不得申请调薪或晋升。

第6章　考核申诉管理

第18条　考核申诉处理部门

企业人力资源部是考核申诉的管理部门，被考核部门若对考核结果不清楚或者持有异议，相关负责人可向人力资源部提出申诉。

第19条　考核申诉时间

1. 被考核部门对考核结果有异议的，在得知考核结果后的____个工作日内，可向人力资源部提出申诉。

2. 若超过申诉时间期限的，人力资源部将不予受理。

第20条　考核申诉流程

1. 部门负责人填写"考核申诉表"，申诉表的内容应包括申诉人姓名、部门、申诉事由等。

2. 人力资源部接到申诉后，须在____个工作日内作出是否受理的答复。对于申诉事项无客观事实依据而仅凭主观臆断的申诉，人力资源部不予受理。

3. 受理的申诉事件，人力资源部首先对申诉内容进行调查，然后与设备管理部进行协调、沟通。

4. 若协商不一致的，企业总经理拥有申诉的最终决定权，人力资源部可报请企业总经理进行批示。

第7章　附则

第21条　编制单位

本制度由人力资源部与设备管理部共同编制、解释与修订。

第22条　生效时间

本制度自××××年××月××日起生效。

编制日期		审核日期		批准日期	
修改标记		修改处数		修改日期	

5.3.2　设备维修工程师绩效考核办法

设备维修工程师绩效考核办法

办法名称	设备维修工程师绩效考核办法		受控状态	
			编　　号	
执行部门		监督部门		编修部门	

第1条　目的

为了激励设备维修工程师的工作积极性，规范对设备维修工程师的绩效考核工作，特制定本办法。

第2条　适用范围

本办法适用于企业对设备维修工程师的绩效考核工作的管理。

第3条　权责人员

1．人力资源部主导整个绩效考核程序，包括考核信息确认、录入、评分、运用等。

2．设备管理部经理负责对设备维修工程师进行具体的考核，包括日常评价、考核信息收集等。

第4条　考核周期与时间

对设备维修工程师实行月度考核，具体考核时间为每月最后一个工作周。

第5条　考核内容

对设备维修工程师的考核内容主要有工作能力与工作态度两方面。

1．工作能力：主要从工作完成数量与质量两方面进行考核。

2．工作态度：主要从日常工作积极性、迟到与早退情况等方面进行考核。

第6条　考核方式

1．对设备维修工程师的考核采取评分制，即将其工作成果以考核指标的形式进行提炼，再划分每个指标的权重，并对每个指标的完成情况进行评分，最后将得分结果进行运用。

2．绩效考核分由工作能力与工作态度两方面的得分综合折算而得，满分为100分。

第7条　考核指标、权重与评分

工作能力与工作态度的权重分别为60%与40%。

1. 工作能力考核指标、权重与评分

（1）设备维修任务完成率：占工作能力权重的20%。设备维修任务完成率达到____%，得____分；每降低____个百分点，扣____分；低于____%，不得分。

（2）设备维修及时率：占工作能力权重的20%。设备维修工作在____天之内完成，得____分；每延迟1天，扣____分；延迟____天以上，不得分。

（3）设备平均维修时间：占工作能力权重的20%。设备平均维修时间在____小时内，得____分；每超出____小时，扣____分；超过____小时，不得分。

（4）设备故障修复率：占工作能力权重的20%。设备故障修复率达到____%，得____分；每降低____个百分点，扣____分；低于____%，不得分。

（5）设备故障返修率：占工作能力权重的20%。设备故障返修率在____%以下，得____分，每增加____个百分点，扣____分；大于____%，不得分。

2. 工作态度考核指标、权重与评分

（1）当月出勤天数：占工作态度权重的30%。当月应出勤天数每少1天，扣____分。

（2）当月迟到次数：占工作态度权重的20%。当月迟到次数每增加1次，扣____分。

（3）当月早退次数：占工作态度权重的20%。当月早退次数每增加1次，扣____分。

（4）当月维修工具丢失次数：占工作态度权重的30%。目标值为0，每丢失1次，扣____分。

第8条　考核实施

1. 由设备管理部经理每月定期收集设备维修工程师的绩效考核信息，并填写"设备维修工程师月度绩效考核表"，填好后发送至人力资源部。

2. 人力资源部收到表单后，对表单内容进行审查，如有疑问及时处理、确认。

3. 确认表单内容后，人力资源部根据表单内容计算设备维修工程师的绩效考核得分。

第9条　发布考核结果

1. 人力资源部应将设备维修工程师的绩效考核结果发送到设备管理部经理处，请其确认。

2. 设备管理部经理确认无误后，人力资源部将考核结果存档，作为设备维修工程师工资发放等工作的依据。

第10条　考核结果运用

对设备维修工程师的绩效考核主要用于其绩效工资的核算。

1. 当月绩效得分在____~____分的，发放绩效工资的100%；在____~____分的，发放绩效工资的90%；在____~____分的，发放绩效工资的80%；在____~____分的，发放绩效工资的70%；在____~____分的，发放绩效工资的60%。

2. 绩效工资最少发放60%，但若连续3个月绩效考核得分低于____分，降低其绩效工资的总额。

第11条　编制单位

本办法由人力资源部负责编制、解释与修订。

第12条　生效时间

本办法自××××年××月××日起生效。

5.3.3　设备报废与处置专员绩效考核办法

设备报废与处置专员绩效考核办法

办法名称	设备报废与处置专员绩效考核办法		受控状态	
			编　　号	
执行部门		监督部门	编修部门	

第1条　目的

为了提高设备报废与处置专员的工作积极性，规范该岗位的考核程序，特制定本办法。

第2条　适用范围

本办法适用于企业对设备报废与处置专员的绩效考核工作的管理。

第3条　考核原则

1．激励原则。本办法的本质是激励该岗位员工的工作积极性，促使其更好地完成相关工作。

2．公平、公正原则。本办法所涉及的考核人员、内容、方式等，完全公开、透明。

第4条　考核周期与时间

1．设备报废与处置专员实行月度考核制，考核时间于每月____日开始，____日结束。

2．设备报废与处置专员同时实行年度考核制，考核时间于每年____月____日开始，____月____日结束。

第5条　考核人员

对设备报废与处置专员的绩效考核，由专项考核小组进行，考核小组成员如下。

1．人力资源部经理，负责主导整体考核流程。

2．人力资源部绩效专员，负责实行和跟踪整个流程。

3．设备管理部经理，负责内部考核信息的收集与整理。

4．设备管理部相关人员，负责提供内部评价与其他相关考核信息。

第6条　考核内容

1．工作结果：主要考核设备报废与处置专员的任务完成情况。

2．工作态度：主要考核设备报废与处置专员的工作积极性、出勤表现等。

第7条　考核指标

1．工作结果指标

（1）设备评估完成率，计算公式是：设备评估完成率 $= \dfrac{设备评估完成次数}{应评估设备总次数} \times 100\%$。

（2）设备评估准确率，计算公式是：设备评估准确率 $= \dfrac{设备评估准确次数}{设备评估总次数} \times 100\%$。

（3）设备处置完成率，计算公式是：设备处置完成率 $= \dfrac{设备处置完成次数}{应处置设备总次数} \times 100\%$。

（4）设备处置出错率，计算公式是：设备处置出错率＝$\dfrac{设备处置出错次数}{设备处置总次数}×100\%$。

（5）设备处置合理性，考核方法是看设备处置方案是否一次性审批通过。

（6）设备处置记录准确率，计算公式是：设备处置记录准确率＝$\dfrac{设备处置记录准确次数}{设备处置记录总次数}×100\%$

2．工作态度指标

（1）月出勤天数。

（2）月迟到次数。

（3）月早退次数。

（4）当月工作状态。

第8条　评分系统

对设备报废与处置专员，采取评分制进行考核，其中，工作结果与工作态度各有100分的总分，工作结果占60%的权重，工作态度占40%的权重。具体评分方式见考核标准。

第9条　考核标准

1．工作结果考核标准

（1）设备评估完成率总分为100分，占工作结果得分的20%。设备评估完成率达到＿＿＿%，得＿＿＿分；每降低＿＿＿个百分点，扣＿＿＿分；低于＿＿＿%，不得分。

（2）设备评估准确率总分为100分，占工作结果得分的20%。设备评估准确率达到＿＿＿%，得＿＿＿分；每降低＿＿＿个百分点，扣＿＿＿分；低于＿＿＿%，不得分。

（3）设备处置完成率总分为100分，占工作结果得分的15%。设备处置完成率达到＿＿＿%，得＿＿＿分；每降低＿＿＿个百分点，扣＿＿＿分；低于＿＿＿%，不得分。

（4）设备处置出错率总分为100分，占工作结果得分的15%。设备处置出错率达到＿＿＿%，得＿＿＿分；每增加＿＿＿个百分点，扣＿＿＿分；大于＿＿＿%，不得分。

（5）设备处置合理性总分为100分，占工作结果得分的20%。设备处置方案一次性审批通过，得＿＿＿分；未一次性审批通过的，每驳回1次，扣＿＿＿分。

（6）设备处置记录准确率总分为100分，占工作结果得分的10%。设备处置记录准确率达到＿＿＿%，得＿＿＿分；每降低＿＿＿个百分点，扣＿＿＿分；低于＿＿＿%，不得分。

2．工作态度考核标准

（1）当月出勤天数总分为100分，占工作态度得分的40%，当月出勤天数每少1次，扣＿＿＿分。

（2）当月迟到次数总分为100分，占工作态度得分的20%，当月迟到次数每增加1次，扣＿＿＿分。

（3）当月早退次数总分为100分，占工作态度得分的20%，当月早退次数每增加1次，扣＿＿＿分。

（4）当月工作状态总分为100分，占工作态度得分的20%。工作态度积极，能够自觉承担责任和履行义务，完成上级交代的工作任务，得＿＿＿~＿＿＿分；工作态度一般，能够自觉完成分内工作，对相关工作的关心程度有限，得＿＿＿~＿＿＿分；工作态度不佳，只对本职工作负责，得＿＿＿~＿＿＿分。

第10条　考核数据获取

1．工作结果的考核数据。由设备报废与处置专员每次完成相关工作后自行填报"设备管理部人员考核表"，并由设备管理部经理审批。

2．工作态度的考核数据。月出勤、迟到、早退数据以企业内部打卡系统导出的数据为准；工作状态由被考核人员的主管人员评分。

第11条　考核步骤

1．月度考核

（1）人力资源部于每月＿＿＿＿日开始收集考核数据。

（2）设备管理部经理负责提供与考核相关的数据与信息。

（3）人力资源部收集考核数据后进行数据核算，计算考核得分，整理、汇总考核结果。

（4）人力资源部将考核结果发送至设备管理部经理。

（5）设备管理部经理确认无误后签字，并发送至人力资源部。

（6）人力资源部绩效专员确认无误后，提交给人力资源部经理签字，并将考核结果提交至薪酬管理经理，作为设备报废与处置专员的月度绩效工资发放的依据。

2．年度考核

（1）人力资源部于每年＿＿＿＿月＿＿＿日开始收集全年考核数据。

（2）人力资源部核算全年考核数据，计算设备报废与处置专员的全年绩效得分，整理、汇总考核结果。

（3）人力资源部将考核结果发送至设备管理部经理。

（4）设备管理部经理确认无误后签字，并发送至人力资源部。

（5）人力资源部绩效专员确认无误后，提交给人力资源部经理签字，并将考核结果提交至薪酬管理经理，作为设备报废与处置专员的年度奖金发放的依据。

第12条　考核结果应用

1．月度考核结果应用

根据评分系统的得分，对设备报废与处置专员的考核结果划分等级，作为其绩效工资发放的依据。

（1）绩效得分在90~100分的，划分等级为A级，发放100%的绩效工资。

（2）绩效得分在80~89分的，划分等级为B级，发放90%的绩效工资。

（3）绩效得分在70~79分的，划分等级为C级，发放80%的绩效工资。

（4）绩效得分在60~69分的，划分等级为D级，发放70%的绩效工资。

（5）绩效得分在59分及以下的，划分等级为E级，发放60%的绩效工资。

若该岗位人员连续三个月等级为A级的，将其绩效工资上调20%；若连续三个月等级为B级的，将其绩效工资上调10%；若连续三个月等级为D级及以下的，统一将其绩效工资下调10%，并组织适职培训。

2．年度考核结果应用

年度考核结果也划分等级，分数由全年每月考核得分平均计算而得。

（1）年度绩效得分在85~100分的，划分等级为优秀，发放＿＿＿＿~＿＿＿元的年终奖金，并提供一次内部竞聘或调薪机会。

（2）年度绩效得分在70~84分的，划分等级为良好，发放＿＿＿＿~＿＿＿元的年终奖金。

（3）年度绩效得分在60~69分的，划分等级为一般，发放＿＿＿＿~＿＿＿元的年终奖金。

（4）年度绩效得分在60分以下的，不发放年终奖金，并为相关人员制订培训或转岗计划。

第13条　绩效申诉

如果相关人员对绩效考核结果有异议的，可在每月＿＿日之前向人力资源部提出申诉，人力资源部按企业相关制度处理。

第14条　编制单位

本办法由人力资源部负责编制、解释与修订。

第15条　生效时间

本办法自××××年××月××日起生效。

5.3.4　设备保养与维修专员绩效考核细则

设备保养与维修专员绩效考核细则

细则名称	设备保养与维修专员绩效考核细则		受控状态	
			编　　号	
执行部门		监督部门	编修部门	

第1条　为了规范企业设备保养与维修专员的绩效考核工作，明确该岗位工作的相关细节，特制定本细则。

第2条　对设备保养与维修专员的工作进行绩效考核时，要坚持实事求是、公平公开的原则。

第3条　设备管理部经理负责提供具体考核信息，人力资源部负责主导整个考核流程。

第4条　对设备保养与维修专员工作的考核，每月进行一次。

第5条　对设备保养与维修专员工作的考核，主要从工作结果与工作态度两方面进行。

第6条　工作结果考核权重占考核总权重的60%，工作态度考核权重占考核总权重的40%。

第7条　工作结果考核指标中的设备保养完成率的公式是：设备保养完成率$=\dfrac{设备保养完成次数}{设备应保养总次数}$×100%，该项指标主要用以考核设备保养工作的完成情况。

第8条　工作结果考核指标中的设备保养出错率的公式是：设备保养出错率$=\dfrac{设备保养出错次数}{设备保养总次数}$×100%，该项指标主要用以考核设备保养工作的完成质量。

第9条　工作结果考核指标中的设备维修完成率的公式是：设备维修完成率$=\dfrac{设备维修完成次数}{设备应维修总次数}$×100%，该项指标主要用以考核设备维修工作的完成情况。

第10条　工作结果考核指标中的设备故障返修率的公式是：设备故障返修率$=\dfrac{设备故障返修次数}{设备故障修复总次数}$×100%，该项指标主要用以考核设备维修工作的完成质量。

第11条 设备保养完成率的考核权重占工作结果考核权重的30%。

第12条 设备保养出错率的考核权重占工作结果考核权重的20%。

第13条 设备维修完成率的考核权重占工作结果考核权重的30%。

第14条 设备故障返修率的考核权重占工作结果考核权重的20%。

第15条 工作态度方面的考核，主要从出勤率、迟到与早退次数、工作状态等方面进行。

第16条 出勤率与迟到、早退的核算以企业内部打卡系统导出的结果为准。

第17条 工作状态的考核以设备管理部经理的评价为准。

第18条 对设备保养与维修专员工作的考核进行评分管理，并将其划分为优秀、良好、一般三个等级。

第19条 工作结果与工作态度满分各为100分，按考核指标所占权重比例进行综合折算。具体扣分标准以设备管理部内部管理制度为准。

第20条 人力资源部应在每个月最后一个工作周内完成对设备保养与维修专员的考核信息的收集工作，并核算绩效考核得分。

第21条 人力资源部应于考核月的次月第一个工作周内将考核结果发送至设备管理部经理，请其确认。

第22条 对设备保养与维修专员工作的考核，将直接影响其绩效工资的发放。

第23条 如果设备保养与维修专员对考核结果有异议，可在____个工作日之内向人力资源部提出申诉，人力资源部按相关制度进行处理。

第24条 本细则由人力资源部负责编制、解释与修订。

第25条 本细则自××××年××月××日起生效。

设备安全管理
人员考核办法

第6章

生产制造业务目标分解与部门岗位绩效量化考核

6.1   定制化生产管理、自动化生产管理、订单变动生产调度管理、物料采购管理、生产制造成本预算管理业务目标分解

6.1.1   定制化生产管理业务目标分解

定制化生产管理业务的4大主要目标是：生产定制订单管理，定制产品生产控制，定制产品质量检验，定制产品交付管理。据此设计的三级分解目标如表6-1所示。

表6-1   定制化生产管理业务目标分解

一级目标	二级目标	三级目标
1．生产定制订单管理	（1）对生产定制订单进行整理，确保种类、数量、生产要求、制造标准等关键要素准确	①生产定制订单协商一致、确认及时 ②订单内容确认准确率达到＿＿＿%
	（2）为生产定制订单匹配生产能力，确保生产定制订单能够按时交付	生产定制订单排期及时，充分考虑干扰因素，可执行性高
2．定制产品生产控制	（1）编制定制订单的生产计划、物料需求计划等，规划定制订单的生产过程	①生产计划合格率达到＿＿＿% ②物料需求计划合格率达到＿＿＿%
	（2）对采购原料进行质检，保证定制订单的物料质量	采购原料质检合格率达到＿＿＿%
	（3）生产全过程的工序工艺检查、生产现场检查、5S管理［即整理（Seiri）、整顿（Seiton）、清扫（Seiso）、清洁（Seiketsu）、素养（Shitsuke）］检查等，保证生产达标	符合定制订单的要求，规范化、标准化生产
3．定制产品质量检验	（1）半成品检验，保证生产过程中的半成品质量合格	①定制产品的半成品质量达标率不低于＿＿＿% ②生产返工率不超过＿＿＿%
	（2）成品检验，保证产品交付合格	①定制产品成品质量达标率达到＿＿＿% ②定制产品检验合格率达到＿＿＿%

续表

一级目标	二级目标	三级目标
4．定制产品交付管理	（1）根据生产定制订单合约的规定，交付约定的合格产品数量	①交付订单合约定制产品合格率达到____% ②定制产品实际交付数量与订单合约保持一致
	（2）根据生产定制订单合约的规定，采用指定的运输方式，在对应地点进行产品交付	①运输损耗率低于____% ②客户投诉次数为0

6.1.2　自动化生产管理业务目标分解

自动化生产管理业务的3大主要目标是：自动化系统搭建，自动化生产线管理，自动化生产故障监管。据此设计的三级分解目标如表6-2所示。

车间生产任务
目标分解

表6-2　自动化生产管理业务目标分解

一级目标	二级目标	三级目标
1．自动化系统搭建	（1）根据生产制造业务的需求，自主研发或采购自动化、半自动化生产系统	生产系统包含系统设计、组装、测试、调整、生产监督、质量控制和检修等环节
	（2）确定生产自动化所需的自动化装置、机械设备和显示仪表等	符合产品加工、物料存储与输送、产品装配与检验、信息处理等生产环节的自动化建设要求
	（3）自动化生产系统投入使用，生产监管人员经专业培训后上岗	①自动化生产系统配套人员安排及时，培训完善 ②自动化生产系统配套人员上岗考核合格率为____%
2．自动化生产线管理	（1）测试自动化生产线实际产能和生产达标情况，针对问题作出系统校准与调整	自动化生产线测试达标率达到____%
	（2）自动化生产线稳定产出后，在前、中、后生产段设定观测点，并确保每日检查	①观测点设置合理，能够准确反映生产线的运作情况 ②每日漏检观测点个数为0

续表

一级目标	二级目标	三级目标
3. 自动化生产故障监管	（1）严格执行每日巡检计划，在定期检查中发现自动化生产故障	①巡检合格率达到____% ②故障识别率达到____%
	（2）自动化生产故障处理及时，未造成重大经济损失	①生产故障处理及时率达到____% ②重大生产事故发生次数为0

6.1.3 订单变动生产调度管理业务目标分解

订单变动生产调度管理业务的4大主要目标是：订单变动响应管理，生产计划变更管理，物料补退管理，成品与半成品处置管理。据此设计的三级分解目标如表6-3所示。

表6-3 订单变动生产调度管理业务目标分解

一级目标	二级目标	三级目标
1. 订单变动响应管理	（1）确定订单变动的实质内容，沟通清晰，协商一致	①订单变动确认正确率达到____% ②数量变动确认正确率达到____% ③交付标准变动确认正确率达到____%
	（2）订单变动内容准确传递到调度管理中心，并快速做出响应性安排	①数据、资料、文件汇报错误项个数为0 ②生产调度安排的制定时间不得超过____小时
2. 生产计划变更管理	（1）整理、汇总生产运营条件，掌握现有生产能力、物料准备的实际情况	对生产能力、运营条件等要素实时掌握，此阶段用时不得超过____小时
	（2）根据订单变动的具体情况，变更、调整生产计划	①生产计划变更及时率达到____% ②生产计划变更审批通过率不低于____%
3. 物料补退管理	（1）根据生产计划的安排，退回不相关物料	①物料退回及时率达到____% ②退回物料合格率不低于____%
	（2）根据订单生产需求，采购、补充所需物料	物料采购、补充及时率达到____%

续表

一级目标	二级目标	三级目标
4．成品与半成品处置管理	（1）根据订单变动的实际内容，充分利用成品和半成品	①成品和半成品的类型、数量等数据记录准确率达到____% ②成品和半成品的处理手续齐备、程序正当、沟通一致
	（2）按照订单的交付要求，对成品进行再加工，设计半成品的后续生产路径	最大化利用成品和半成品，将订单变动带来的损失降到最低

6.1.4　物料采购管理业务目标分解

物料采购管理业务的3大主要目标是：物料采购清单统计，物料采购计划编制，物料采购执行。据此设计的三级分解目标如表6-4所示。

表6-4　物料采购管理业务目标分解

一级目标	二级目标	三级目标
1．物料采购清单统计	（1）核查各单位、车间提交的物料种类、数量、规格等信息	①与历史数据进行对比，并对有重大出入的信息做进一步核对 ②关联相关生产订单，检查物料申购是否属于合理范围之内
	（2）确保各类、各项物料需求数据准确无误	①采购清单数据错误项个数为0 ②采购清单数据管理正确率为____%
2．物料采购计划编制	（1）采购计划描述清晰、数据准确、内容完备	①采购计划内容准确率达到____% ②采购计划内容编制完善、程序规范
	（2）严格根据"生产计划"各阶段的执行安排，评估采购计划的可行性	①采购计划编制及时率达到____% ②采购计划合格率达到____%
3．物料采购执行	（1）开发物料供应商，调查、评估、选定合格供应商	①供应商开发率不低于____% ②候选供应商综合评估成绩真实有效、排除主观因素影响
	（2）严格遵守企业采购管理相关规定，与供应商进行业务合作、协商谈判	①利益相关人员不得参加采购工作，而负责物料采购的人员无贪污、腐败、回扣等企业禁止的违规行为 ②维护企业利益，合理降低物料采购成本

续表

一级目标	二级目标	三级目标
3．物料采购执行	（3）监督采购进程，开展跟单与物料验收工作，确保物料符合企业要求	①物料采购合同履约率达到＿＿％ ②物料采购验收事故个数为0

6.1.5　生产制造成本预算管理业务目标分解

生产制造成本预算管理业务的4大主要目标是：物料成本控制，人工成本控制，折旧费用控制，能耗费用控制。据此设计的三级分解目标如表6-5所示。

表6-5　生产制造成本预算管理业务目标分解

一级目标	二级目标	三级目标
1．物料成本控制	（1）按"生产计划"与"物料需求计划"执行物料成本控制工作	执行精益化生产管理思想
	（2）减少物料的非正常损耗，防止物料浪费	①物料浪费率降低＿＿％ ②物料利用率提高＿＿％
2．人工成本控制	（1）根据需求订单和生产任务合理地调度人员	人员调配合理、调度及时
	（2）准确控制人员招聘、录用、培训等环节的费用支出	总费用超支率低于＿＿％
	（3）科学使用计时、计件等多种工资计算方式，准确计算员工工资	员工工资计算数据准确无误
3．折旧费用控制	（1）准确安排机器设备的任务，有效提高机器设备的合理利用率	①机器设备闲置率不超过＿＿％ ②机器设备超负荷运作率不超过＿＿％
	（2）根据保养手册的要求，及时维护机器设备，降低生产制造机器设备的损耗率	机器设备实际损耗率与预期保持一致
4．能耗费用控制	（1）规范化、标准化操作，在管理过程中降低水、电等能源费用的支出	①因过失导致的水费增加额不超过＿＿元 ②因过失导致的电费增加额不超过＿＿元
	（2）通过推行节约、减损等控制技巧，不断降低水、电等能源消耗	①月度、季度、年度水费减少＿＿元 ②月度、季度、年度电费减少＿＿元

6.2　生产计划、生产调度、生产采购主管与生产车间主任、生产车间班组长量化考核方案

6.2.1　生产计划主管量化考核方案

生产计划主管绩效考核指标主要有6个，其中3个KPI指标为物料供应计划编制及时率、生产计划排程准确率、生产产值计划完成率。据此设计的生产计划主管量化考核方案如表6-6所示。

表6-6　生产计划主管量化考核方案

考核指标	量化考核说明		
	计算公式与指标描述	权重	考核标准
1. 物料供应计划编制及时率	物料供应计划编制及时率= $\dfrac{及时编制的物料供应计划数}{所需物料供应计划总数} \times 100\%$	20%	①物料供应计划编制及时率在＿＿%以上，得＿＿分 ②每降低＿＿%，扣＿＿分 ③低于＿＿%，不得分
2. 生产计划排程准确率	生产计划排程准确率= $\dfrac{生产计划排程准确次数}{生产计划排程总次数} \times 100\%$	20%	①生产计划排程准确率在＿＿%以上，得＿＿分 ②每降低＿＿%，扣＿＿分 ③低于＿＿%，不得分
3. 生产产值计划完成率	生产产值计划完成率= $\dfrac{实际完成的生产产值}{计划生产的总产值} \times 100\%$	20%	①生产产值计划完成率在＿＿%以上，得＿＿分 ②每降低＿＿%，扣＿＿分 ③低于＿＿%，不得分
4. 生产计划审批通过率	生产计划审批通过率= $\dfrac{审批通过的生产计划数}{提交审批的生产计划总数} \times 100\%$	15%	①生产计划审批通过率在＿＿%以上，得＿＿分 ②每降低＿＿%，扣＿＿分 ③低于＿＿%，不得分
5. 生产任务分解下达及时率	生产任务分解下达及时率= $\dfrac{及时分解下达生产任务的次数}{生产任务分解下达总次数} \times 100\%$	15%	①生产任务分解下达及时率在＿＿%以上，得＿＿分 ②每降低＿＿%，扣＿＿分 ③低于＿＿%，不得分

续表

考核指标	量化考核说明		
	计算公式与指标描述	权重	考核标准
6. 产能负荷分析准确率	产能负荷分析准确率=$\dfrac{\text{分析准确的生产单位数}}{\text{下属生产单位总数}}\times100\%$	10%	①产能负荷分析准确率在____%以上，得____分 ②每降低____%，扣____分 ③低于____%，不得分

6.2.2　生产调度主管量化考核方案

生产调度主管绩效考核指标主要有6个，其中3个KPI指标为生产调度及时率、交期达成率、排单准确率。据此设计的生产调度主管量化考核方案如表6-7所示。

表6-7　生产调度主管量化考核方案

考核指标	量化考核说明		
	计算公式与指标描述	权重	考核标准
1. 生产调度及时率	生产调度及时率=$\dfrac{\text{在期限内完成的生产调度任务数}}{\text{待办生产调度任务总数}}\times100\%$	20%	①生产调度及时率在____%以上，得____分 ②每降低____%，扣____分 ③低于____%，不得分
2. 交期达成率	交期达成率=$\dfrac{\text{交期内达成的产品批次数}}{\text{待交付产品总批次数}}\times100\%$	15%	①交期达成率在____%以上，得____分 ②每降低____%，扣____分 ③低于____%，不得分
3. 排单准确率	排单准确率=$\dfrac{\text{生产调度排单准确次数}}{\text{生产调度排单总次数}}\times100\%$	20%	①排单准确率在____%以上，得____分 ②每降低____%，扣____分 ③低于____%，不得分
4. 停工待料时间	由生产调度问题导致的停工待料情况所持续的时间	20%	①停工待料时间为0天，得____分 ②每增加____天，扣____分 ③超过____天，不得分

续表

考核指标	量化考核说明		
	计算公式与指标描述	权重	考核标准
5．在制品周转率	在制品周转率= $\dfrac{生产产值}{在制品平均库存值}\times100\%$	15%	①在制品周转率在____%以上，得____分 ②每降低____%，扣____分 ③低于____%，不得分
6．设备利用率	设备利用率= $\dfrac{实际投入生产的设备数}{可用于生产的设备总数}\times100\%$	10%	①设备利用率在____%以上，得____分 ②每降低____%，扣____分 ③低于____%，不得分

6.2.3　生产采购主管量化考核方案

生产采购主管绩效考核指标主要有9个，其中2个KPI指标为采购订单按时完成率、采购物资合格率。据此设计的生产采购主管量化考核方案如表6-8所示。

表6-8　生产采购主管量化考核方案

考核指标	量化考核说明		
	计算公式与指标描述	权重	考核标准
1．采购订单按时完成率	采购订单按时完成率= $\dfrac{采购订单按时完成数}{采购订单总数}\times100\%$	15%	①采购订单按时完成率在____%以上，得____分 ②每降低____%，扣____分 ③低于____%，不得分
2．采购物资合格率	采购物资合格率= $\dfrac{采购物资合格数量}{采购物资总数量}\times100\%$	15%	①采购物资合格率在____%以上，得____分 ②每降低____%，扣____分 ③低于____%，不得分
3．供应商履约率	供应商履约率= $\dfrac{供应商履约合同数}{采购相关合同订立总数}\times100\%$	10%	①供应商履约率在____%以上，得____分 ②每降低____%，扣____分 ③低于____%，不得分

续表

考核指标	量化考核说明		
	计算公式与指标描述	权重	考核标准
4. 采购成本超支率	采购成本超支率=$\dfrac{采购实际成本-采购预算成本}{采购预算成本}\times100\%$	10%	①采购成本超支率在____%以内，得____分 ②每增加____%，扣____分 ③超过____%，不得分
5. 采购成本降低率	采购成本降低率=$\dfrac{上期采购成本-本期采购成本}{上期采购成本}\times100\%$	10%	①采购成本降低率在____%以上，得____分 ②每降低____%，扣____分 ③低于____%，不得分
6. 供应商开发计划完成率	供应商开发计划完成率=$\dfrac{实际完成的供应商开发数量}{计划完成的供应商开发数量}\times100\%$	10%	①供应商开发计划完成率在____%以上，得____分 ②每降低____%，扣____分 ③低于____%，不得分
7. 信息项目收集及时率	信息项目收集及时率=$\dfrac{及时完成收集的信息项目数}{待收集信息项目总数}\times100\%$	10%	①信息项目收集及时率在____%以上，得____分 ②每降低____%，扣____分 ③低于____%，不得分
8. 采购价格控制率	采购价格控制率=$\dfrac{采购价格}{市场价格}\times100\%$	10%	①采购价格控制率在____%以内，得____分 ②每增加____%，扣____分 ③高于____%，不得分
9. 物料供应及时率	物料供应及时率=$\dfrac{及时供应的物料数}{所需供应物料总数}\times100\%$	10%	①物料供应及时率在____%以上，得____分 ②每降低____%，扣____分 ③低于____%，不得分

6.2.4　生产车间主任量化考核方案

生产车间主任绩效考核指标主要有7个，其中3个KPI指标为生产任务完成率、生产交期批次达成率、产品质量合格率。据此设计的生产车间主任量化考核方案如表6-9所示。

表6-9　生产车间主任量化考核方案

考核指标	量化考核说明		
	计算公式与指标描述	权重	考核标准
1. 生产任务完成率	生产任务完成率= $\dfrac{考核阶段内实际生产量}{任务要求总生产量} \times 100\%$	15%	①生产任务完成率在____%以上，得____分 ②每降低____%，扣____分 ③低于____%，不得分
2. 生产交期批次达成率	生产交期批次达成率= $\dfrac{实际达成生产交期批次数}{计划达成生产交期批次数} \times 100\%$	15%	①生产交期批次达成率在____%以上，得____分 ②每降低____%，扣____分 ③低于____%，不得分
3. 产品质检合格率	产品质检合格率= $\dfrac{质检合格产品数}{接受质检产品总数} \times 100\%$	15%	①产品质检合格率在____%以上，得____分 ②每降低____%，扣____分 ③低于____%，不得分
4. 投入产出率	投入产出率= $\dfrac{阶段内生产产品总值}{生产投资总值} \times 100\%$	15%	①投入产出率在____%以上，得____分 ②每降低____%，扣____分 ③低于____%，不得分
5. 培训项目计划完成率	培训项目计划完成率= $\dfrac{已完成培训项目数}{计划完成培训项目总数} \times 100\%$	10%	①培训项目计划完成率在____%以上，得____分 ②每降低____%，扣____分 ③低于____%，不得分
6. 生产安全事故管理	考核期内，生产安全事故发生的次数	15%	①生产安全事故发生次数为0，得____分 ②每增加1次，扣____分 ③超过____次，不得分
7. 生产现场5S管理	考核期内，5S管理考核结果的不合格项数	15%	①5S管理考核不合格项数为0，得____分 ②每增加1项，扣____分 ③超过____项，不得分

6.2.5   生产车间班组长量化考核方案

生产车间班组长绩效考核指标主要有6个，其中3个KPI指标为产值达标率、生产合格率、劳动生产率。据此设计的生产车间班组长量化考核方案如表6-10所示。

表6-10   生产车间班组长量化考核方案

考核指标	量化考核说明		
	计算公式与指标描述	权重	考核标准
1．产值达标率	产值达标率=$\dfrac{实际产值}{计划产值} \times 100\%$	20%	①产值达标率在____%以上，得____分 ②每降低____%，扣____分 ③低于____%，不得分
2．生产合格率	生产合格率=$\dfrac{生产合格产品数}{生产产品总数} \times 100\%$	20%	①生产合格率在____%以上，得____分 ②每降低____%，扣____分 ③低于____%，不得分
3．劳动生产率	劳动生产率=$\dfrac{产品数量}{生产时间} \times 100\%$	15%	①劳动生产率在____%以上，得____分 ②每降低____%，扣____分 ③低于____%，不得分
4．月生产排单计划完成率	月生产排单计划完成率=$\dfrac{每月完成的生产排单数}{月度计划的生产排单总数}$ $\times 100\%$	15%	①月生产排单计划完成率在____%以上，得____分 ②每降低____%，扣____分 ③低于____%，不得分
5．车间卫生环境管理	对生产车间现场的卫生环境提出的要求	15%	①车间地面整洁、无卫生死角，门窗光洁，通风好，得____分 ②车间地面整洁、有卫生死角，门窗光洁，通风一般，得____分 ③车间地面不整洁、有卫生死角，门窗不光洁，通风不好，得____分
6．生产安全事故管理	在生产制造过程中，班组所属区域发生生产安全事故的次数	15%	①发生生产安全事故次数在____次以下，得____分 ②每增加1次，扣____分 ③发生重大生产安全事故，不得分

6.3　生产部与生产制造岗位量化考核制度、办法、细则

6.3.1　生产部绩效考核制度

制度名称	生产部绩效考核制度		受控状态	
			编　号	
执行部门		监督部门	编修部门	

第1章　总则

第1条　目的

为了达成如下目的，特制定本制度。

1．对生产部人员的绩效进行科学的评估，确切掌握生产人员的绩效表现。

2．通过绩效考核工作来提升生产部人员工作的积极性，打造战斗力强的生产集体，提高企业竞争力。

第2条　适用范围

本制度适用于企业对生产部的绩效考核工作的管理。

第3条　考核要求

1．绩效考核内容必须要目标明确、可执行性高。

2．绩效考核指标必须量化。

3．绩效考核人员应定期对被考核人员的工作完成情况进行评估、考核，并对其进行面谈与辅导。

4．绩效考核的结果要求定期公布并用于人事管理。

第2章　绩效考核组织管理

第4条　组建绩效考核小组

1．人力资源部应负责组建生产部绩效考核小组，对生产部的工作成果进行考核。

2．绩效考核小组成员应包括人力资源总监、生产总监、绩效考核专员、生产部人员代表等。

第5条　绩效考核小组职责

1．绩效考核小组应根据企业年度生产经营计划制定具体的绩效目标，报请分管生产部的副总经理批准后，编制"绩效目标责任书"，并让所有生产人员明确目标。

2．绩效考核小组应对生产部的日常工作状况、成果等方面进行资料搜集。

3．绩效考核小组应负责绩效考核标准的制定工作。

4．绩效考核小组对生产部进行考核，并汇总考核结果，及时反馈给生产部。

第3章　绩效考核内容

第6条　考核维度规定

生产部绩效考核主要包含6大维度。

1．工作任务完成情况。

2．成品质量达标情况。

3．生产成本控制水平。

4．工艺技术开发情况。

5．生产制造设备管理情况。

6．安全生产管理状况。

第7条　绩效指标设定

人力资源部设定生产部绩效考核指标时，一般应包含：生产计划制订及时率、生产计划达成率、交期达成率、产品质量合格率、质量投诉次数、设备巡检合格率、5S管理推行效果、安全事故发生次数、费用预算达成率、可比产品成本降低率、客户投诉次数、市场占有率、员工违纪次数等。

第4章　绩效考核体系说明

第8条　生产部的绩效考核周期

生产部绩效考核周期可根据生产任务周期具体确定，但最长不应超过1年。

第9条　权重设计管理

1．单个绩效考核指标的权重占比不应过高，须根据具体情况设计。

2．绩效考核指标的权重总和应为1或100、100%等其他形式。

第5章　绩效考核程序

第10条　组织绩效评估会议

绩效考核小组组长主持生产部绩效评估会议，对绩效考核过程中的注意事项及评估方法进行说明。

第11条　对比绩效目标，并形成评估结论

1．绩效考核小组逐个将生产部实际工作的完成情况与预先制定的"绩效目标责任书"中规定的绩效目标进行对比评估，然后形成评估结论。

2．绩效评估结论必须清晰、明了，既肯定生产部工作业绩，又指出其与预定目标的差距。

第12条　绩效评估记录

1．生产部绩效评估会议要形成书面考核结果材料，要求评分清晰、项目全面、记录准确。

2．绩效评估记录和书面考核结果材料应报请分管生产部的副总经理审核。

3．经审核通过的绩效考核结果，必须在规定的时间、范围内进行公布。

第6章　考核结果运用

第13条　绩效考核结果反馈

1．绩效考核结果审批后，绩效考核小组应及时将考核结果反馈给生产部，使所有生产部人员清晰上一阶段部门的工作情况。

2．绩效考核小组还须根据本次的实际绩效状况，与生产部管理人员共同制定生产部下一阶段的绩效目标。

第14条　绩效奖惩

人力资源部参照企业相关绩效管理制度，并根据生产部绩效考核结果对其做出相应的奖惩。

第15条　绩效总结

生产部根据绩效考核结果，召开部门会议，并针对绩效考核结果进行分析和研究。

1．绩效得分薄弱项，对相关负责人提出批评，并帮助其不断调整和改善。

2．绩效得分突出项，表扬相关负责人，并对其进行奖励，并提供进一步培训、进修等机会。

3．分析不稳定项，制定有针对性的处理策略和措施。

第7章 绩效申诉

第16条 绩效异议

生产部获知绩效考核结果后，应第一时间对绩效考核结果进行复核，确定有无异议并将其汇总、整理，然后提交至绩效考核小组。

第17条 绩效申诉

生产部按照绩效申诉处理程序向绩效考核小组提出申诉，若超出规定时间，绩效考核小组可不受理申诉。

第8章 附则

第18条 编制单位

本制度由人力资源部联合生产部共同编制、解释与修订。

第19条 生效时间

本制度自××××年××月××日起生效。

编制日期		审核日期		批准日期	
修改标记		修改处数		修改日期	

6.3.2 生产车间主任绩效考核办法

生产车间主任绩效考核办法

办法名称	生产车间主任绩效考核办法			受控状态	
				编　号	
执行部门		监督部门		编修部门	

第1条 目的

为了达到以下目的，特制定本办法，以对生产车间主任绩效考核工作进行指导。

1．以考核的方法促使生产车间主任提升工作绩效，从而提高工作技能。

2．为生产车间主任年底发放绩效奖金提供重要依据。

3．为生产车间主任人员的任用、薪资调整、职级调整等工作提供参考依据。

第2条 适用范围

本办法适用于企业对生产部下属各车间主任绩效考核工作的管理。

第3条 考核时间与周期

生产车间主任的绩效考核时间和周期，应根据实际生产任务进行设置，一般采用月度考核、季度考核的方式，最长考核周期不应超过半年。

第4条　绩效考核人员

1．生产部负责对生产车间主任的各项工作进行记录、总结、评价。

2．人力资源部负责对考核指标体系进行设计，制定考核评分标准，实施绩效考核工作，并对考核结果进行运用。

第5条　绩效考核内容

通过分析生产车间主任的主要职责和工作事项，以产品生产产值（产量）和质量为出发点，考核生产进度控制情况、生产任务完成情况、生产成本控制水平、生产产品质量达标情况、生产安全管理状况等方面的内容。

第6条　绩效考核指标

1．生产车间产量计划按时完成率（A），占比为20%。

2．物料消耗占材料消耗定额比率（B），占比为20%。

3．生产车间产品质量抽检合格率（C），占比为20%。

4．生产安全事故发生次数，占比为10%。

5．生产车间生产管理、流程管理、文件管理的合理性、规范性，占比为10%。

6．下属员工管理，占比为10%。

7．工作态度管理，占比为10%。

第7条　绩效评分设计

7项考核指标共计700分，得分越高者绩效水平越好。

1．生产车间产量计划按时完成率（A），分为5个评分阶段：A=100%，得分为100分；95%≤A<100%，得分为85~99分；90%≤A<95%，得分为65~84分；80%≤A<90%，得分为50~64分；A<80%，得分为0~49分。

2．物料消耗占材料消耗定额比率（B），分为5个评分阶段：B≤100%，得分为91~100分；100%<B≤105%，得分为81~90分；106%≤B<110%，得分为71~80分；110%≤B<120%，得分为51~70分；B≥120%，得分为0~50分。

3．生产车间产品质量抽检合格率（C），分为5个评分阶段：C=100%，得分为100分；95%≤C<100%，得分为85~99分；90%≤C<95%，得分为65~84分；80%≤C<90%，得分为50~64分；C<80%，得分为0~49分。

4．生产安全事故发生次数，分为5个评分阶段：没有生产安全事故，安全工作开展十分顺利，得分为91~100分；基本没有生产安全事故，安全工作开展较好，得分为81~90分；偶有生产安全事故，但事故性质较轻，影响不大，得分为71~80分；时有生产安全事故，且事故对生产车间整个生产活动影响较大，得分为51~70分；发生重大生产安全事故，并对生产车间生产活动造成严重影响，得分为0~50分。

5．生产车间生产管理、流程管理、文件管理的合理性、规范性，分为5个评分阶段：生产车间生产管理、文件管理、流程管理合理及规范，相关领导及部门的满意度评分在90分以上，得分为91~100分；生产车间生产管理合理，文件管理完善，流程较规范，但有待改进，得分为81~90分；生产车间生产管理及相关流程均须进一步完善，文件保存不够完整，得分为71~80分；生产车间生产管理、文件管理欠缺，生产流程较混乱，得分为51~70分；车间生产、文件、流程等各项管理混乱无序，得分为0~50分。

6．下属员工管理，分为5个评分阶段：下属员工工作积极性高，成本节约意识很强，得分为91~100分；下属员工工作积极，成本节约意识强，得分为81~90分；下属员工工作积极性一般，有成本节约意识，得分为71~80分；下属员工工作不积极，存在浪费现象，得分为51~70分；下属员工工作混乱，效率低下，浪费现象严重，得分为0~50分。

7．工作态度管理，分为5个评分阶段：工作非常积极，责任心非常强，得分为91~100分；工作较为积极，责任心较强，得分为81~90分；工作积极，责任心强，得分为71~80分；工作不太积极，责任心一般，得分为51~70分；工作消极，缺乏基本的责任心，得分为0~50分。

第8条　绩效考核实施

（一）考核负责人的选择

1．考核负责人原则上为各生产车间主任的直接上级，并保持有较长时间的上下级关系（半年以上）。

2．考核期间，由于工作调动，导致原上下级关系发生变更，而新考核负责人到任时间少于半年，使其对被考核人不能进行充分考核或考核有困难时，应另指定考核负责人（如被考核人的间接上级等），来完成考核工作。

（二）生产车间主任述职

被考核的生产车间主任根据年度工作目标协议书对自己在考核期内的工作进行总结，找出自己在工作中存在的缺点和不足，并在相关的会议上进行口头述职。

（三）考核负责人进行考核

1．考核负责人根据目标管理体系和被考核生产车间主任的表现，运用生产车间主任的考核指标体系对其进行评定，打出分数，写出评语，并将其填入绩效考核表中。

2．汇总考核结果，并将考核结果呈交生产部经理审批。

3．审批通过的考核结果就作为各生产车间主任的考核结果，并及时告知当事人。

第9条　考核结果应用

1．人力资源部根据生产部经理提出的处理意见，如对生产车间主任的续聘、解聘、提升、调转、培训等，办理相应手续，并将生产车间主任的考核结果存档。

2．对考核成绩优秀者给予奖励，不及格者予以惩罚。具体奖励和惩罚办法应与动态工资的执行办法一致。

第10条　绩效考核申诉

1．被考核的生产车间主任若对自身绩效考核结果有异议，应首先向生产部提出考核结果复查申请。

2．生产部统一核查生产车间主任提交异议的实际情况，并作出处理。确定存在问题的情况，向人力资源部提出申诉。

3．人力资源部应在规定的时间内回复绩效申诉处理结果。

第11条　附则

1．本办法由人力资源部联合生产部共同编制、解释与修订。

2．本办法自××××年××月××日起生效。

6.3.3 生产车间班组长绩效考核细则

生产车间班组长绩效考核细则

细则名称	生产车间班组长绩效考核细则		受控状态	
			编　号	
执行部门		监督部门	编修部门	

第1条　为达到以下两个目的，特制定本细则。

1. 加强生产车间的班组建设，提高生产车间班组长的综合素质，全面评价生产车间班组长的工作绩效。

2. 保证生产制造目标的实现，同时为生产车间班组长的薪资调整、教育培训、晋升等提供准确、客观的依据。

第2条　对生产车间班组长进行绩效考核，要坚持定量化与定性化相结合、定期化与制度化相结合的原则。

第3条　人力资源部负责生产车间班组长考核的整体工作，包括考核周期、评价标准、奖惩方式的制定。

第4条　绩效考核专员负责考核有关资料、数据的收集以及分数加总等工作。

第5条　生产车间主任负责对本车间班组长进行综合评价。

第6条　对生产车间班组长进行月度考核时，考核时间一般为次月的＿＿—＿＿日。

第7条　对生产车间班组长进行年度考核时，考核时间一般为次年＿＿月＿＿—＿＿日。

第8条　对生产车间班组长的月度考核，采取班组长工作业绩考核和车间直属上级领导评议两种方式，每种评分满分均为100分，加权平均后即为生产车间班组长最终考核得分。

第9条　人力资源部根据生产车间班组长各项工作业绩指标数据，按班组长考核评价表的标准逐一对其进行打分。

第10条　生产车间主任，即生产车间班组长的直属上级领导根据班组长的工作职责、工作目标和工作绩效对其进行评分。

第11条　生产车间班组长月度考核得分＝（工作业绩考核得分×70%）＋（生产车间主任评议得分×30%）。

第12条　产值达标率，是指生产车间班组实际产值占计划产值的比率。

第13条　产品质量合格率，是指生产车间班组产品合格数占产品总数的比率。

第14条　生产排单计划准确率，是指已完成的生产排单数量占计划的生产排单总数的比率。

第15条　材料消耗定额达成率，是指实际材料消耗额占材料消耗定额的百分比。

第16条　工时定额达成率，是指完成生产任务所需总工时占工时定额的百分比。

第17条　现场问题处理效果，是指对现场问题处理情况的综合评分。

第18条　班组人员管理情况，是指生产车间班组人员的违规违纪情况，以及生产车间班组的人员流失率。

第19条 生产车间主任对生产车间班组长评议的标准一般包含5个部分。

1．工作认真负责，具有十分强烈的进取心和责任感，在本部门各项经济业务指标落实中业绩突出，为其他人起到表率作用，得90~100分，为优秀。

2．工作认真负责，具有较强的进取心和责任感，善于管理，积极贯彻落实企业的政策和要求，各项经济指标较优秀，得80~89分，为良好。

3．有一定的进取心和责任感，在班组工作中有一定的专长，能贯彻落实企业的各项规定，并按时完成各项生产任务，得70~79分，为一般。

4．工作态度一般，事业心和进取心不强，工作任务勉强完成，班组管理较差，得60~69分，为较差。

5．工作态度不积极，缺乏事业心和上进心，不能按时完成工作任务，班组管理混乱，得0~59分，为不合格。

第20条 生产车间班组长月度绩效考核结果将作为其月度绩效奖金发放的依据，月度绩效考核成绩在90分以上的，发放全额绩效奖金；在60~89分的，按照得分的百分比发放绩效资金；在60分以下的，不发放绩效奖金。

第21条 生产车间班组长年度绩效考核得分=（月度绩效考核得分平均分×40%）+（年度产值达成考核得分×30%）+（工作能力评估得分×30%）。

第22条 当班组年度生产产值达标率达到200%及以上时，得____分；处于100%~199%时，得____分；处于80%~99%时，得____分；低于____%时，不得分。

第23条 生产车间班组长年度绩效考核结果将作为其年度薪酬调整、参加培训、人事变动的客观依据，具体执行标准参照企业绩效考核管理制度。

第24条 本细则由人力资源部联合生产部共同编制、解释与修订。

第25条 本细则自×××年××月××日起生效。

生产计件提成
办法

第 7 章

质量管控业务目标分解与
部门岗位绩效量化考核

7.1　质量管控体系建设、全过程质量管理、产品质量管理、服务质量管理、质量管控成本预算业务目标分解

7.1.1　质量管控体系建设业务目标分解

质量管控体系建设业务的4大主要目标是：建立质量管控体系，质量管控体系运行，质量管控体系评审，质量管控体系认证。据此设计的三级分解目标如表7-1所示。

表7-1　质量管控体系建设业务目标分解

一级目标	二级目标	三级目标
1. 建立质量管控体系	（1）依据收集的质量管理信息，设计、完善质量管控体系	①质量管控体系内容准确 ②质量管控体系在____天内完成
	（2）组织编写质量管控体系文件、控制流程及规范，并对相关资料进行日常管理	①质量管控体系文件完整 ②质量管控体系文件规范、可行性高
2. 质量管控体系运行	（1）对员工进行质量管控体系培训，确保员工能够正确理解质量管控体系	①按时完成质量管控体系培训 ②员工质量管控体系培训考试合格
	（2）执行质量管控体系推行计划，确保质量管控体系运行正常	①按时完成质量管控体系推行计划 ②及时解决质量管控体系运行问题，不耽误后续任务的进展
	（3）组织统计质量管控体系运行数据，控制质量管控体系运行成本	质量管控体系运行成本控制在____%以内
	（4）根据体系运行实际情况，编制质量管控体系运行报告	质量管控体系运行报告在____天内完成
3. 质量管控体系评审	（1）整理质量管控体系评审资料，编制年度内部评审计划	年度内部评审计划在____天内完成
	（2）组织召开质量管控体系内部评审会议，确保评审活动的顺利实施	①质量管控体系内部评审会议在____天内组织 ②质量管控体系评审问题在____天内解决
	（3）拟定质量管控体系评审报告	质量管控体系评审报告在____天内提交

续表

一级目标	二级目标	三级目标
4．质量管控体系认证	（1）收集各项认证文件，申请质量管控体系认证	质量管控体系认证在＿＿天内完成申请
	（2）与质量管控认证机构进行接洽、沟通，确保质量管控体系认证通过	质量管控体系认证一次性通过率达到＿＿％
	（3）收集产品质量信息，组织产品免检认证活动	产品免检认证通过率达到＿＿％

7.1.2　全过程质量管理业务目标分解

全过程质量管理业务的3大主要目标是：全过程质量检验工作小组成立，全过程质量检验执行，全过程质量检验问题处理。据此设计的三级分解目标如表7-2所示。

表7-2　全过程质量管理业务目标分解

一级目标	二级目标	三级目标
1．全过程质量检验工作小组成立	（1）组织成立全过程质量检验工作小组，并制定其绩效考核标准	①全过程质量检验工作小组成员选择合理 ②绩效考核标准制定合理且有效
	（2）明确检验过程的工作目标，制定全过程质量检验的标准	①全过程质量检验的目标明确且可以达成 ②全过程质量检验标准制定合理、可行性高
2．全过程质量检验执行	（1）按照质量检验规范及要求，实施首件检验	首件检验在＿＿小时内完成
	（2）按时完成工序巡检工作，保证工序质量合格	①按时完成工序巡检 ②巡检项目无遗漏 ③工序质量合格率达到＿＿％ ④及时解决工序质量存在的问题，不影响后续工作的开展

一级目标	二级目标	三级目标
2．全过程质量检验执行	（3）对生产过程中的半成品进行抽检，保证不合格半成品得到及时返工，避免其流入下一道工序	①半成品抽检工作在____小时内完成 ②半成品检验合格率达到____% ③降低半成品返工率
	（4）做好质量检验记录并按时提交质量检验报告	①质量检验记录完整、准确 ②按时提交质量检验报告
	（5）执行仪器、量规管理办法，妥善保管仪器、量规	仪器、量规无缺失、损坏
	（6）负责监督质量整改实施，保证整改达到预期效果，避免重大质量事故的发生	①按时完成质量整改计划 ②重大质量事故发生次数为0
3．全过程质量检验问题处理	（1）识别生产过程中存在的质量问题，对质量问题进行统计并及时报告	生产过程质量问题在____小时内统计并报告
	（2）汇总生产过程质量问题的相关信息，分析、判断生产过程质量问题产生原因，并编制生产过程质量问题分析报告	生产过程质量问题分析报告在____天内完成
	（3）及时上报质量事故，避免出现重大经济损失	质量事故上报在____小时内完成

7.1.3　产品质量管理业务目标分解

产品质量管理业务的3大主要目标是：实施质量检验，质量问题处理，质检资料与仪器管理。据此设计的三级分解目标如表7-3所示。

表7-3　产品质量管理业务目标分解

一级目标	二级目标	三级目标
1.　实施质量检验	（1）严格执行产品质量检验标准，实施产品出入库质量检验	①出入库产品质量检验在＿＿天内完成 ②无错检、漏检情况
	（2）实施新产品质量检测，并将质量检测数据交予研发部处理	①新产品质量检测在＿＿天内完成 ②新产品质量检测数据完整
	（3）定期检验库存产品质量，保证库存产品质量合格率达标	①库存产品质量检验在＿＿天内完成 ②库存产品质量合格率达到＿＿%
	（4）检验出厂产品质量，保证出厂产品质量合格	①及时检验出厂产品质量 ②出厂产品质量合格 ③产品质量被投诉次数少于＿＿次
	（5）对产品质量检验信息进行记录，按时提交产品质量检验报告	①产品质量检验记录完整 ②及时提交产品质量检验报告
2.　质量问题处理	（1）对不合格产品实施妥善处理和标记，避免与合格产品混杂	①不合格产品处理措施正确 ②不合格产品标记准确、完整
	（2）发生产品质量事故时，及时报告质量管理部经理，并协助其进行事故处理工作	产品质量事故在＿＿天内处理完成
3.　质检资料与仪器管理	（1）妥善保管质量记录和资料，以应对质量检查活动	记录及资料无数据错误
	（2）维护、保管与工作相关的仪器、印章等	仪器和印章无丢失、损坏

7.1.4　服务质量管理业务目标分解

服务质量管理业务的3大主要目标是：服务质量管理体系建设，服务质量管理执行，服务质量管理改进。据此设计的三级分解目标如表7-4所示。

表7-4　服务质量管理业务目标分解

一级目标	二级目标	三级目标
1. 服务质量管理体系建设	（1）制定服务质量标准，规范服务质量标准执行流程	①服务质量标准制定合理，可行性高 ②服务质量标准执行流程完善
	（2）编写、修订服务质量管理体系文件，并对服务质量管理体系文件进行内审	①服务质量管理体系文件制定合理、内容完整 ②服务质量管理体系文件内审通过
2. 服务质量管理执行	（1）根据服务质量管理体系要求，对服务质量管理体系文件的执行情况进行监督	服务质量管理体系文件执行率高
	（2）制订培训计划，对服务人员实施有关服务质量的培训，提高服务人员的服务质量	①服务人员培训参与率达到____% ②服务人员服务质量提升明显
	（3）妥善处理客户投诉问题，做好记录并进行总结	①客户投诉问题处理及时率达到____% ②客户投诉问题记录完整、总结到位
	（4）对服务人员的服务质量进行评价，编写并提交"服务质量监控报告"	①对服务人员的服务质量评价客观、全面、公正 ②"服务质量监控报告"编写完整、及时
3. 服务质量管理改进	（1）对客户进行满意度调查，并及时向有关部门反馈信息	①客户满意度调查及时、真实 ②信息在____天内得到完整反馈
	（2）分析服务质量管理工作中存在的不合理因素，对服务质量管理工作提出改进意见	①服务质量管理工作不合理因素分析到位 ②服务质量管理工作改进意见采纳率达到____%
	（3）编写服务质量管理工作改进建议书，并对服务质量管理工作改进情况进行跟踪与监督	①服务质量管理工作改进建议书合理、规范、标准 ②及时跟踪服务质量管理工作改进情况

7.1.5　质量管控成本预算业务目标分解

质量管控成本预算业务的3大主要目标是：确定质量管控成本预算，质量管控成本控制，质量管控成本核算。据此设计的三级分解目标如表7-5所示。

表7-5　质量管控成本预算业务目标分解

一级目标	二级目标	三级目标
1. 确定质量管控成本预算	（1）汇总质量管控各流程中所需的成本预算，并对其进行调整	①汇总的各项成本预算数据完整且正确 ②对各流程中所需的成本预算的调整无失误
	（2）确定质量管控成本预算，并及时进行调整	①质量管控成本预算正确且合理 ②质量管控成本预算在＿＿天内完成调整
2. 质量管控成本控制	（1）监督质量管控成本的实行，并及时反馈	①质量管控成本实行中未发现异常 ②质量管控成本运行情况反馈及时
	（2）编制质量管控成本台账	质量管控成本台账数据准确且完整
3. 质量管控成本核算	（1）制定企业质量管控成本核算标准	①制定的质量管控成本核算标准合理、完整 ②规范实行质量管控成本核算标准
	（2）核算与处理质量管控成本中的具体数据	①准确核算质量管控成本数据 ②数据记录准确且完整

7.2　质量体系经理、质量控制主管、入库物资质检员、生产过程质检员、产品质检员量化考核方案

7.2.1　质量体系经理量化考核方案

　　质量体系经理绩效考核指标主要有14个，其中3个KPI指标为质量体系推行工作计划完成率、质量体系运行成本控制率、质量体系认证一次性通过率。据此设计的质量体系经理量化考核方案如表7-6所示。

表7-6　质量体系经理量化考核方案

考核指标	量化考核说明		
	计算公式与指标描述	权重	考核标准
1．质量体系推行工作计划完成率	质量体系推行工作计划完成率=$\dfrac{实际完成的质量体系推行工作项数}{计划完成的质量体系推行工作项数}$×100%	10%	①质量体系推行工作计划完成率达到____%，得____分 ②每降低____个百分点，扣____分 ③低于____%，不得分
2．质量体系运行成本控制率	质量体系运行成本控制率=$\dfrac{实际发生的质量体系运行成本数额}{质量体系运行预算成本数额}$×100%	10%	①质量体系运行成本控制率在____%以内，得____分 ②每升高____个百分点，扣____分 ③高于____%，不得分
3．质量体系认证一次性通过率	质量体系认证一次性通过率=$\dfrac{质量体系认证一次性通过次数}{申请质量体系认证次数}$×100%	10%	①质量体系认证一次性通过率在____%以上，得____分 ②每降低____个百分点，扣____分 ③低于____%，不得分
4．质量体系问题解决及时率	质量体系问题解决及时率=$\dfrac{及时解决的质量体系问题数}{发现的质量体系问题总数}$×100%	10%	①质量体系问题解决及时率达到____%，得____分 ②每降低____个百分点，扣____分 ③低于____%，不得分
5．产品免检认证通过率	产品免检认证通过率=$\dfrac{产品免检认证通过次数}{产品免检认证申请次数}$×100%	10%	①产品免检认证通过率达到____%，得____分 ②每降低____个百分点，扣____分 ③低于____%，不得分
6．组织协调能力	指合理调配资源，及时组织与质量体系相关的部门，准确完成质量检验任务的能力	10%	①能够与相关部门进行良好的沟通，得____分 ②能够与相关部门协调，基本达成一致意见，得____分 ③不能与相关部门进行良好的合作，得____分
7．质量体系文件准确率	质量体系文件准确率=$\dfrac{无错、漏现象的质量体系文件数}{提交的质量体系文件总数}$×100%	5%	①质量体系文件准确率达到____%，得____分 ②每降低____个百分点，扣____分 ③低于____%，不得分

考核指标	量化考核说明		
	计算公式与指标描述	权重	考核标准
8．质量体系文件完整率	质量体系文件完整率= $\dfrac{实际编制的质量体系文件数}{质量体系应有文件数}$ ×100%	5%	①质量体系文件完整率达到____%，得____分 ②每降低____个百分点，扣____分 ③低于____%，不得分
9．质量体系更新及时率	质量体系更新及时率= $\dfrac{及时更新的质量体系项目数}{计划更新的质量体系项目总数}$ ×100%	5%	①质量体系更新及时率达到____%，得____分 ②每降低____个百分点，扣____分 ③低于____%，不得分
10．质量体系内部评审组织及时率	质量体系内部评审组织及时率= $\dfrac{及时组织的质量体系内部评审次数}{质量体系内部评审总次数}$ ×100%	5%	①质量体系内部评审组织及时率达到____%，得____分 ②每降低____个百分点，扣____分 ③低于____%，不得分
11．质量体系内部评审一次性通过率	质量体系内部评审一次性通过率= $\dfrac{质量体系内部评审一次性通过次数}{提交质量体系内部评审总次数}$ ×100%	5%	①质量体系内部评审一次性通过率达到____%，得____分 ②每降低____个百分点，扣____分 ③低于____%，不得分
12．质量体系认证申请及时率	质量体系认证申请及时率= $\dfrac{及时申请的质量体系认证次数}{申请质量体系认证总次数}$ ×100%	5%	①质量体系认证申请及时率达到____%，得____分 ②每降低____个百分点，扣____分 ③低于____%，不得分
13．质量管理能力	指运用自身掌握的质量管理知识，对质量管理工作实施全程监控，保证产品质量的能力	5%	①质量管理能力很强，能够全面保证产品质量，得____分 ②质量管理能力一般，偶尔出现产品不合格问题，得____分 ③质量管理能力较差，经常出现产品质量问题，得____分
14．团队建设能力	指对所在部门的员工实施有效的管理，促进团队整体达成绩效目标的能力	5%	①部门员工工作状态良好，整体工作效率高，得____分 ②部门员工能够勉强按时完成所分配任务，有一定的工作效率，得____分 ③部门员工经常不能按时完成任务，工作效率低，得____分

7.2.2 质量控制主管量化考核方案

质量控制主管绩效考核指标主要有11个，其中3个KPI指标为产品质量检验合格率、产品质量检验任务完成率、质量事故处理及时率。据此设计的质量控制主管量化考核方案如表7-7所示。

表7-7 质量控制主管量化考核方案

考核指标	量化考核说明		
	计算公式与指标描述	权重	考核标准
1. 产品质量检验合格率	产品质量检验合格率= $\dfrac{\text{质量检验合格的产品数量}}{\text{质量检验产品总数量}} \times 100\%$	10%	①产品质量检验合格率达到____%，得____分 ②每降低____个百分点，扣____分 ③低于____%，不得分
2. 产品质量检验任务完成率	产品质量检验任务完成率= $\dfrac{\text{产品质量检验任务的完成数}}{\text{产品质量检验总任务数}} \times 100\%$	10%	①产品质量检验任务完成率达到____%，得____分 ②每降低____个百分点，扣____分 ③低于____%，不得分
3. 质量事故处理及时率	质量事故处理及时率= $\dfrac{\text{及时处理的质量事故数量}}{\text{发生的质量事故总数量}} \times 100\%$	10%	①质量事故处理及时率达到____%，得____分 ②每降低____个百分点，扣____分 ③低于____%，不得分
4. 生产原材料验收率	生产原材料验收率= $\dfrac{\text{生产原材料验收次数}}{\text{生产原材料采购总次数}} \times 100\%$	10%	①生产原材料验收率达到____%，得____分 ②每降低____个百分点，扣____分 ③低于____%，不得分
5. 产品质量抽检率	产品质量抽检率= $\dfrac{\text{产品质量抽检次数}}{\text{产品质量检验总次数}} \times 100\%$	10%	①产品质量抽检率达到____%，得____分 ②每降低____个百分点，扣____分 ③低于____%，不得分

考核指标	量化考核说明		
	计算公式与指标描述	权重	考核标准
6．产品出货质量检验率	产品出货质量检验率= $\dfrac{产品出货质量检验的次数}{产品出货的总次数} \times 100\%$	10%	①产品出货质量检验率达到____%，得____分 ②每降低____个百分点，扣____分 ③低于____%，不得分
7．质量控制报表准确率	质量控制报表准确率= $\dfrac{质量控制报表填写无误的份数}{质量控制报表总份数} \times 100\%$	10%	①质量控制报表准确率达到____%，得____分 ②每降低____个百分点，扣____分 ③低于____%，不得分
8．产品质量原因退货率	产品质量原因退货率= $\dfrac{质量原因被退货的产品批次数}{发货产品总批次数} \times 100\%$	10%	①产品质量原因退货率在____%以内，得____分 ②每升高____个百分点，扣____分 ③高于____%，不得分
9．质量原因交货延期次数	指因质量异常未能及时处理，延误生产活动，导致产品交货延期的次数	10%	①质量原因交货延期次数为0，得____分 ②每延期1次，扣____分 ③延期超过____次，不得分
10．工作责任感	指对工作认真负责，努力承担相应责任的工作态度	5%	①工作认真负责，责任感强，得____分 ②偶尔拖延工作，责任感较强，得____分 ③经常挑拣任务，责任感差，得____分
11．工作主动性	指对工作能够主动实施自我控制、跟进，经常主动申请任务和协作的工作状态	5%	①工作主动负责，主动性强，得____分 ②偶尔需要提醒，主动性较强，得____分 ③经常忘记任务，主动性差，得____分

7.2.3 入库物资质检员量化考核方案

入库物资质检员绩效考核指标主要有7个，其中3个KPI指标为检验数据信息的准确率、入库质量检验及时率、入库包装检验及时率。据此设计的入库物资质检员量化考核方案如表7-8所示。

表7-8 入库物资质检员量化考核方案

考核指标	量化考核说明		
	计算公式与指标描述	权重	考核标准
1. 检验数据信息的准确率	检验数据信息的准确率= $\dfrac{检验数据信息的准确数量}{检验数据信息的总数量} \times 100\%$	25%	①检验数据信息的准确率在____%以上，得____分 ②每降低____个百分点，扣____分 ③低于____%，不得分
2. 入库质量检验及时率	入库质量检验及时率= $\dfrac{及时入库质量检验的货物数量}{入库质量检验的货物总数量}$ $\times 100\%$	20%	①入库质量检验及时率在____%以上，得____分 ②每降低____个百分点，扣____分 ③低于____%，不得分
3. 入库包装检验及时率	入库包装检验及时率= $\dfrac{及时入库包装检验的货物数量}{入库包装检验的货物总数量}$ $\times 100\%$	15%	①入库包装检验及时率在____%以上，得____分 ②每降低____个百分点，扣____分 ③低于____%，不得分
4. 检验任务及时完成率	检验任务及时完成率= $\dfrac{及时完成的检验任务数量}{检验任务总数量} \times 100\%$	10%	①检验任务及时完成率在____%以上，得____分 ②每降低____个百分点，扣____分 ③低于____%，不得分
5. 资料的完整性	考核期内各项检验资料的完整程度	10%	①检验资料完整无缺，得____分 ②每缺少____份检验资料，扣____分 ③检验资料少于____份，不得分
6. 建档及时率	建档及时率= $\dfrac{及时建立的档案任务数量}{需建立的档案任务的总数量} \times 100\%$	10%	①建档及时率在____%以上，得____分 ②每降低____个百分点，扣____分 ③低于____%，不得分

考核指标	量化考核说明		
	计算公式与指标描述	权重	考核标准
7. 检验数据资料报送及时率	检验数据资料报送及时率=$\dfrac{\text{及时报送的检验数据资料数量}}{\text{需报送的检验数据资料总数量}}\times100\%$	10%	①检验数据资料送报及时率在____%以上，得____分 ②每降低____个百分点，扣____分 ③低于____%，不得分

7.2.4　生产过程质检员量化考核方案

生产过程质检员绩效考核指标主要有12个，其中3个KPI指标为工序产出质量合格率、产品直通率、质量问题处理能力。据此设计的生产过程质检员量化考核方案如表7-9所示。

表7-9　生产过程质检员量化考核方案

考核指标	量化考核说明		
	计算公式与指标描述	权重	考核标准
1. 工序产出质量合格率	工序产出质量合格率=$\dfrac{\text{各道工序产出合格数}}{\text{各道工序产出总数}}\times100\%$	15%	①工序产出质量合格率在____%以上，得____分 ②每降低____个百分点，扣____分 ③低于____%，不得分
2. 产品直通率	产品直通率=工序1检验合格率×工序2检验合格率×…×工序N检验合格率	10%	①产品直通率在____%以上，得____分 ②每降低____个百分点，扣____分 ③低于____%，不得分
3. 质量问题处理能力	指对生产过程中发生的质量问题能够准确识别、分析，并有效解决的能力	10%	①质量问题处理能力强，能准确分析且有效解决问题，得____分 ②质量问题处理能力一般，能分析且勉强解决问题，得____分 ③质量问题处理能力差，能勉强分析问题但不能解决问题，得____分

续表

考核指标	量化考核说明		
	计算公式与指标描述	权重	考核标准
4．在用质检仪器受检率	在用质检仪器受检率=$\dfrac{在用质检仪器受检台数}{在用质检仪器总台数}\times100\%$	10%	①在用质检仪器受检率在____%以上，得____分 ②每降低____个百分点，扣____分 ③低于____%，不得分
5．设备检验完好率	设备检验完好率=$\dfrac{检验完好的设备数量}{检验设备总量}\times100\%$	10%	①设备检验完好率在____%以上，得____分 ②每降低____个百分点，扣____分 ③低于____%，不得分
6．首件检验完成率	首件检验完成率=$\dfrac{已完成的首件检验数量}{计划完成的首件检验数量}\times100\%$	10%	①首件检验完成率在____%以上，得____分 ②每降低____个百分点，扣____分 ③低于____%，不得分
7．半成品质量合格率	半成品质量合格率=$\dfrac{合格的半成品数量}{总半成品数量}\times100\%$	10%	①半成品质量合格率在____%以上，得____分 ③每降低____个百分点，扣____分 ③低于____%，不得分
8．半成品返工率	半成品返工率=$\dfrac{返工的半成品数量}{半成品总数量}\times100\%$	5%	①半成品返工率在____%以下，得____分 ②每升高____个百分点，扣____分 ③高于____%，不得分
9．执行能力	工作完成速度以及执行效率的高低	5%	①工作完成迅速，执行效率高，得____分 ②工作按时完成，执行效率一般，得____分 ③工作未能按时完成，执行效率低，得____分
10．工作责任感	对待工作是否认真负责，是否具有责任感	5%	①工作认真负责，责任感强，得____分 ②偶尔拖延工作，责任感一般，得____分 ③工作不上心导致效率低，责任感差，得____分

续表

考核指标	量化考核说明		
	计算公式与指标描述	权重	考核标准
11. 工作纪律性	工作纪律性，迟到、早退等情况	5%	①工作纪律性强，从未迟到、早退，得____分 ②工作纪律性一般，偶尔迟到、早退，得____分 ③工作纪律性差，经常迟到、早退，得____分
12. 工作主动性	工作主动性以及是否能够提前安排工作内容	5%	①工作主动性强，能提前安排工作内容，得____分 ②工作主动性一般，偶尔提前安排工作内容，得____分 ③工作主动性差，从不提前安排工作内容，得____分

7.2.5　产品质检员量化考核方案

产品质检员绩效考核指标主要有9个，其中4个KPI指标为产品出厂检验合格率、质量成本外部损失、错检率、漏检率。据此设计的产品质检员量化考核方案如表7-10所示。

表7-10　产品质检员量化考核方案

考核指标	量化考核说明		
	计算公式与指标描述	权重	考核标准
1. 产品出厂检验合格率	产品出厂检验合格率=$\dfrac{产品出厂检验合格数}{产品出厂检验总数} \times 100\%$	15%	①产品出厂检验合格率在____%以上，得____分 ②每降低____个百分点，扣____分 ③低于____%，不得分
2. 质量成本外部损失	指考核期内，由于产品质量问题造成的退货和对外赔偿的经济损失	15%	①质量成本外部损失在____元以内，得____分 ②每增加____元，扣____分 ③超过____元，不得分

续表

考核指标	量化考核说明		
	计算公式与指标描述	权重	考核标准
3. 错检率	错检率=$\dfrac{错检产品数量}{检验产品总数}×100\%$	10%	①错检率在____%以下，得____分 ②每升高____个百分点，扣____分 ③超过____%，不得分
4. 漏检率	漏检率=$\dfrac{漏检产品数量}{检验产品数量+漏检产品数量}×100\%$	10%	①漏检率在____%以下，得____分 ②每升高____个百分点，扣____分 ③超过____%，不得分
5. 产品质量报告提交及时率	产品质量报告提交及时率=$\dfrac{产品质量报告及时提交次数}{产品质量报告提交总次数}×100\%$	10%	①产品质量报告提交及时率在____%以上，得____分 ②每降低____个百分点，扣____分 ③低于____%，不得分
6. 关注细节能力	指通过对产品检验及辅助工具的观察，能够准确判断产品生产过程中存在的质量问题的能力	10%	①关注细节能力强，能及时发现问题，得____分 ②关注细节能力一般，能发现问题，得____分 ③关注细节能力差，不能发现问题，得____分
7. 逻辑分析能力	指能够利用各种分析技术对质量检验数据进行分析，从而实施质量状况诊断，并提出改善建议的能力	10%	①能对数据进行准确分析，给出合理且正确的建议，得____分 ②能对数据进行分析，并给出建议，得____分 ③未能对数据进行分析，得____分
8. 敬业精神	指能专注本职工作，对产品检验工作认真、负责的精神	10%	①敬业精神强，工作认真且负责，得____分 ②敬业精神一般，工作认真，得____分 ③敬业精神差，得____分
9. 工作积极性	是否对工作充满极大的兴趣和热情，并且积极、主动	10%	①对工作充满极大的兴趣和热情，工作积极性强，得____分 ②对工作抱有一般的兴趣和热情，工作积极性一般，得____分 ③对工作没有太大的兴趣和热情，工作积极性差，得____分

7.3　质量管理部与质量管控岗位量化考核制度、办法、细则

7.3.1　质量管理部绩效考核制度

制度名称	质量管理部绩效考核制度		受控状态	
			编　号	
执行部门		监督部门	编修部门	

第1章　总则

第1条　目的

为了达成如下目的，特制定本制度。

1．为质量管理部各员工的业绩情况、工作能力的绩效考核提供信息。

2．为质量管理部各员工工资发放提供依据。

3．为质量管理部各员工晋升或降职、提薪或降薪提供参考。

第2条　适用范围

本制度适用于企业对质量管理部绩效考核工作的管理。

第3条　考核原则

1．公平、公正、公开原则

考核的方式、时间、内容、流程、结果等向部门公开，考核过程保持公正与公平。

2．沟通与进步原则

在考核过程中，人力资源部与质量管理部及其内部员工之间要不断地进行沟通，若发现存在的问题，要共同找到解决办法，从而提高质量管理部及其管理人员的业绩水平。

3．结果反馈原则

考核的结果要及时反馈给被考核部门，同时考核小组还应当对考核结果进行解释说明，使考核结果得到质量管理部的认可。

第2章　考核组织、考核人员与被考核人员管理

第4条　考核组织

1．绩效考核委员会

（1）绩效考核委员会是企业在阶段考核期间设立的非常设机构，其主要职责是审核绩效考核方案的科学性、公正性和可行性，审定各职位绩效考核结果的真实性。

（2）绩效考核委员会由总经理、营销总监、人力资源部经理、财务部经理等组成，也可以聘请1~2名外部专家参与绩效考核委员会工作。

2．人力资源部

人力资源部负责绩效考核方案的起草、考核人员的培训、考核工作的组织与监督、考核结果的应用以及考核材料的存档工作。

3．质量管理部

质量管理部负责本部门员工绩效考核的具体工作，并将本部门员工的绩效考核结果报送人力资源部。

第5条 考核人员

考核人员包括绩效考核委员会成员，被考核人员的直接领导、同事与下属。

第6条 被考核人员管理

1．被考核人员年初应与领导、同事在质量管理部部门会议上共同制定自己的年度工作计划目标，确定目标考核的要素，并在年度结束时，对照年度工作计划目标和考核要素填写工作完成情况，以此作为考核的原始材料。

2．被考核人员有权利确认考核结果，并对结果拥有申诉权。

第3章 绩效考核内容

第7条 考核模式与考核周期

根据被考核人员的岗位、职责和在质量管理部运营中的重要程度，实行不同的考核模式和周期。

1．对高层经理（如质量管理部总监、质量管理部经理等）实行绩效考核委员会考核模式，每半年考核一次，在每年7月和会计年度结束后一个月内实施。

2．对中层主管实行360度考核模式，其中其直接领导对其考核的结果占主要地位，每季度考核一次，在下季度开始后两周内实施。

3．对基层员工实行直接主管考核模式，其直接主管应在遵循360度考核模式的基础上对其进行考核，每季（月）度考核一次，在下季（月）度开始后一周内完成。

第8条 指标设定说明

质量管理部员工的考核内容包括工作业绩、工作能力和工作态度三部分，具体内容如下。

（一）工作业绩（括号中为该项所占权重）

1．质检工作及时完成率（15%）

$$质检工作及时完成率 = \frac{及时完成的质检工作次数}{应完成的质检工作次数} \times 100\%$$

2．产品直通率（10%）

产品直通率＝工序1检验合格率×工序2检验合格率×…×工序N检验合格率

3．现场物料使用合格率（5%）

$$现场物料使用合格率 = \left(1 - \frac{使用中发现的不合格物料数量}{使用的物料总数量}\right) \times 100\%$$

4．漏检率（10%）

$$漏检率 = \frac{漏检产品数量}{检验产品数量 + 漏检产品数量} \times 100\%$$

5．错检数（5%）

$$错检数 = \frac{错检产品数量}{检验产品总数} \times 100\%$$

6．客户验货合格率（10%）

$$客户验货合格率=\frac{客户检验产品合格批次数}{客户购买产品总批次数}\times100\%$$

7．质量投诉减少率（10%）

$$质量投诉减少率=(1-\frac{本期发生的质量投诉次数}{上期发生的质量投诉次数})\times100\%$$

8．质量投诉及时处理率（5%）

$$质量投诉及时处理率=\frac{及时处理质量投诉的次数}{发生质量投诉的总次数}\times100\%$$

9．质量事故发生次数（10%）

考核期内质量事故发生的总次数。

10．质量事故及时处理率（10%）

$$质量事故及时处理率=\frac{及时处理的质量事故次数}{质量事故发生的总次数}\times100\%$$

11．质量事故经济损失（10%）

质量事故造成企业各方面经济损失的金额，包括直接经济损失、间接经济损失（如企业形象损失、客户流失等）。

（二）工作能力

1．专业知识与技能（35%）

在质量管理培训结业考试中的得分以及日常工作中所掌握的知识与技能的运用。

2．发现问题的能力（35%）

通过自身掌握的质量管理知识，及时发现质量问题，并总结出质量问题发生的规律的能力。

3．关注细节的能力（30%）

在工作中通过细节观察，并掌握各种可以提升和改进细节关注的方法，从而更好地发现问题的能力。

（三）工作态度

1．质量问题识别报告（30%）

能够及时发现质量问题，并报相关管理人员处理，同时能够提出有效的处理意见。

2．违反工作纪律的次数（35%）

考核期内，员工违反工作纪律的次数。

3．迟到、早退次数（35%）

考核期内，员工迟到、早退的次数统计。

第4章　绩效考核实施

第9条　考核实施

人力资源部根据企业的相关规定组织相关人员对质量管理部员工进行考核，然后汇总、整理考核结果，并填写质量管理部考核表。

第10条　评定考核等级

员工的绩效得分=（工作业绩×70%）+（工作能力×15%）+（工作态度×15%）。

1．绩效得分为90~100分的，考核等级为优秀。

2．绩效得分为80~89分的，考核等级为良。

3．绩效得分为70~79分的，考核等级为好。

4．绩效得分为60~69分的，考核等级为一般。

5．绩效得分为60分以下的，考核等级为差。

第5章　考核结果管理

第11条　考核结果运用

1．质量管理部人员根据考核结果和考核面谈结果，解决存在的问题，改进质量管理工作。

2．人力资源部将考核结果运用到部门奖金的发放、质量管理经理的考核等工作当中。

3．人力资源部建立日常考核台账，将考核内容和结果进行记录，以此作为考核评分的依据，同时也可以作为考核结果反馈和考核申诉处理的依据。

4．考核过程中的文件（如考核评分表、统计表等）应该严格保管。

第12条　绩效面谈管理

企业实施绩效面谈应建立和维护面谈双方的信任，明确面谈的目的，绩效面谈的内容包括如下几个方面。

1．反馈。将员工当期的工作业绩和工作目标加以对比，评估其工作业绩和工作态度，对积极之处予以肯定，对不足之处予以指正。

2．沟通。与员工交换意见，认真倾听员工对考核结果及对当期工作情况的看法，并及时解答员工疑问和记录沟通内容。

3．绩效改进。对于员工的工作业绩、能力以及态度对比目标要求有差距的情况，与员工探讨改进、提升方式，使其以后的工作业绩能够达到预期目标。

4．管理工作改进。总结员工的反馈意见，分析企业管理工作中存在的不足之处，提高管理水平。

第13条　考核结果申诉

1．员工对考核结果不满意的，须在得知考核结果____天内填写"员工绩效考核申诉表"，向人力资源部提出申诉。

2．员工若超过时间期限未提出申诉，人力资源部将不予受理。

第6章　附则

第14条　编制单位

本制度由人力资源部和质量管理部共同编制、解释与修订。

第15条　生效时间

本制度自××××年××月××日起生效。

编制日期		审核日期		批准日期	
修改标记		修改处数		修改日期	

7.3.2 质量控制主管绩效考核办法

质量控制主管绩效考核办法

办法名称	质量控制主管绩效考核办法		受控状态	
			编　号	
执行部门		监督部门	编修部门	

第1条　目的

为了通过对质量控制主管的绩效进行管理和评估，提高其工作能力和工作绩效，从而提高质量管理部整体的工作效能，降低质量成本，最终实现企业的利润目标，特制定本办法。

第2条　权责人员

质量管理部经理对质量控制主管进行考核，人力资源部相关人员予以配合，考核结果上报总经理审批通过后生效。

第3条　考核时间与周期

质量控制主管的考核分为月度考核与年度考核。

1．月度考核。对质量控制主管的考核采取月度考核为主的方法，考核实施时间为下月的1—＿＿日，遇节假日顺延。

2．年度考核。年度考核的实施时间为下一年度的1月1—＿＿日。

第4条　考核指标

质量控制主管的绩效考核指标如下所示（括号中为该项所占权重）。

1．生产原材料验收率（10%）

$$生产原材料验收率=\frac{生产原材料验收次数}{生产原材料采购总次数}\times100\%$$

2．产品质量检验合格率（10%）

$$产品质量检验合格率=\frac{质量检验合格的产品数量}{质量检验产品总数量}\times100\%$$

3．产品质量抽检率（10%）

$$产品质量抽检率=\frac{产品质量抽检次数}{产品质量检验总次数}\times100\%$$

4．质量事故处理及时率（10%）

$$质量事故处理及时率=\frac{及时处理的质量事故数量}{发生的质量事故总数量}\times100\%$$

5．产品出货质量检验率（10%）

$$产品出货质量检验率=\frac{产品出货质量检验的次数}{产品出货的总次数}\times100\%$$

6．产品质量检验任务完成率（10%）

$$产品质量检验任务完成率=\frac{产品质量检验任务的完成数}{产品质量检验总任务数}\times100\%$$

7．质量控制报表准确率（10%）

$$质量控制报表准确率=\frac{质量控制报表填写无误的份数}{质量控制报表总份数}\times100\%$$

8．产品质量原因退货率（10%）

$$产品质量原因退货率=\frac{质量原因被退货的产品批次数}{发货产品总批次数}\times100\%$$

9．质量原因交货延迟次数（10%）

因质量异常未能及时处理，延误生产活动，导致产品交货延误的次数。

10．工作责任感（5%）

指对工作认真负责，努力承担相应责任的工作态度。

11．工作主动性（5%）

指对工作能够主动实施自我控制、跟进，经常主动申请任务和协作的工作状态。

第5条　考核方式

对质量控制主管采用关键绩效指标（KPI）考核法。根据企业的目标，人力资源部与质量控制主管共同协商，制定关键绩效指标。对于定量指标，可以从工作记录中得出；对于定性指标，可以从质量控制主管的同事、上下级和客户的评价中得出。

第6条　评分系统

根据质量控制主管的绩效考核得分，可划分为5个等级。

1．绩效考核得分为90~100分时，等级为S。

2．绩效考核得分为80~89分时，等级为A。

3．绩效考核得分为70~79分时，等级为B。

4．绩效考核得分为60~69分时，等级为C。

5．绩效考核得分为59分及以下时，等级为D。

第7条　考核程序

1．质量管理部经理组织相关人员对质量控制主管进行绩效考核，相关人员根据质量控制主管的实际工作表现，对照"质量控制主管绩效考核表"进行评分，然后由质量管理部经理将结果汇总后交到人力资源部。

2．人力资源部将考核结果于考核结束后的3个工作日内报考核评议小组审批。

3．人力资源部于审批结束后的5个工作日内将审批结果反馈给质量管理部经理，由质量管理部经理与质量控制主管进行绩效面谈。

第8条　考核结果运用

质量控制主管的绩效考核结果与其工资涨跌和职位调整挂钩。

1．质量控制主管的绩效考核等级连续2年为S级，可进行工资等级的提高并拥有一次竞聘机会。

2．质量控制主管的绩效考核等级连续2年为A级及以上，可进行工资等级的提高或者职位的晋升。

3．质量控制主管的绩效考核等级连续2年为B级及以上，可进行工资标准的提高。

4．质量控制主管的绩效考核等级连续2年为C级及以上，工资标准可以适当提高。

5．质量管控主管的绩效考核等级连续2年为D级，工资等级降低或予以辞退。

第9条　编制单位

本办法由人力资源部负责编制、解释与修订。

第10条　生效时间

本办法自××××年××月××日起生效。

7.3.3　生产过程质检员绩效考核细则

生产过程质检员绩效考核细则

细则名称	生产过程质检员绩效考核细则		受控状态	
			编　号	
执行部门		监督部门	编修部门	

第1条　通过对生产过程质检员的绩效进行管理和评估，提高生产过程质检员的工作能力和工作绩效，从而提高质量管理部的整体工作效率，特制定本细列。

第2条　职责分工

1．质量管理部经理根据"生产过程质检员绩效量化表"对生产过程质检员的工作考核进行评分。

2．人力资源部相关人员参与并监督考核过程。

3．被考核人员若有异议可以填写申诉表向人力资源部提起申诉。

第3条　考核周期与时间

生产过程质检员的考核为月度考核，即每月考核一次，考核时间为第二个月的第一周。

第4条　考核指标

根据生产过程质检员的工作职责和工作内容，考核人员分别对生产过程质检员的工作业绩、工作能力、工作态度三个方面进行考核。

（一）工作业绩（括号后面为该项所占权重）

1．工序质量合格率（15%）

$$工序产出质量合格率 = \frac{各道工序产出合格数}{各道工序产出总数} \times 100\%$$

2．在用质检仪器受检率（10%）

$$在用质检仪器受检率 = \frac{在用质检仪器受检台数}{在用质检仪器总台数} \times 100\%$$

3．设备检验完好率（10%）

$$设备检验完好率=\frac{检验完好的设备数量}{检验设备总量}\times100\%$$

4．首件检验完成率（10%）

$$首件检验完成率=\frac{已完成的首件检验数量}{计划完成的首件检验数量}\times100\%$$

5．半成品质量合格率（10%）

$$半成品质量合格率=\frac{质量合格的半成品数量}{总的半成品数量}\times100\%$$

6．半成品返工率（5%）

$$半成品返工率=\frac{返工的半成品数量}{半成品总数量}\times100\%$$

7．产品直通率（10%）

产品直通率=工序1检验合格率×工序2检验合格率×…×工序N检验合格率

（二）工作能力

1．执行能力（5%）

工作完成速度以及执行效率的高低。

2．质量问题处理能力（10%）

指对生产过程中发生的质量问题能够准确识别、分析，并有效解决的能力。

（三）工作态度

1．工作责任感（5%）

对待工作是否认真负责，是否具有责任感。

2．工作纪律性（5%）

工作纪律性，迟到、早退等情况。

3．工作主动性（5%）

工作主动性以及是否能够提前安排工作内容。

第5条　考核等级

根据生产过程质检员绩效考核得分，可分为5个等级。

1．绩效得分为90~100分的考核等级为优秀。

2．绩效得分为80~89分的考核等级为良好。

3．绩效得分为70~79分的考核等级为一般。

4．绩效得分为60~69分的考核等级为合格。

5．绩效得分为60分以下（不含60分）的考核等级为不合格。

第6条　考核程序

1.质量管理部经理根据生产过程质检员的实际工作情况，按照"生产过程质检员绩效量化表"组织相关人员进行评分，并将结果汇总提交到人力资源部。

2．人力资源部在考核的过程中进行监督，并将考核结果公示三天。

3．生产过程质检员对考核结果有异议的可以提交纸质文件至质量管理部经理或人力资源部，向其提出绩效申诉。

第7条　考核结果运用

1．薪酬调整

考核结果可以作为生产过程质检员薪酬调整的依据。对考核等级为优秀的生产过程质检员给予相应的提薪，考核等级为不合格的生产过程质检员进行绩效面谈，并根据实际情况考虑是否降低其薪资。

2．奖励

对于连续三个月绩效考核等级为优秀的生产过程质检员，给予＿＿＿元的奖励金。

质量改进考核
管理制度

3．升职

对于考核等级为优秀的生产过程质检员，在下次有相关职位空缺时可优先晋升。

第8条　本细则由人力资源部负责编制、解释与修订。

第9条　本细则自××××年××月××日起生效。

第 8 章

网店运营业务目标分解与
部门岗位绩效量化考核

8.1　网店装修、产品上架、活动策划、流量推广业务目标分解

8.1.1　网店装修业务目标分解

网店运营费用
业务目标分解

网店装修业务的3大主要目标是：网店定位，视觉设计，产品分类。据此设计的三级分解目标如表8-1所示。

表8-1　网店装修业务目标分解

一级目标	二级目标	三级目标
1．网店定位	（1）根据前期策略和产品结构，召开产品定位讨论会议，讨论网店定位	产品定位讨论会议至少邀请____人参加
	（2）根据讨论结果，编制定位分析书，明确网店定位	①定位分析书在____日之内编制完成 ②定位分析书内容完整、定位准确，提交审批并通过
2．视觉设计	（1）根据企业条件，联系内部或外部设计师，并最终选择合适的设计师	至少联系____位设计师，对比其往期作品并最终选择____位设计师
	（2）与设计师沟通网店视觉设计细节，交代任务	须给设计师提出明确的设计要求
	（3）设计师根据要求进行视觉设计，视觉设计包括网店Logo（Logotype，徽标）、详情页、图文风格等内容	①网店视觉设计样品在____日之内完成 ②视觉实际样品退改次数不超过____次
3．产品分类	（1）按时进行产品统计工作	①产品统计工作在____日之内完成 ②产品统计工作的准确率达到____%
	（2）制定产品分类标准，并报送领导审批	①产品分类标准在____日内完成 ②产品分类标准提交审批并通过
	（3）按标准对产品进行分类并在网店上架	产品分类工作在____日内完成

8.1.2　产品上架业务目标分解

产品上架业务的4大主要目标是：产品信息收集，产品上架申请，产品上架准备，产品上架执行。据此设计的三级分解目标如表8-2所示。

表8-2　产品上架业务目标分解

一级目标	二级目标	三级目标
1．产品信息收集	（1）收集所有需要上架产品的信息	①信息收集工作在＿＿＿个工作日之内完成 ②信息收集工作的误差率为0
	（2）对所有产品进行分类处理	①分类工作在＿＿＿个工作日之内完成 ②分类工作的失误率为0
2．产品上架申请	（1）按要求填写产品上架申请表	填表工作的失误率为0
	（2）将产品上架申请表报领导审批	产品上架申请表提交审批并通过
3．产品上架准备	（1）完成所有拟上架产品的拍摄、统计等前期准备工作	前期准备工作在＿＿＿个工作日之内完成
	（2）完成所有拟上架产品的分类、详情页制作、标题设置、定价等后期准备工作	后期准备工作在＿＿＿个工作日之内完成
4．产品上架执行	（1）按网店所在平台要求，进行产品上架工作	①产品上架出错率为0 ②产品上架工作在＿＿＿个工作日之内完成
	（2）等待平台审核，审核通过后填写产品上架确认书	产品上架确认书在产品上架成功后＿＿＿小时之内填写完成，并提交领导审批

8.1.3　活动策划业务目标分解

活动策划业务的4大主要目标是：活动策划准备，活动策划推广，开展活动，活动策划实施效果评估。据此设计的三级分解目标如表8-3所示。

表8-3　活动策划业务目标分解

一级目标	二级目标	三级目标
1. 活动策划准备	（1）在规定时间内编制活动策划书，明确活动开展的时间、地点、任务、资金、形式等细节	活动策划书在____日之内编制完成
	（2）将活动策划书报领导审批	活动策划书内容完整、流程合理，提报领导审批并通过
2. 活动策划推广	（1）根据活动策划书确定的内容，可在活动开始之前制订活动推广计划，提前对活动进行宣传	①活动推广计划在____日之内完成 ②活动推广计划包含____种备选推广方式
	（2）按活动推广计划的有关内容开展推广工作	①活动推广工作至少持续____天 ②活动推广经费须控制在____元之内
3. 开展活动	（1）在规定时间内，调配人员、资金、场地等资源，为活动开展做好准备	活动准备工作在____日之内完成
	（2）按计划有序地开展活动	①活动进行中，对客户的回复率应达到____% ②活动进行中，各项工作失误率应为0
	（3）对活动流程进行把控，及时发现并纠正活动进行中产生的错误	①活动进行中，至少安排____人对活动流程进行监督 ②活动进行中，每小时应审查活动进程____次 ③活动进行中，出现的问题在____小时之内解决
4. 活动策划实施效果评估	（1）做好活动结束工作，分析活动结果	活动结束时将所有与活动相关的图文、资料下架，遗留率为0
	（2）计算活动的投资回报率，编写活动评估报告	①活动投资回报率的计算正确率为____% ②活动评估报告在____日之内完成并审核通过
	（3）审核报告，总结经验与教训，并将资料存档	资料存档出错率为0

8.1.4 流量推广业务目标分解

流量推广业务的3大主要目标是：调查流量推广市场，制定流量推广方案，实施流量推广工作。据此设计的三级分解目标如表8-4所示。

表8-4 流量推广业务目标分解

一级目标	二级目标	三级目标
1. 调查流量推广市场	（1）调查市场主流流量推广方式与渠道	①市场调查工作在____日之内完成 ②至少调查____种推广方式、____种推广渠道
	（2）将资料收集、整理后编制流量推广建议书	①流量推广建议书在____日之内完成 ②流量推广建议书内容完整、可行性高 ③推广渠道至少建议____种；推广方式至少建议____种
	（3）将流量推广建议书报送领导审批	流量推广建议书提交审批并通过
2. 制定流量推广方案	（1）根据流量推广建议书有关内容，编制详尽的流量推广方案	流量推广方案在____日之内完成
	（2）将流量推广方案报送领导审批	流量推广方案提交审批并通过
3. 实施流量推广工作	（1）安排流量推广人员，合理规划资金预算	流量推广资金预算不超过部门总预算的____%
	（2）按时完成流量推广工作，合理使用资金	①流量推广工作在____日之内完成 ②流量推广资金的实际使用不得超支

8.2   网店运营主管、活动策划专员、网络推广专员、美编专员量化考核方案

8.2.1   网店运营主管量化考核方案

网店运营主管绩效考核指标主要有5个，其中2个KPI指标为销售额达成率、销售利润达成率。据此设计的网店运营主管量化考核方案如表8-5所示。

网店销售量化
考核方案

表8-5   网店运营主管量化考核方案

考核指标	量化考核说明		
	计算公式与指标描述	权重	考核标准
1．销售额达成率	销售额达成率= $\dfrac{实际销售额}{目标销售额} \times 100\%$	30%	①销售额达成率在____%以上，得____分 ②每降低____%，扣____分 ③低于____%，不得分
2．销售利润达成率	销售利润达成率= $\dfrac{实际销售额-成本-费用}{目标销售利润} \times 100\%$	30%	①销售利润达成率在____%以上，得____分 ②每降低____%，扣____分 ③低于____%，不得分
3．新品销售额达成率	新品销售额达成率= $\dfrac{新品实际销售额}{新品目标销售额} \times 100\%$	20%	①新品销售额达成率在____%以上，得____分 ②每降低____%，扣____分 ③低于____%，不得分
4．详情页面点击率	详情页面点击率= $\dfrac{详情页面点击数}{店铺点击数} \times 100\%$	10%	①详情页面点击率在____%以上，得____分 ②每降低____%，扣____分 ③低于____%，不得分
5．客户投诉解决率	客户投诉解决率= $\dfrac{已经解决的客户投诉次数}{客户投诉总次数} \times 100\%$	10%	①客户投诉解决率在____%以上，得____分 ③每降低____%，扣____分 ③低于____%，不得分

8.2.2　活动策划专员量化考核方案

活动策划专员绩效考核指标主要有5个，其中2个KPI指标为活动产品销售额达成率、活动报名率。据此设计的活动策划专员量化考核方案如表8-6所示。

表8-6　活动策划专员量化考核方案

考核指标	量化考核说明		
	计算公式与指标描述	权重	考核标准
1. 活动产品销售额达成率	活动产品销售额达成率=$\dfrac{活动产品实际销售额}{活动产品目标销售额}\times100\%$	30%	①活动产品销售额达成率在____%以上，得____分 ②每降低____%，扣____分 ③低于____%，不得分
2. 活动报名率	活动报名率=$\dfrac{活动报名数}{活动独立访问量}\times100\%$	30%	①活动报名率在____%以上，得____分 ②每降低____%，扣____分 ③低于____%，不得分
3. 流量达成率	流量达成率=$\dfrac{独立访客实际量}{独立访客目标量}\times100\%$	15%	①流量达成率在____%以上，得____分 ②每降低____%，扣____分 ③低于____%，不得分
4. 单品转化率	单品转化率=$\dfrac{单品转化次数}{单品点击量}\times100\%$	15%	①单品转化率在____%以上，得____分 ②每降低____%，扣____分 ③低于____%，不得分
5. 活动承接页保存率	活动承接页保存率=$\dfrac{活动承接页保存数}{活动点击数}\times100\%$	10%	①活动承接页保存率在____%以上，得____分 ②每降低____%，扣____分 ③低于____%，不得分

8.2.3　网络推广专员量化考核方案

网络推广专员绩效考核指标主要有5个，其中3个KPI指标为独立访客量新增率、投资回报率、推广费用预算控制率。据此设计的网络推广专员量化考核方案如表8-7所示。

表8-7 网络推广专员量化考核方案

考核指标	量化考核说明		
	计算公式与指标描述	权重	考核标准
1. 独立访客量新增率	独立访客量新增率= $\dfrac{推广活动期间新增独立访客平均量}{网店平时独立访客平均量}$ $\times 100\%$	30%	①独立访客量新增率在____%以上，得____分 ②每降低____%，扣____分 ③低于____%，不得分
2. 投资回报率	投资回报率= $\dfrac{网络推广产生的利润额}{网络推广投资总成本}\times 100\%$	20%	①投资回报率在____%以上，得____分 ②每降低____%，扣____分 ③低于____%，不得分
3. 推广费用预算控制率	推广费用预算控制率= $\dfrac{实际支出的推广费用额}{计划支出的推广费用额}\times 100\%$	20%	①推广费用预算控制率在____%以下，得____分 ②每增加____%，扣____分 ③高于____%，不得分
4. 推广页面到达率	推广页面到达率= $\dfrac{用户到达指定页面次数}{推广广告展现次数}\times 100\%$	20%	①推广页面到达率在____%以上，得____分 ②每降低____%，扣____分 ③低于____%，不得分
5. 页面跳出率	页面跳出率= $\dfrac{进入页面后未做二次跳转的独立访客数量}{进入网店页面的独立访客总数量}\times 100\%$	10%	①页面跳出率在____%以下，得____分 ②每增加____%，扣____分 ③高于____%，不得分

8.2.4 美编专员量化考核方案

美编专员绩效考核指标主要有6个，其中3个KPI指标为设计任务完成率、高质设计率、设计创新贡献率。据此设计的美编专员量化考核方案如表8-8所示。

表8-8　美编专员量化考核方案

考核指标	量化考核说明		
	计算公式与指标描述	权重	考核标准
1. 设计任务完成率	设计任务完成率= $\dfrac{设计任务完成数量}{设计任务目标完成总数量}$ ×100%	20%	①设计任务完成率在____%以上，得____分 ②每降低____%，扣____分 ③低于____%，不得分
2. 高质设计率	高质设计率= $\dfrac{被评高质设计数量}{设计完成总数量}$×100%	20%	①高质设计率在____%以上，得____分 ②每降低____%，扣____分 ③低于____%，不得分
3. 设计创新贡献率	设计创新贡献率= $\dfrac{个人创新设计数量}{企业创新设计总数量}$×100%	20%	①设计创新贡献率在____%以上，得____分 ②每降低____%，扣____分 ③低于____%，不得分
4. 设计被退回修改次数	设计被退回修改的次数	15%	①设计被退回修改次数在____次以内，得____分 ②每超出____次，扣____分 ③超过____次，不得分
5. 设计出品超时率	设计出品超时率= $\dfrac{设计出品超时次数}{设计出品完成总次数}$×100%	15%	①设计出品超时率在____%以内，得____分 ②每超出____%，扣____分 ③超过____%，不得分
6. 设计终稿错误数	设计终稿中被发现的错误数量	10%	①设计终稿错误数在____处以内，得____分 ②每超出____处，扣____分 ③超过____处，不得分

8.3　网店运营部与网店运营岗位量化考核制度、细则

8.3.1　网店运营部绩效考核制度

制度名称	网店运营部绩效考核制度		受控状态	
			编　号	
执行部门		监督部门	编修部门	

第1章　总则

第1条　目的

为加强对网店运营部的管理，提高网店运营部员工整体水平，充分调动网店运营部员工的积极性和创造性，实现企业发展战略与目标，特制定本制度。

第2条　适用范围

1．本制度适用于企业对网店运营部绩效考核工作的管理。

2．试用期内员工考核参照企业《试用期考核管理办法》。

第3条　职责划分

1．企业总经理负责审批考核制度的编制与修订，审定考核结果。

2．人力资源部是绩效考核工作的归口管理部门，其具体职责如下。

（1）对各项考核工作进行组织、培训和指导。

（2）对考核过程进行监督与检查。

（3）汇总、统计考核评分结果，形成考核总结报告。

3．网店运营部职责如下。

（1）网店运营部考核对象包括网店运营部经理、网店运营部员工等。

（2）网店运营部按照直接上级考核、直接下级考核、自评等不同考核维度对应不同的考核主体。

（3）网店运营部经理负责对本部门员工的考核和等级进行评定。

第2章　考核时间与方式

第4条　考核时间与周期

网店运营部的绩效考核分为月度考核与年度考核。

1．月度考核。每月考核一次，每个月的＿＿＿日为考核时间，由人力资源部于每月最后一个工作周的周一开始收集信息，并于次月的＿＿＿日之前完成考核。

2．年度考核。一年考核一次，下一年度1月＿＿＿－＿＿＿日对网店运营部上一年度工作进行绩效考核。

第5条　考核方式

对网店运营部的考核采取上级评议的方式。网店运营部经理要做好内部管理，并按规定在月度、年度绩效考核开始前向人力资源部提供绩效考核相关信息。

第6条　绩效分机制

企业给每个部门设置了绩效分（满分为100分），用于评价绩效。绩效分将影响部门奖励机制与部门重点负责人的晋升。

第3章　考核内容

第7条　网店准备工作考核

网店运营部应按照网店定位进行网店装修工作，其评估依据为网店装修满意度（具体参照网店运营部内部管理制度）。网店装修主题突出，目标明确，风格统一，形式美观，得____分；网店装修主题突出，目标明确，风格不够统一，形式美观，得____分；网店装修主题突出，目标明确，风格不够统一，形式不美观，得____分。

第8条　网店检查工作考核

网店运营部应该对网店首页、详情页、分类、店招、链接等进行检查，该项工作的评估依据为网店检查完成率。网店检查完成率在____%以上，得____分；每降低____%，扣____分；低于____%，不得分。

第9条　网店产品采购工作考核

网店运营部根据热销爆品的价格战略方案，对引流款、主推款、活动促销款、利润款等产品进行采购，其评估依据为产品采购准确率。产品采购准确率在____%以上，得____分；每降低____%，扣____分；低于____%，不得分。

第10条　网店推广工作考核

1. 网店运营部通过推广引流，吸引客户进店访问，其评估依据为独立访客量。独立访客量不少于____人次，得____分；每减少____人次，扣____分；少于____人次，不得分。

2. 网店运营部推广过程中获取一个订单所花费的成本，其评估依据为投资回报率。投资回报率达到____%，得____分；每降低____%，扣____分；低于____%，不得分。

3. 网店运营部推广过程中费用超支情况，其评估依据为推广费用预算控制率。推广费用预算控制率在____%以内，得____分；每增加____%，扣____分；高于____%，不得分。

第11条　活动策划考核

1. 网店运营部根据用户需求制定活动策划方案，吸引用户报名参加活动，该项工作的评估依据为活动报名率。活动报名率在____%以上，得____分；每降低____%，扣____分；低于____%，不得分。

2. 网店运营部通过挖掘活动产品优势和卖点，实现活动产品销售目标，该项工作的评估依据为活动产品销售收入达成率。活动产品销售收入达成率在____%以上，得____分；每降低____%，扣____分；低于____%，不得分。

第12条　网店运营任务目标考核

1. 网店运营部通过运营实现的销售收入与目标销售收入之前的差距，该项工作的评估依据为销售收入达成率。销售收入达成率在____%以上，得____分；每降低____%，扣____分；低于____%，不得分。

2. 网店运营部通过运营手段实现的订单转化情况，该项工作的评估依据为转化率。转化率在____%以上，得____分；每降低____%，扣____分；低于____%，不得分。

第13条　网店客服工作考核

1．从客户咨询到客服回应的每一次时间差的均值，该项工作的评估依据为客服平均响应时间。客服平均响应时间控制在企业规定的标准范围内，得____分；每超出____秒，扣____分；超过____秒，不得分。

2．咨询过程中下单的人数，该项工作的评估依据为咨询转化率。咨询转化率在____%以上，得____分；每降低____%，扣____分；低于____%，不得分。

第14条　网店运营维护工作考核

网店运营部要按照有关规定对网店进行装修、推广、维护等处理，以上所有运营工作都要详细记录。该项工作的评估依据为运营资料完备率。运营资料完备率在____%以上，得____分；每降低____%，扣____分；低于____%，不得分。

第4章　考核实施

第15条　绩效考核程序

1．月度考核

（1）人力资源部于每月最后一个工作周的周一向网店运营部发送"网店运营部绩效考核信息表"，由网店运营部经理填写此表，填完后发送至人力资源部。

（2）人力资源部收到网店运营部填报的表单后，开始进行信息确认、录入与汇总评分工作，并将考核结果发送至网店运营部经理，请其确认。

（3）网店运营部经理确认无误后，人力资源部将其部门月度考核结果进行公示。

2．年度考核

年度考核的工作流程与月度考核的相似，人力资源部统计、整理网店运营部全年的绩效考核信息，并汇总全年绩效分结果。

第5章　考核结果管理

第16条　月度考核结果运用

网店运营部的每月考核结果将作为部门奖金发放的依据。当部门月度考核得分连续3个月在____分以上时，一次性发放____元的部门集体奖金。

第17条　年度考核结果运用

网店运营部的年度考核结果将作为部门奖金发放及部门主要负责人的职务调整的依据，人力资源部将对企业所有部门的年度考核结果进行分级管理，具体如下。

1．优秀部门：指部门员工年度考核得分平均分为90~100分的部门。

2．良好部门：指部门员工年度考核得分平均分为80~89分的部门。

3．中等部门：指部门员工年度考核得分平均分为70~79分的部门。

4．合格部门：指部门员工年度考核得分平均分为60~69分的部门。

5．不合格部门：指部门员工年度考核得分平均分低于60分的部门。

对于优秀部门，一次性发放____元部门集体奖金，其部门主要负责人获得一次提薪或竞聘机会；对于良好部门，一次性发放____元部门集体奖金；对于中等部门，一次性发放____元鼓励金；对于合格及不合格部门，不发放奖金，且为其制订培训计划，相关部门负责人半年内不得申请调薪或晋升。

第6章　考核申诉管理

第18条　考核申诉处理部门

企业人力资源部是考核申诉的管理部门，被考核部门若对考核结果不清楚或者持有异议，相关负责人可向人力资源部提出申诉。

第19条　考核申诉时间

1．被考核部门对考核结果有异议的，在得知考核结果后＿＿＿个工作日内，可向人力资源部提出申诉。

2．若超过申诉时间期限而未提出申诉的，人力资源部将不予受理。

第20条　考核申诉流程

1．部门负责人填写"考核申诉表"，申诉表的内容应包括申诉人姓名、部门、申诉事由等。

2．人力资源部接到申诉后，须在＿＿＿个工作日内作出是否受理的答复。对于申诉事项无客观事实依据而仅凭主观臆断的申诉，人力资源部将不予受理。

3．受理的申诉事件，人力资源部首先对申诉内容进行调查，然后与网店运营部进行协商、沟通。

4．若协商不一致的，企业总经理拥有申诉的最终决定权，人力资源部可报请企业总经理进行批示。

第7章　附则

第21条　编制单位

本制度由人力资源部负责编制、解释与修订。

第22条　生效时间

本制度自××××年××月××日起生效。

编制日期		审核日期		批准日期	
修改标记		修改处数		修改日期	

8.3.2　网络推广专员绩效考核细则

网络推广专员绩效考核细则

细则名称	网络推广专员绩效考核细则		受控状态	
			编　号	
执行部门		监督部门	编修部门	

第1条　为了规范对网络推广专员的绩效考核程序，提高网络推广专员的工作积极性，特制定本细则。

第2条　对网络推广专员进行工作绩效考核时，要坚持程序正当、以事实为依据的原则。

第3条　网店运营部主管负责提供具体考核信息，人力资源部负责主导整个考核流程。

第4条　对网络推广专员绩效工作的考核，每月进行一次。

第5条　对网络推广专员工作的考核，主要从工作业绩与工作态度两方面进行。

第6条　工作业绩考核权重占绩效考核总权重的70%，工作态度考核权重占绩效考核总权重的30%。

第7条　工作业绩考核指标中的独立访客量新增率的公式是：独立访客量新增率＝

$$\frac{推广活动期间新增独立访客平均量}{网店平时独立访客平均量} \times 100\%$$，该项指标主要用以考核网络推广专员推广工作的推广效果。

第8条　工作业绩考核指标中的投资回报率的公式是：投资回报率＝$\frac{网络推广产生的利润额}{网络推广投资总成本} \times 100\%$，该项指标主要用以考核推广投入产出比。

第9条　工作业绩考核指标中的推广费用预算控制率的公式是：推广费用预算控制率＝

$$\frac{实际支出的推广费用额}{计划支出的推广费用额} \times 100\%$$，该项指标主要用以考核网络推广专员对推广费用的控制能力。

第10条　工作业绩考核指标中的推广页面到达率的公式是：推广页面到达率＝

$$\frac{用户到达指定页面次数}{推广广告展现次数} \times 100\%$$，该项指标主要用以考核网络推广专员推广工作的质量。

第11条　工作业绩考核指标中的页面跳出率的公式是：页面跳出率＝

$$\frac{进入页面后未做二次跳转的独立访客数量}{进入网店页面的独立访客总数量} \times 100\%$$，该项指标主要用以考核推广页面的吸引力。

第12条　独立访客量新增率的考核权重占工作业绩考核权重的30%。

第13条　投资回报率的考核权重占工作业绩考核权重的20%。

第14条　推广费用预算控制率的考核权重占工作业绩考核权重的20%。

第15条　推广页面到达率的考核权重占工作业绩考核权重的20%。

第16条　页面跳出率的考核权重占工作业绩考核权重的10%。

第17条　工作态度方面的考核，主要从出勤率、迟到和早退次数、工作状态三方面进行，其中出勤率占工作态度考核权重的30%，迟到、早退次数占30%，工作状态占40%。

第18条　出勤率与迟到、早退的核算以企业内部打卡系统导出的结果为准。

第19条　对工作状态的考核以网店运营部主管的评价为准。

第20条　对网店推广专员工作绩效的考核进行评分管理，并将其划分为一级、二级、三级三个级别。

第21条　工作业绩与工作态度满分各为100分，按考核指标所占权重比例进行折算。具体扣分原则以网店运营部内部管理制度为准。

第22条　人力资源部应在每月最后一个工作周内完成对网店推广专员考核相关信息的搜集工作，并核算绩效分。

第23条　人力资源部应于考核月的次月____日前将考核结果发给网店推广专员，请其确认。

第24条　对网店推广专员工作的考核，将直接影响其绩效工资的发放。

第25条　如果相关人员对考核结果有异议，可在＿＿＿个工作日之内向人力资源部提出申诉，人力
资源部按相关制度进行处理。

第26条　本细则由人力资源部负责编制、解释与修订。

第27条　本细则自××××年××月××日起生效。

8.3.3　美编专员绩效考核细则

美编专员绩效考核细则

细则名称	美编专员绩效考核细则		受控状态	
			编　　号	
执行部门		监督部门		编修部门	

第1条　为了评估和提升美编专员的工作绩效，确保其工作任务的顺利完成，特制定本细则。

第2条　对美编专员的工作进行绩效考核时，要坚持实事求是、公平公开的原则。

第3条　网店运营部主管负责提供具体考核信息，人力资源部负责主导整个考核流程。

第4条　对美编专员工作绩效的考核，每月进行一次。

第5条　对美编专员工作绩效的考核，主要从工作能力与工作态度两方面进行。

第6条　工作能力考核权重占绩效考核总权重的60%，工作态度考核权重占绩效考核总权重的40%。

第7条　工作能力考核指标中的设计任务完成率的公式是：设计任务完成率＝

$\dfrac{设计任务完成数量}{设计任务目标完成总数量} \times 100\%$，该项指标主要用以考核美编专员项目设计工作的完成情况。

第8条　工作能力考核指标中的高质设计率的公式是：高质设计率＝$\dfrac{被评高质设计数量}{设计完成总数量} \times 100\%$，该项指标主要用以考核美编专员的设计工作质量。

第9条　工作能力考核指标中的设计创新贡献率的公式是：设计创新贡献率＝$\dfrac{个人创新设计数量}{企业创新设计总数量}$$\times 100\%$，该项指标主要用以考核美编专员的创新能力。

第10条　工作能力考核指标中的设计被退回修改次数，是指设计被退回修改的次数，主要用以考核美编专员工作成果的质量。

第11条　工作能力考核指标中的设计出品超时率的公式是：设计出品超时率＝

$\dfrac{设计出品超时次数}{设计出品完成总次数} \times 100\%$，该项指标主要用以考核美编专员工作的完成速度。

第12条　工作能力考核指标中的设计终稿错误数，是指设计终稿中被发现的错误数量，主要用以考核美编专员的专业能力。

第13条　设计任务完成率的考核权重占工作能力考核权重的20%。

第14条　高质设计率的考核权重占工作能力考核权重的20%。

第15条　设计创新贡献率的考核权重占工作能力考核权重的20%。

第16条　设计修改次数的考核权重占工作能力考核权重的15%。

第17条　设计出品超时率的考核权重占工作能力考核权重的15%。

第18条　设计终稿错误数的考核权重占工作能力考核权重的10%。

第19条　工作态度方面的考核，主要从出勤率、迟到和早退次数、工作状态三方面进行。其中出勤率占工作态度考核权重的40%，迟到和早退次数占30%，工作状态占30%。

第20条　出勤率与迟到、早退的核算以企业内部打卡系统导出的结果为准。

第21条　对工作状态的考核以网店运营部主管的评价为准。

第22条　对美编专员绩效工作的考核进行评分管理，并将其划分为优秀、良好、一般三个级别。

第23条　工作能力与工作态度满分各为100分，按考核指标所占权重比例进行折算。具体扣分原则以网店运营部内部管理制度为准。

第24条　人力资源部应在每月最后一个工作周内完成对美编专员绩效考核相关信息的搜集工作，并核算绩效分。

第25条　人力资源部应于考核月的次月第一个工作周内将考核结果发送给美编专员，请其确认。

第26条　对美编专员绩效工作的考核，将直接影响其绩效工资的发放。

第27条　如果美编专员对考核结果有异议，可在____个工作日之内向人力资源部提出申诉，人力资源部按相关制度进行处理。

第28条　本细则由人力资源部负责编制、解释与修订。

第29条　本细则自××××年××月××日起生效。

网店运营成本
费用考核细则

第 9 章

电商平台营销业务目标分解与部门岗位绩效量化考核

9.1　淘宝直播带货、抖音、快手营销、小红书种草营销、B 站视频营销、微博软文营销、营销推广费用预算管理业务目标分解

9.1.1　淘宝直播带货业务目标分解

淘宝直播带货业务的4大主要目标是：带货选品管理，直播人员管理，直播运营管理，直播设备管理。据此设计的三级分解目标如表9-1所示。

表9-1　淘宝直播带货业务目标分解

一级目标	二级目标	三级目标
1．带货选品管理	（1）待选商品或服务种类全、数量多，带货收益情况较好	覆盖潮搭美妆、珠宝饰品、美食生鲜、运动健身、母婴育儿、生活家居、健康咨询、在线教育、音乐旅行等各个领域
	（2）推荐商品或服务合法、合规，无重大风险和隐患	①无虚假宣传、质量违规商品 ②推荐商品选品合格率达到＿＿%
2．直播人员管理	（1）选择合适的主播、助播人员，主播负责介绍、讲解商品并完成销售，助播负责协助主播进行直播、维护秩序、旁白讲解、适时助播、调动气氛、把控热度	①主播、助播人员与直播带货主题相符，专业度高 ②直播带货过程中无因主播、助播问题而发生重大公关危机
	（2）直播开始前，安排负责场控、灯光、设备等的人员对直播环境进行检查，确保直播正常进行，并在直播过程中随时待命	负责场控、灯光、设备等的人员专业技能较高
3．直播运营管理	（1）在各渠道发布直播带货预告，做好宣传推广	①按时在淘宝软件中填写直播预告 ②及时发布直播预告视频
	（2）按要求完成直播封面图、直播标题、推荐商品广告、内容展示位等部分	①直播封面图设计合格率达到＿＿% ②直播标题、商品广告语撰写合格率达到＿＿%
	（3）核对直播带货过程中所使用的优惠券设置	①优惠券数值填写无误 ②优惠券使用条件设置无误

一级目标	二级目标	三级目标
3. 直播运营管理	（4）按时进行直播带货，积极与粉丝互动	①直播带货气氛良好 ②产品讲解到位 ③产品销售额达标
4. 直播设备管理	（1）按要求布置电脑、手机、补光灯、摄像头、支架等专用设备	设备正常使用，无故障发生
	（2）网速上下行测试，确保网络通畅	网络稳定，速度较快
	（3）按直播带货主题布置直播间的布景墙、彩灯、装饰品等背景元素	直播间背景设置成功，视觉传达到位，氛围营造充分

9.1.2　抖音、快手营销业务目标分解

抖音、快手营销业务的3大主要目标是：抖音、快手营销规划管理，KOL（Key Opinion Leader，关键意见领袖）合作管理，视频内容创作管理。据此设计的三级分解目标如表9-2所示。

表9-2　抖音、快手营销业务目标分解

一级目标	二级目标	三级目标
1. 抖音、快手营销规划管理	（1）根据营销任务确定抖音、快手平台的营销目标，明确视频内容的发力方向	①营销目标清晰、明确 ②内容形态更易产生良好的传播效果
	（2）结合实际需求，确定在抖音、快手平台的营销业务运作方式	①实现营销战略目标，可自行培养KOL ②快速获取流量，达到营销和销售的目的，寻找KOL合作
2. KOL（关键意见领袖）合作管理	（1）使用大数据技术深度分析产品或服务在抖音、快手平台上的目标人群，包括年龄、性别、兴趣等用户画像内容	①目标人群分析准确率在____%以上 ②用户画像清晰，符合实际
	（2）分析目标人群所关注KOL的特征，寻找目标人群喜爱的KOL	①KOL特征分析准确率在____%以上 ②KOL候选数量不低于____个

续表

一级目标	二级目标	三级目标
2. KOL（关键意见领袖）合作管理	（3）与KOL建立联系，协商合作事宜，形成合作关系	双方达成一致意见，正常履约
3. 视频内容创作管理	（1）品牌关联设计，建立抖音、快手的视频内容与品牌之间的强关联	品牌标识、产品、门店、品牌音乐等内容传递到位
	（2）内容追寻热点，巧妙借势，成功借势，获取流量	①社会热点覆盖及时率达到____% ②平台热点覆盖及时率达到____%
	（3）在关键的营销节点，发布产品或服务的品牌电视广告影片、新媒体广告等	①影片广告、新媒体广告按要求展现 ②发布及时，达到理想的营销效果

9.1.3　小红书种草营销业务目标分解

小红书种草营销业务的3大主要目标是：小红书营销规划管理、"种草达人"合作管理、口碑传播管理，据此设计的三级分解目标如表9-3所示。

表9-3　小红书种草营销业务目标分解

一级目标	二级目标	三级目标
1. 小红书营销规划管理	（1）根据产品或服务的营销任务，确定小红书社区的营销目标，明确种草笔记等内容的打造方向	熟悉小红书社区的运营规则，对推荐笔记的把握度高
	（2）参照竞品在小红书平台的笔记铺设情况，制订小红书营销计划	小红书营销计划提交审批并通过
2. "种草达人"合作管理	（1）根据产品或服务的特征，寻找对应领域内的笔记创作素人、腰部种草达人、头部种草达人	①种草达人候选数量不低于____个 ②种草达人搜寻合格率达到____%
	（2）联系商业推广合作，将素人、达人以一定的搭配比铺开产品或服务的推荐笔记	最优搭配比，实现成本与效果的平衡
	（3）沟通推广方案，传达文案要求，确保笔记的风格一致	推荐笔记合格率达到____%

续表

一级目标	二级目标	三级目标
3．口碑传播管理	（1）不断产出产品使用心得、服务体验感受、产品或服务评测等笔记	推荐笔记不低于____篇
	（2）做好SEO（Search Engine Optimization，搜索引擎优化），反推"种草达人"的推广效果	做好关键词优化、链接优化
	（3）监测目标群体的信息接收情况，检查销售转化率	①目标群体信息接收率在____%以上 ②销售转化率在____%以上

9.1.4　B站视频营销业务目标分解

B站（哔哩哔哩网站）视频营销业务的3大主要目标是：B站营销规划管理，"UP主"合作管理，视频营销管理。据此设计的三级分解目标如表9–4所示。

表9–4　B站视频营销业务目标分解

一级目标	二级目标	三级目标
1．B站营销规划管理	（1）明确营销目标，制订B站营销计划	B站营销计划提报审批并通过
	（2）根据B站营销计划，编写落地执行方案	落地执行方案符合实际情况，可行性高
2．"UP主"合作管理	（1）进行目标群体画像，确定类型分区，寻找对应分区内的十万、百万粉UP主	①UP主定位准确率达到____% ②广告投放效果明显
	（2）协商广告投放报价，确定广告投放合作方式，审核视频内容是否符合推广要求	①视频审核正确率达到____% ②UP主签约数不低于____个
3．视频营销管理	（1）以在视频下方放置产品或服务推广链接的方式投放广告	①链接点击量不低于____次 ②在视频中多次引导观众点击视频
	（2）植入式广告，在视频投稿的某一些画面中呈现产品或服务，并做介绍和宣传	①广告画面时长不低于____秒 ②视频播放量不低于____次

续表

一级目标	二级目标	三级目标
3．视频营销管理	（3）品牌冠名UP主制作的主题系列视频或一些关注度较高的视频	①品牌冠名UP主不少于____个 ②品牌标识展示效果突出，贯穿全程

9.1.5　微博软文营销业务目标分解

微博软文营销业务的3大主要目标是：微博营销规划管理，"微博大V"合作管理，软文营销管理。据此设计的三级分解目标如表9-5所示。

表9-5　微博软文营销业务目标分解

一级目标	二级目标	三级目标
1．微博营销规划管理	（1）确定微博营销的功能定位，制订微博营销计划	即时营销、品牌宣传、公关传播、客户管理等功能规划全面
	（2）根据微博营销计划撰写微博软文营销方案，并提交审批	微博软文营销方案提交审批并通过
2．"微博大V"合作管理	（1）定位目标群体，研究、分析他们喜欢的关键意见领袖，得出关键标签	①目标群体画像准确率在____%以上 ②关键标签正确率达到____%
	（2）寻找与目标群体的喜爱特征相符合的微博大V，并协商软文营销合作的具体事宜	①微博大V签约合格率达到____% ②合作条约无遗漏项
3．软文营销管理	（1）超话类内容创作，如主持超话、跟踪超话热门等	①评论数不低于____个 ②浏览量不低于____次 ③曝光量超过____次
	（2）热点类内容创作，如软文追踪微博热门、社会热点等	①评论数不低于____个 ②浏览量不低于____次 ③曝光量超过____次
	（3）广告类内容创作，如软文发布商业广告、转发商业广告等	①转发量不低于____个 ②发文数不低于____篇 ③曝光量超过____次

9.1.6　营销推广费用预算管理业务目标分解

营销推广费用预算管理业务的3大主要目标是：营销推广费用计划编制，营销推广费用预算审核，营销推广费用预算执行。据此设计的三级分解目标如表9-6所示。

表9-6　营销推广费用预算管理业务目标分解

一级目标	二级目标	三级目标
1．营销推广费用计划编制	（1）统计企业各类营销推广费用项目，形成营销推广费用清单	①营销推广费用统计遗漏率低于____% ②营销推广费用清单正确率达到____%
	（2）结合实际情况，编制营销推广费用计划并提交审批	营销推广费用计划提交审批并通过
2．营销推广费用预算审核	（1）根据营销推广费用计划制订营销推广费用预算与预算执行计划	①营销推广费用预算制定合理 ②营销推广费用预算执行计划制订及时率达到____%
	（2）提交营销推广费用预算与预算执行计划，审批通过后下发执行	①营销推广费用预算提交审批并通过 ②营销推广费用预算执行计划提交审批并通过
3．营销推广费用预算执行	（1）控制网络营销费用，杜绝浪费现象，合理控制和节约支出	①控制措施合理、有效，并得到贯彻落实 ②网络营销费用节省率达到____%
	（2）控制媒体营销费用，杜绝浪费现象，合理控制和节约支出	①控制措施合理、有效，并得到贯彻落实 ②媒体营销费用节省率达到____%
	（3）控制线下营销费用，杜绝浪费现象，合理控制和节约支出	①控制措施合理、有效，并得到贯彻落实 ②线下营销费用节省率达到____%

9.2　平台营销经理、直播带货主播、视频营销专员、线上广告投放专员、线下零售店长、营销策划专员、产品销售经理、渠道销售经理、线上客服经理、大客户经理量化考核方案

9.2.1　平台营销经理量化考核方案

平台营销经理绩效考核指标主要有7个，其中3个KPI指标为营销活动举办成功率、所在平台市场占有率、广告投放流量转化率。据此设计的平台营销经理量化考核方案如表9-7所示。

表9-7　平台营销经理量化考核方案

考核指标	量化考核说明		
	计算公式与指标描述	权重	考核标准
1. 营销活动举办成功率	营销活动举办成功率=$\dfrac{举办的效果显著的营销活动数}{举办的营销活动总数}$×100%	20%	①营销活动举办成功率在____%以上，得____分 ②每降低____%，扣____分 ③低于____%，不得分
2. 所在平台市场占有率	所在平台市场占有率=$\dfrac{本企业产品或服务在所在平台上的销售量}{所在平台上同类产品或服务销售量}$×100%	20%	①所在平台市场占有率在____%以上，得____分 ②每降低____%，扣____分 ③低于____%，不得分
3. 广告投放流量转化率	广告投放流量转化率=$\dfrac{流量增量}{广告的投放成本}$×100%	20%	①广告投放流量转化率在____%以上，得____分 ②每降低____%，扣____分 ③低于____%，不得分
4. 市场调研报告提交及时率	市场调研报告提交及时率=$\dfrac{及时提交的市场调研报告份数}{须提交的市场调研报告总份数}$×100%	15%	①市场调研报告提交及时率在____%以上，得____分 ②每降低____%，扣____分 ③低于____%，不得分

续表

考核指标	量化考核说明		
	计算公式与指标描述	权重	考核标准
5. 目标客户定位准确率	目标客户定位准确率= $\dfrac{客户反馈人数}{精准投放的客户总数} \times 100\%$	10%	①目标客户定位准确率在____%以上，得____分 ②每降低____%，扣____分 ③低于____%，不得分
6. 产品文案转化率	产品文案转化率= $\dfrac{客户成交订单增加数}{产品文案投放次数} \times 100\%$	10%	①产品文案转化率在____%以上，得____分 ②每降低____%，扣____分 ③低于____%，不得分
7. 品牌知名度	消费者对产品或服务品牌的熟悉程度	5%	根据品牌知名度的实际情况进行评分，对品牌知名度造成负面影响的，不得分

9.2.2　直播带货主播量化考核方案

直播带货主播绩效考核指标主要有6个，其中2个KPI指标为销售指标完成率、销售转化率。据此设计的直播带货主播量化考核方案如表9-8所示。

表9-8　直播带货主播量化考核方案

考核指标	量化考核说明		
	计算公式与指标描述	权重	考核标准
1. 销售指标完成率	销售指标完成率= $\dfrac{实际销售额}{计划销售额} \times 100\%$	30%	①销售指标完成率在____%以上，得____分 ②每降低____%，扣____分 ③低于____%，不得分
2. 销售转化率	销售转化率= $\dfrac{产生购买行为的观看直播人数}{观看直播的总人数}$ $\times 100\%$	20%	①销售转化率在____%以上，得____分 ②每降低____%，扣____分 ③低于____%，不得分

续表

考核指标	量化考核说明		
	计算公式与指标描述	权重	考核标准
3.转粉率	转粉率=$\dfrac{新增粉丝人数}{观看直播总人数}\times100\%$	15%	①转粉率在____%以上，得____分 ②每降低____%，扣____分 ③低于____%，不得分
4.互动率	互动率=$\dfrac{公屏评论人数}{观看直播总人数}\times100\%$	15%	①互动率在____%以上，得____分 ②每降低____%，扣____分 ③低于____%，不得分
5.直播时长	平均每天直播时长	10%	①平均每天直播6小时，得____分 ②每增加____小时，加____分 ③每减少____小时，扣____分
6.产品熟悉度	对产品卖点的掌握程度，以及粉丝是否喜欢主播的营销话术	10%	①熟练掌握产品卖点，有自己的营销话术，并被大多数粉丝喜欢，得____分 ②熟悉产品特点，有自己的营销话术，得____分 ③对产品特点的掌握生疏，需要对照产品资料进行口播，得____分

9.2.3　视频营销专员量化考核方案

视频营销专员绩效考核指标主要有6个，其中3个KPI指标为视频转化率、视频点赞率、视频评论率。据此设计的视频营销专员量化考核方案如表9-9所示。

表9-9　视频营销专员量化考核方案

考核指标	量化考核说明		
	计算公式与指标描述	权重	考核标准
1.视频转化率	视频转化率=$\dfrac{产生购买行为的人数}{所有观看短视频的人数}\times100\%$	20%	①视频转化率在____%以上，得____分 ②每降低____%，扣____分 ③低于____%，不得分

续表

考核指标	量化考核说明		
	计算公式与指标描述	权重	考核标准
2.视频点赞率	视频点赞率=$\dfrac{视频点赞量}{视频点击量}\times100\%$	20%	①视频点赞率在＿＿%以上，得＿＿分 ②每降低＿＿%，扣＿＿分 ③低于＿＿%，不得分
3.视频评论率	视频评论率=$\dfrac{视频评论量}{视频点击量}\times100\%$	20%	①视频评论率在＿＿%以上，得＿＿分 ②每降低＿＿%，扣＿＿分 ③低于＿＿%，不得分
4.视频完播率	视频完播率=$\dfrac{完成观看视频的用户个数}{点击视频的用户个数}\times100\%$	15%	①视频完播率在＿＿%以上，得＿＿分 ②每降低＿＿%，扣＿＿分 ③低于＿＿%，不得分
5.有效互动率	有效互动率=$\dfrac{有过广告互动行为的独立访客数}{广告曝光独立访客数}\times100\%$	15%	①有效互动率在＿＿%以上，得＿＿分 ②每降低＿＿%，扣＿＿分 ③低于＿＿%，不得分
6.视频原创率	视频原创率=$\dfrac{周期内原创总视频数}{周期内发布总视频数}\times100\%$	10%	①视频原创率在＿＿%以上，得＿＿分 ②每降低＿＿%，扣＿＿分 ③低于＿＿%，不得分

9.2.4　线上广告投放专员量化考核方案

　　线上广告投放专员绩效考核指标主要有6个，其中3个KPI指标为流量增长率、广告投放准确率、平台覆盖增长率。据此设计的线上广告投放专员量化考核方案如表9-10所示。

表9–10　线上广告投放专员量化考核方案

考核指标	量化考核说明		
	计算公式与指标描述	权重	考核标准
1. 流量增长率	流量增长率= $\dfrac{\text{广告投放期间流量增量}}{\text{日常流量平均值}} \times 100\%$	20%	①流量增长率在____%以上，得____分 ②每降低____%，扣____分 ③低于____%，不得分
2. 广告投放准确率	广告投放准确率= $\dfrac{\text{用户准确接收的广告数}}{\text{广告投放总数}} \times 100\%$	20%	①广告投放准确率在____%以上，得____分 ②每降低____%，扣____分 ③低于____%，不得分
3. 平台覆盖增长率	平台覆盖增长率= $\dfrac{\text{广告投放的平台个数}}{\text{历史广告投放平台个数}} \times 100\%$	15%	①平台覆盖增长率在____%以上，得____分 ②每降低____%，扣____分 ③低于____%，不得分
4. 广告转化率	广告转化率= $\dfrac{\text{访问增长量}}{\text{广告投放量}} \times 100\%$	15%	①广告转化率在____%以上，得____分 ②每降低____%，扣____分 ③低于____%，不得分
5. 投放方式合理性	充分考虑不同平台的广告投放的实际效果，不可机械式投放	15%	①投放方式丰富多样，根据不同平台用户的特点，采取对应的广告投放方式，得____分 ②投放方式单一，不考虑不同群体的接受度，不得分
6. 投放产出率	投放产出率= $\dfrac{\text{销售订单增加额}}{\text{广告投放成本}} \times 100\%$	15%	①投放产出率在____%以上，得____分 ②每降低____%，扣____分 ③低于____%，不得分

9.2.5　线下零售店长量化考核方案

　　线下零售店长绩效考核指标主要有6个，其中3个KPI指标为产品销售额、销售订单回款率、利润增长率。据此设计的线下零售店长量化考核方案如表9–11所示。

表9-11　线下零售店长量化考核方案

考核指标	量化考核说明		
	计算公式与指标描述	权重	考核标准
1. 产品销售额	指在考核周期内，线下零售店售出的产品销售总额	20%	①产品销售额超过____元，得____分 ②每减少____元，扣____分 ③少于____元，不得分
2. 销售订单回款率	销售订单回款率=$\dfrac{回款的订单数}{待回款订单总数} \times 100\%$	20%	①销售回款率在____%以上，得____分 ②每降低____%，扣____分 ③低于____%，不得分
3. 利润增长率	利润增长率=$\dfrac{本期利润增长额}{上一统计周期利润额} \times 100\%$	20%	①利润增长率在____%以上，得____分 ②每降低____%，扣____分 ③低于____%，不得分
4. 客户数	主要考核线下零售店长获取客户、维护客户的能力	15%	①客户数达到____个，得____分 ②每减少____个，扣____分 ③低于____个，不得分
5. 客户回访计划完成率	客户回访计划完成率=$\dfrac{回访完成的客户数}{计划回访的客户总数} \times 100\%$	15%	①客户回访计划完成率在____%以上，得____分 ②每降低____%，扣____分 ③低于____%，不得分
6. 客户投诉次数	主要考察客户满意度，反映线下零售店长提供的客户服务的质量	10%	①客户投诉次数为0，得____分 ②每增加____次，扣____分 ③客户投诉次数超过____次，不得分

9.2.6　营销策划专员量化考核方案

营销策划专员绩效考核指标主要有8个，其中3个KPI指标为策划工作按时完成率、媒体正面曝光次数、合作单位满意度。据此设计的营销策划专员量化考核方案如表9-12所示。

表9-12 营销策划专员量化考核方案

考核指标	量化考核说明		
	计算公式与指标描述	权重	考核标准
1. 策划工作按时完成率	策划工作按时完成率=$\dfrac{按时完成的策划工作的项数}{策划工作的总项数}\times100\%$	20%	①策划工作按时完成率在____%以上，得____分 ②每降低____%，扣____分 ③低于____%，不得分
2. 媒体正面曝光次数	考核期间内媒体发布宣传企业的新闻报道及广告的次数	20%	①媒体正面曝光次数不低于____次，得____分 ②每减少____次，扣____分 ③低于____次，不得分
3. 合作单位满意度	考核期内合作单位的满意度评分	20%	①合作单位满意度评分不低于____分，得____分 ②每减少____分，扣____分 ③低于____分，不得分
4. 创意计划完成率	创意计划完成率=$\dfrac{完成的创意计划的数量}{提出的创意计划的数量}\times100\%$	10%	①创意计划完成率不低于____%，得____分 ②每降低____%，扣____分 ③低于____%，不得分
5. 策划方案一次性通过率	策划方案一次性通过率=$\dfrac{一次通过的策划方案数量}{提交的策划方案总数量}\times100\%$	10%	①策划方案一次性通过率不低于____%，得____分 ②每降低____%，扣____分 ③低于____%，不得分
6. 促销活动成功率	促销活动成功率=$\dfrac{成功举办的促销活动的数量}{举办的促销活动的总数量}\times100\%$	10%	①促销活动成功率不低于____%，得____分 ②每降低____%，扣____分 ③低于____%，不得分
7. 季度广告费用增销率	季度广告费用增销率=$\dfrac{销售量增长率}{广告费用增长率}\times100\%$	5%	①季度广告费用增销率与上一季度的持平，得____分 ②季度广告费用增销率高于上一季度的，每增加____%，加____分 ③季度广告费用增销率低于上一季度的，每减少____%，扣____分

续表

考核指标	量化考核说明		
	计算公式与指标描述	权重	考核标准
8. 媒体广告的按时发布次数	考核期间内媒体广告是否都按时发布	5%	①媒体广告都按时发布，得____分 ②媒体广告每延期一次，扣____分，直至扣完

9.2.7　产品销售经理量化考核方案

　　产品销售经理绩效考核指标主要有7个，其中3个KPI指标为产品销售业绩、产品销售回款率、新客户开发数量。据此设计的产品销售经理量化考核方案如表9-13所示。

表9-13　产品销售经理量化考核方案

考核指标	量化考核说明		
	计算公式与指标描述	权重	考核标准
1. 产品销售业绩	产品销售业绩= 产品销售数量×产品单价	20%	① 产品销售业绩不低于____万元，得____分 ② 每减少_____万元，扣____分 ③低于____万元，不得分
2. 产品销售回款率	产品销售回款率= $\dfrac{\text{实际收到的产品销售收入}}{\text{产品销售总收入}} \times 100\%$	20%	① 产品销售回款率超过____%，得____分 ②每降低____%，扣____分 ③低于____%，不得分
3. 新客户开发数量	考核期内新增加的客户数量	20%	① 新客户开发数量不低于____个，得____分 ②每减少____个，扣____分 ③低于____个，不得分
4. 产品销售计划完成率	产品销售计划完成率= $\dfrac{\text{实际完成的产品销售额或销售量}}{\text{计划完成的产品销售额或销售量}} \times 100\%$	10%	①产品销售计划完成率超过____%，得____分 ②每降低____%，扣____分 ③低于____%，不得分

续表

考核指标	量化考核说明		
	计算公式与指标描述	权重	考核标准
5. 客户保有率	客户保有率= $\dfrac{\text{本考核期期末客户量－本考核期新增客户量}}{\text{上一考核期期末客户量}}$ ×100%	10%	①客户保有率不低于＿＿＿％，得＿＿＿分 ②每降低＿＿＿％，扣＿＿＿分 ③低于＿＿＿％，不得分
6. 沟通能力	与客户沟通的效率和效果	10%	①能够运用多种谈话技巧与客户灵活沟通，得＿＿＿分 ②能有效化解矛盾，得＿＿＿分 ③能清晰表达自己的意见和想法，得＿＿＿分 ④无法清晰表达自己的意见和想法，得＿＿＿分
7. 服务意识	对客户的服务态度以及质量	10%	①服务意识很强，能够预见并充分满足内外部客户需求，得＿＿＿分 ②具备基本的服务意识，能够尽量满足内外部客户需求，得＿＿＿分 ③缺乏服务意识，很难满足大部分客户需求，得＿＿＿分

9.2.8　渠道销售经理量化考核方案

渠道销售经理绩效考核指标主要有9个，其中4个KPI指标为渠道总销售额、新产品当月渠道铺货率、渠道销量目标完成率、渠道扩展计划完成率。据此设计的渠道销售经理量化考核方案如表9-14所示。

表9-14　渠道销售经理量化考核方案

考核指标	量化考核说明		
	计算公式与指标描述	权重	考核标准
1. 渠道总销售额	渠道销售经理在考核期内的销售总额	15%	①渠道总销售额不低于＿＿万元，得＿＿分 ②每减少＿＿万元，扣＿＿分 ③低于＿＿万元，不得分
2. 新产品当月渠道铺货率	新产品当月渠道铺货率=$\dfrac{渠道实际铺货量}{渠道目标铺货量}×100\%$	15%	①新产品当月渠道铺货率不低于＿＿%，得＿＿分 ②每降低＿＿%，扣＿＿分 ③低于＿＿%，不得分
3. 渠道销量目标完成率	渠道销量目标完成率=$\dfrac{渠道实际销量}{渠道目标销量}×100\%$	15%	①渠道销量目标完成率不低于＿＿%，得＿＿分 ②每降低＿＿%，得＿＿分 ③低于＿＿%，不得分
4. 渠道扩展计划完成率	渠道扩展计划完成率=$\dfrac{渠道扩展计划完成数}{渠道扩展计划总数}×100\%$	15%	①渠道扩展计划完成率不低于＿＿%，得＿＿分 ②每降低＿＿%，扣＿＿分 ③低于＿＿%，不得分
5. 新增渠道销售成员数量	考核期内新增渠道销售成员的数量	10%	①新增渠道销售成员数量不少于＿＿个，得＿＿分 ②每减少＿＿个，扣＿＿分 ③少于＿＿个，不得分
6. 渠道库存量控制	考核期内渠道库存量控制在适当范围内	10%	①渠道库存量控制不超过＿＿个，得＿＿分 ②每增加＿＿个，扣＿＿分 ③超过＿＿个，不得分
7. 渠道规范化管理情况	考核期内渠道销售管理规范化、合理化情况	10%	①渠道管理规范化、合理化良好，得＿＿分 ②渠道管理规范化、合理化一般，得＿＿分 ③渠道管理规范化、合理化较差，得＿＿分
8. 渠道销售成员积极性	考核期内渠道销售成员是否具有积极性、主动性	5%	①渠道成员有较高的积极性、主动性，得＿＿分 ②渠道成员的积极性、主动性一般，得＿＿分 ③渠道成员的积极性、主动性较差，得＿＿分

续表

考核指标	量化考核说明		
	计算公式与指标描述	权重	考核标准
9．渠道客户满意度	考核期内渠道客户的满意度评分	5%	①渠道客户满意度评分不低于____分，得____分 ②每减少____分，扣____分 ③低于____分，不得分

9.2.9   线上客服经理量化考核方案

线上客服经理绩效考核指标主要有6个，其中3个KPI指标为服务事项满意率、客户服务及时率、客户服务事故数。据此设计的线上客服经理量化考核方案如表9-15所示。

表9-15   线上客服经理量化考核方案

考核指标	量化考核说明		
	计算公式与指标描述	权重	考核标准
1．服务事项满意率	服务事项满意率=$\dfrac{客户满意的服务事项数}{完成的客户服务事项总数} \times 100\%$	20%	①服务事项满意率在____%以上，得____分 ②每降低____%，扣____分 ③低于____%，不得分
2．客户服务及时率	客户服务及时率=$\dfrac{及时服务的客户数}{须服务的客户总数} \times 100\%$	20%	①客户服务及时率在____%以上，得____分 ②每降低____%，扣____分 ③低于____%，不得分
3．客户服务事故数	在考核周期内，线上客服经理所负责的团队发生客户服务事故的数量	20%	①客户服务事故数量为0，得____分 ②每增加____个，扣____分 ③超过____个，不得分
4．客户咨询解答率	客户咨询解答率=$\dfrac{已解答的客户咨询数}{客户咨询总数} \times 100\%$	15%	①客户咨询解答率在____%以上，得____分 ②每降低____%，扣____分 ③低于____%，不得分

续表

考核指标	量化考核说明		
	计算公式与指标描述	权重	考核标准
5．客户投诉处理率	客户投诉处理率=$\dfrac{已处理的客户投诉数}{客户投诉总数}×100\%$	15%	①客户投诉处理率在＿＿％以上，得＿＿分 ②每降低＿＿％，扣＿＿分 ③低于＿＿％，不得分
6．客户满意度评分	回访客户时，客户反馈的满意度评分	10%	①客户反馈的满意度评分在＿＿分以上，得＿＿分 ②每减少＿＿分，扣＿＿分 ③低于＿＿分，不得分

9.2.10　大客户经理量化考核方案

大客户经理绩效考核指标主要有8个，其中3个KPI指标为大客户开发成功率、大客户数量、大客户流失率。据此设计的大客户经理量化考核方案如表9-16所示。

表9-16　大客户经理量化考核方案

考核指标	量化考核说明		
	计算公式与指标描述	权重	考核标准
1．大客户开发成功率	大客户开发成功率=$\dfrac{成功开发的大客户数}{须开发大客户总数}×100\%$	20%	①大客户开发成功率达到＿＿％，得＿＿分 ②每降低＿＿％，扣＿＿分 ③低于＿＿％，不得分
2．大客户数量	考核大客户经理开发客户、维护客户的能力	20%	①大客户数量达到＿＿个，得＿＿分 ②每减少＿＿个，扣＿＿分 ③少于＿＿个，不得分
3．大客户流失率	大客户流失率=$\dfrac{流失的大客户数}{流失前的大客户总数}×100\%$	20%	①大客户流失率为0，得＿＿分 ②每增加＿＿％，扣＿＿分 ③高于＿＿％，不得分

考核指标	量化考核说明		
	计算公式与指标描述	权重	考核标准
4. 大客户销售业绩增长率	大客户销售业绩增长率= $\left(\dfrac{\text{本期大客户销售额}}{\text{上一计算周期的大客户销售额}}-1\right)\times100\%$	10%	①大客户销售业绩增长率达到____%，得____分 ②每降低____%，扣____分 ③低于____%，不得分
5. 大客户销售订单回款率	大客户销售订单回款率= $\dfrac{\text{已回款的订单数}}{\text{须回款订单总数}}\times100\%$	10%	①大客户销售订单回款率达到____%，得____分 ②每降低____%，扣____分 ③低于____%，不得分
6. 大客户满意度评分	满意度评分在____分以上	10%	①95%以上大客户满意度评分在____分以上，得____分 ②90%以上大客户满意度评分在____分以上，得____分 ③超过10%大客户满意度评分在____分以下，不得分
7. 客户关系管理能力	应与全部大客户建立良好的合作关系	5%	①能准确洞察和发掘客户潜在需求，积极创造和传递客户价值，有效提高客户忠诚度，得____分 ②能及时察觉和开发客户潜在需求，有效拉近客户与企业之间的关系，得____分 ③对客户潜在需求反应迟钝，不重视客户维护工作，得____分
8. 忠诚度	考核大客户经理对企业的忠诚度，是反映双方信任情况的重要指标	5%	①充分信任企业和上级领导，为维护企业利益愿牺牲自身利益，为工作尽心竭力，得____分 ②信任企业和上级领导，尊重并比较维护企业利益，工作努力认真，得____分 ③对企业和上级领导不信任，很少考虑企业利益，工作消极、主动性差，得____分

9.3　市场营销部与市场营销岗位量化考核制度、办法、细则

9.3.1　市场营销部绩效考核制度

制度名称	市场营销部绩效考核制度		受控状态	
			编　号	
执行部门		监督部门	编修部门	

第1章　总则

第1条　目的

为推行目标管理，规范市场营销部的绩效考核工作，达到科学全面、客观公正、简便实用、合理准确地评价市场营销部员工业绩，并有效实施激励措施的目的，根据市场营销部的工作内容和企业薪酬制度的相关规定，特制定本制度。

第2条　适用范围

本制度适用于企业对市场营销部绩效考核工作的管理。

第3条　考核原则

1．公平、公正、公开原则

考核的方式、时间、内容、流程、结果等向部门公开，考核过程保持公正与客观。

2．沟通与进步原则

在考核过程中，人力资源部与市场营销部及其内部员工之间不断进行沟通，及时发现存在的问题，共同找到解决办法，从而提高市场营销部及其人员的业绩水平。

3．结果反馈原则

考核的结果要及时反馈给市场营销部，同时考核小组还应当就考核结果进行解释说明，使考核结果得到市场营销部的认可。

第4条　市场营销部考核类别

1．阶段考核

主要考核市场营销部员工某一阶段的工作绩效、工作态度与工作能力等相关情况，包括季度考核、年中考核与年终考核。

2．月度考核

主要考核市场营销部员工的日常工作表现，可参照阶段考核的部分指标来执行。

3．即时考核

当市场营销部员工被辞退或辞职时，市场营销部经理或其他主管人员可对其实施即时考核，该考核由人力资源部经理审核，总经理审批。

4．临时考核

主要根据市场营销部员工的出勤时间，按原岗位及新岗位的相关规定进行临时考核。

第2章 考核组织机构、考核人员与被考核人员管理

第5条 考核组织机构

绩效考核委员会、人力资源部与市场营销部是市场营销部员工绩效考核的考核组织机构。

1．绩效考核委员会

（1）绩效考核委员会是企业在阶段考核期间设立的非常设机构，其主要职责是审核绩效考核方案的科学性、公正性和可行性，审定各职位绩效考核结果的真实性。

（2）绩效考核委员会由总经理、营销总监、人力资源部经理、财务部经理等组成，也可以聘请1~2名外部专家参与绩效考核委员会工作。

2．人力资源部

人力资源部负责绩效考核方案的起草、考核人员的培训、考核工作的组织与监督、考核结果的应用以及考核材料的存档等工作。

3．市场营销部

市场营销部负责本部门员工绩效考核的具体工作，并将本部门员工的绩效考核相关信息报送人力资源部。

第6条 考核人员

考核人员包括绩效考核委员会成员，被考核人员的直接主管、同事与下属。

第7条 被考核人员管理

1．被考核人员年初应与其领导、同事在市场营销部部门会议上共同制定自己的年度工作计划目标，确定目标考核的要素，并在年度结束时，对照年度工作计划目标和考核要素填写工作完成情况，以此作为考核的原始材料。

2．被考核人员有权利确认考核结果，并对结果拥有申诉权。

第3章 绩效考核内容

第8条 考核模式与周期

根据被考核人员的岗位、职责和在市场营销部运营中的重要程度，实行不同的考核模式和周期。

1．对高层经理（如市场营销部总监、市场营销部经理等）实行绩效考核委员会考核模式，每半年考核一次，在每年7月和会计年度结束后一个月内实施。

2．对中层主管（如市场营销主管、市场调查主管、市场推广主管、促销主管、广告主管等）实行360度考核模式，其中其直接领导对其考核的结果占主要地位，每季度考核一次，在下季度开始后两周内实施。

3．对基层员工实行直接主管考核模式，直接主管应在遵循360度考核模式的基础上对其进行考核，每季度（月）考核一次，在下季度（月）开始后一周内完成。

第9条 考核指标说明

1．市场调研计划达成率

$$市场调研计划达成率 = \frac{实际达成的市场调研数量}{计划达成的市场调研数量} \times 100\%$$

2．市场策划方案成功率

$$市场策划方案成功率=\frac{成功的市场策划方案数}{提交的市场策划方案总数}\times100\%$$

3．新产品市场占有率

$$新产品市场占有率=\frac{新产品销售收入}{市场上同类产品销售总收入}\times100\%$$

4．新产品市场开发成功率

$$新产品市场开发成功率=\frac{新产品市场开发成功次数}{新产品市场开发总次数}\times100\%$$

5．促销前后产品销量变动幅度

$$促销前后产品销量变动幅度=\frac{促销后三个月的销量}{促销前三个月的销量}\times100\%$$

6．市场推广费效比

$$市场推广费效比=\frac{市场推广费用}{推广产生的实际销售额}\times100\%$$

7．媒体正面曝光次数：在大众媒体上发布宣传企业的新闻报道及宣传广告的次数。

8．品牌市场价值增长率：品牌市场价值数据源于第三方权威机构测评。

第4章　绩效考核实施

第10条　拟定阶段考核重点及要求

人力资源部根据市场营销部、财务部的沟通意见，拟定市场营销部的阶段（季度、年中、年终）考核重点及要求，并报总经理审批。

第11条　月度考核

1．市场营销部参加月度考核的员工应于每月末根据本人当月的工作情况对照"月度绩效考核表"进行自评。

（1）考核人员根据"考核信息表"及被考核人员的日常工作表现，对其当月的工作情况进行初评，结果计入被考核人员的"月度绩效考核表"。

（2）市场营销部内勤职员的月度考核由市场营销部各分管主管进行初评。

2．"月度绩效考核表"经市场营销部经理确认后，于完成考核后＿＿＿日内提交到人力资源部。

3．人力资源部在收到"月度绩效考核表"后对其进行复核，并有权对使用程序不当或套用标准错误的初评结果进行修订或返回改正。

4．人力资源部将复核后的"月度绩效考核表"于完成考核后＿＿＿日内报送考核评议小组审批，并及时将考核结果反馈给被考核人员。

第12条　阶段考核

1．参加阶段考核的员工于每阶段最后一个月的＿＿＿日前，对照"阶段绩效考核表"进行自评，并将自评结果及阶段工作总结报人力资源部。

2．在考核实施前＿＿＿日内，由人力资源部组织对考核人员进行培训。

3．考核人员根据考核方案对市场营销部员工的工作进行实地检查，一般采用调查问卷、面谈、测试等方式，然后根据检查结果填写"实地检查工作底稿"，并由被考核人员签字确认。

4．检查结束后的＿＿＿个工作日内，由考核人员依据"实地检查工作底稿"出具"检查报告"，然后提交给绩效考核委员会。

5．绩效考核委员会依据"实地检查工作底稿""检查报告""阶段绩效考核表"中的异常信息反馈、调查问卷汇总分析、面谈汇总分析、测试成绩、相关部门提供的考核指标等内容，在＿＿＿个工作日内进行综合评议，并确认考核结果。

6．人力资源部根据绩效考核委员会确认的考核结果，在＿＿＿个工作日内出具"考核反馈报告"给被考核人员。

第13条   即时考核

员工被辞退或辞职，由市场营销部即时考核，部门负责人实施，人力资源部审核，总经理审批。

第14条   员工调岗考核

根据出勤时间，分别按原岗位及新岗位的考核规定进行考核。

第15条   考核评分的基本要求

1．考核人员应严格依据经营管理目标和目标完成情况对被考核人员进行考核。

2．除绩效考核委员会考核和360度考核外，为避免直接领导考核偏紧或偏松的情况发生，确保考核结果的公平性，企业要求市场营销部员工考核结果的平均得分不得高于本部门经理的考核得分。

第16条   考核方案的制定要求

为科学地组织、实施绩效考核，市场营销部应针对不同岗位制定不同的考核方案，并报绩效考核委员会审核。绩效考核方案应明确考核人员、被考核人员、考核模式、考核周期、考核依据、内容与权重、结果处理、基本流程等内容，并附考核量表和考核汇总表。

第5章   绩效考核等级

第17条   考核等级界定

市场营销部所有员工的考核结果按照考核得分高低共分为A、B、C、D、E五个等级。考核结果的等级界定根据目标完成程度以及经营管理能力评价而确定。

1．A级为95分（含）以上。标准为超过任职资格标准要求，并具有创造性；远高于期望水平，非常有能力胜任工作。A级人数占本部门人数的5%。

2．B级为80~94分。标准为较多地方超出了任职资格标准要求，能胜任工作。B级人数占本部门人数的35%。

3．C级为65~79分。标准为达到了任职资格标准要求。C级人数占本部门人数的40%。

4．D级为50~64分。标准为未达到任职资格标准要求，低于期望水平，不能胜任工作，须加以改进和提高。D级人数占本部门人数的15%。

5．E级为50分以下。标准为与任职资格标准要求还有较大差距，表现远低于期望水平，并存在很多问题与不足，须努力改进和提高。E级人数占本部门人数的5%。

第6章   考核结果管理

第18条   绩效面谈管理

企业实施绩效面谈时应建立和维护面谈双方的信任，明确面谈的目的，绩效面谈的目的如下。

1．反馈。将员工当期的工作业绩和工作目标加以对比，进行反馈，评估其工作业绩和工作态度，对积极之处予以肯定，对不足之处予以指正。

2．沟通。与员工交换意见，认真倾听员工对考核结果及当期工作情况的看法，并及时解答和记录。

3．绩效改进。对于员工工作业绩、能力以及态度对比要求有差距的情况，与员工探讨改进、提升方式，使其以后的工作业绩能够达到预期目标。

4．管理工作改进。总结员工的反馈意见，分析企业管理工作中存在的不足之处，提高管理水平。

第19条　考核结果的运用

1．市场营销部人员根据考核结果和绩效面谈结果，解决存在的问题，改进市场营销工作。

2．人力资源部将考核结果运用到部门奖金的发放、市场营销部经理的考核等工作当中。

3．人力资源部建立日常考核台账，将考核内容和结果进行记录，以此作为考核评分的依据，同时也可以作为考核结果反馈和申诉处理的依据。

4．考核过程中的文件（如考核评分表、统计表等）应该严格保管、归档。

第20条　考核结果申诉

1．被考核人员应对考核结果进行签字确认。被考核人员若对考核结果存在异议，应首先通过沟通方式解决；若不能解决的，被考核人员有权向绩效考核委员会提出申诉。

2．若被考核人员的申诉成立，必须及时更正被考核人员的考核结果，同时绩效考核委员会可以建议被考核人员的上级调整被考核人员的考核结果，并拥有申诉的最终裁定权。

第7章　附则

第21条　编制单位

本制度由人力资源部联合市场营销部共同编制、解释与修订。

第22条　生效时间

本制度自××××年××月××日起生效。

编制日期		审核日期		批准日期	
修改标记		修改处数		修改日期	

9.3.2　平台营销经理绩效考核办法

平台营销经理绩效考核办法

办法名称	平台营销经理绩效考核办法		受控状态	
			编　　号	
执行部门		监督部门	编修部门	

第1条　目的

为了激发平台营销经理工作的积极性，为平台营销经理的晋升、薪资调整、培训与发展等提供决策依据，特制定本办法。

第2条　考核要求

1. 绩效考核必须以平台营销经理的日常工作表现为事实依据，对其进行准确而客观的评价，不得凭主观印象判断。

2. 严格按照制度、原则和程序对平台营销经理进行评价，排除个人好恶等人为因素的干扰，从而减少人为的考核偏差。

第3条　权责人员

1. 人力资源部和市场营销部共同成立平台营销经理绩效考核小组，负责平台营销经理的工作业绩、工作能力和工作态度3方面的考核。

2. 市场营销部相关人员积极配合平台营销经理的绩效考核工作，客观评价平台营销经理的工作情况。

第4条　考核时间与周期

对平台营销经理的考核周期分为月度考核和年度考核。月度考核的考核时间为下月的1—＿＿日，遇到节假日顺延。年度考核的考核时间为下一年的1月1—＿＿日。

第5条　考核指标

对平台营销经理的绩效考核指标如下（括号中为该项所占权重）。

1. 市场调研报告提交及时率（15%）

$$市场调研报告提交及时率 = \frac{及时提交的市场调研报告份数}{需提交的市场调研报告总份数} \times 100\%$$

2. 所在平台市场占有率（20%）

$$所在平台市场占有率 = \frac{本企业产品或服务在所在平台上的销售量}{所在平台上同类产品或服务销售量} \times 100\%$$

3. 广告投放流量转化率（15%）

$$广告投放流量转化率 = \frac{流量增量}{广告的投放成本} \times 100\%$$

4. 产品价格策略准确率（10%）

产品的定价策略在不同的平台是否准确、科学、合理。

5. 目标客户定位准确率（10%）

$$目标客户定位准确率 = \frac{客户反馈人数}{精准投放的客户总数} \times 100\%$$

6. 营销活动举办成功率（10%）

$$营销活动举办成功率 = \frac{举办的效果显著的营销活动数}{举办的营销活动总数} \times 100\%$$

7. 产品文案转化率（10%）

$$产品文案转化率 = \frac{客户成交订单增加数}{产品文案投放次数} \times 100\%$$

8. 品牌知名度（10%）

企业的品牌被消费者所知晓的程度，反映出消费者对企业品牌以及服务的认可程度。

第6条　评分等级

把平台营销经理的绩效考核成绩分为5个等级，分别是S、A、B、C、D。

1．考核成绩为90~100分时，等级评为S。

2．考核成绩为80~89分时，等级评为A。

3．考核成绩为70~79分时，等级评为B。

4．考核成绩为60~69分时，等级评为C。

5．考核成绩为59分及以下时，等级评为D。

第7条　考核程序

1．绩效考核小组在考核开始前对平台营销经理说明绩效考核指标，并共同制订工作计划，以达到业绩指标。

2．在工作过程中，平台营销经理和绩效考核小组可以根据实际情况对考核指标和考核完成时间进行一定的调整，但须经过双方协调、确认。

3．考核周期结束时，平台营销经理进行工作成果的自评，说明自身考核项目的完成情况。

第8条　绩效面谈

绩效考核小组与平台营销经理进行绩效考核面谈，确定平台营销经理的考核等级并为其制订下一个考核期内的工作计划，若平台营销经理对考核结果有异议可以提出绩效申诉。

第9条　考核结果运用

平台营销经理的绩效考核结果将作为其月度奖金、年终奖金发放额度的重要依据，以及平台营销经理职位晋升的主要参考依据。

第10条　编制单位

本办法由人力资源部负责编制、解释与修订。

第11条　生效时间

本办法自××××年××月××日起生效。

9.3.3　产品销售经理绩效考核办法

产品销售经理绩效考核办法

办法名称	产品销售经理绩效考核办法		受控状态	
			编　号	
执行部门		监督部门	编修部门	

第1条　目的

为了达到以下三个目的，特制定本办法。

1．对产品销售经理的工作业绩、工作能力及工作态度进行客观评定。

2．为产品销售经理绩效工资、奖金发放及职位调整提供依据。

3．指导产品销售经理下一阶段的工作，确保市场营销部保质保量地完成销售任务。

第2条　权责人员

1．人力资源部与市场营销部共同成立产品销售经理绩效考核小组，制定产品销售经理的绩效考核指标，并进行考核评分。

2．市场营销部相关人员积极配合对产品销售经理的绩效考核工作，客观评价产品销售经理的工作情况。

第3条　考核时间与周期

1．考核时间分为年中考核和年终考核。

2．上半年绩效考核，考核时间为7月1—＿＿＿日；下半年绩效考核，考核时间为下一年的1月1—＿＿＿日。

第4条　考核指标

产品销售经理的绩效考核指标分为定量指标和定性指标两种，具体的考核指标如下（括号中为该项指标所占权重）。

1．产品销售业绩（15%）

产品销售业绩=产品销售数量×产品单价

2．销售计划完成率（15%）

$$销售计划完成率=\frac{实际完成的销售额或销售量}{计划完成的销售额或销售量}\times100\%$$

3．产品销售毛利率（10%）

$$产品销售毛利率=\frac{产品销售利润}{产品销售收入}\times100\%$$

4．产品销售回款率（10%）

$$产品销售回款率=\frac{实际收到的产品销售收入}{产品销售总收入}\times100\%$$

5．产品销售费用率（10%）

$$产品销售费用率=\frac{产品销售费用}{产品销售收入}\times100\%$$

6．新销售渠道开发数量（10%）

考核期内，产品销售新增加的销售渠道数量。

7．新客户开发数量（10%）

考核期内，新客户的开发数量。

8．部门员工任职资格达标率（10%）

$$部门员工任职资格达标率=\frac{考核期任职资格达标的员工数}{产品销售经理管理的员工总数}\times100\%$$

9．客户分级的科学性（10%）

将客户根据订单数量、合作时间、服务质量要求等进行科学、合理的分级。

第5条　评分等级

将产品销售经理的绩效考核成绩分为杰出、优秀、一般、合格和差5个等级。

1. 绩效考核成绩为90~100分时，考核等级为杰出。

2. 绩效考核成绩为80~89分时，考核等级为优秀。

3. 绩效考核成绩为70~79分时，考核等级为一般。

4. 绩效考核成绩为60~69分时，考核等级为合格。

5. 绩效考核成绩为59分及以下时，考核等级为差。

第6条　考核程序

1. 由企业人力资源部总监组织人力资源部、市场营销部相关人员对产品销售经理进行目标管理考核，落实其工作目标的执行情况，运用"产品销售经理绩效考核表"对其进行评分，并汇总结果。

2. 人力资源部将考核结果交由总经办和董事会审批，并请产品销售经理确认结果。

第7条　绩效申诉

被确认的考核结果即为产品销售经理的考核结果。将考核结果公布7天，如果产品销售经理对考核结果有任何异议，可以提出绩效申诉。

第8条　考核结果运用

考核结果的应用主要表现在以下几个方面。

1. 绩效工资的发放

当考核等级为杰出时，发放全额的绩效工资；当考核等级为优秀时，发放绩效工资的80%；当考核等级为一般时，发放绩效工资的70%；当考核等级为合格时，发放绩效工资的50%；当考核等级为差时，发放绩效工资的30%。

2. 奖金的发放

当考核等级为杰出时，发放____元的半年度奖金；当考核等级为优秀时，发放____元的半年度奖金；其他等级不予发放奖金。

3. 岗位变动

若连续三年考核等级在优秀及以上时，岗位等级上调一级；若连续两年考核等级在合格以下时，则调离本岗位。

4. 培训计划

对产品销售经理考核后，当发现有某方面问题时，可以制订相应的培训计划，有针对性地对其进行重点培训。

第9条　编制单位

本办法由人力资源部负责编制、解释与修订。

第10条　生效时间

本办法自××××年××月××日起生效。

9.3.4　直播带货主播绩效考核细则

直播带货主播绩效考核细则

细则名称	直播带货主播绩效考核细则		受控状态	
			编　　号	
执行部门		监督部门	编修部门	

第1条　为了客观、科学地评估和提升直播带货主播的工作绩效，激发直播带货主播的积极性、主动性，特制定本细则。

第2条　对直播带货主播进行绩效考核时，要坚持公平、公正、公开以及客观的原则。

第3条　人力资源部根据直播带货主播的工作内容编制"直播带货主播量化考核方案"，并与直播带货主播进行绩效考核的沟通，协商解决不合理之处。

第4条　市场营销部相关人员对直播带货主播的工作内容进行记录，并将所记录内容提交给人力资源部以进行直播带货主播的绩效评估。

第5条　直播带货主播的绩效考核周期分为月度考核和年度考核。月度考核的考核时间为下个月的1—＿＿＿日。年度考核的考核时间为下一年度的1月1—＿＿＿日。

第6条　新增粉丝人数指标，占比为10%，指考核期内，直播带货主播增加的粉丝人数，反映直播带货主播的口碑情况。

第7条　直播带货的销售收入指标，占比为15%，指考核期内，粉丝通过观看直播而购买商品所带来的销售收入。

第8条　粉丝活跃度指标，占比为10%，指活跃的粉丝数量占所有粉丝数量的比率，反映直播带货主播对于粉丝的影响力。

第9条　观看购买率指标，占比为15%，指购买产品的人数占观看直播总人数的比率，反映直播带货主播宣传以及挖掘需求的能力。

第10条　粉丝互动次数指标，占比为10%，指在直播过程中，直播带货主播与粉丝互动的次数，如回答粉丝的问题、制造话题、参与互动等，都可以建立信任关系。

第11条　促销活动举办成功次数指标，占比为10%，指在节假日、双十一等时间里促销活动举办成功的次数。

第12条　直播抽奖参与率指标，占比为10%，指在直播过程中，参与抽奖的人数与观看直播人数之间的比率，直播抽奖可以增加消费者的黏性。

第13条　品牌曝光度指标，占比为10%，指企业品牌被粉丝看到的次数，反映直播过程中品牌的打造能力。

第14条　产品知识专业度指标，占比为10%，指带货主播对于产品专业知识的掌握程度，若粉丝有疑问时可以科学地回答问题。

第15条　将直播带货主播的绩效考核成绩分为5个等级，分别是A、B、C、D、E。

1．绩效考核成绩为90~100分时，等级被评为A。

2．绩效考核成绩为80~89分时，等级被评为B。

3．绩效考核成绩为70~79分时，等级被评为C。

4．绩效考核成绩为60~69分时，等级被评为D。

5．绩效考核成绩为59分及以下时，等级被评为E。

第16条　考核程序。

1．人力资源部主管与市场营销部电商运营主管共同制定直播带货主播的绩效考核指标，并在考核周期前对直播带货主播进行考核指标讲解，共同制定工作目标。

2．市场营销部相关人员对直播带货主播的考核数据进行收集并交给人力资源部，人力资源部根据考核数据对直播带货主播进行绩效评估并评定等级。

3．人力资源部主管与直播带货主播进行绩效面谈，将考核结果反馈给直播带货主播，并根据考核结果共同制订下一阶段工作的改进计划。

4．直播带货主播若对考核结果有异议，可以以书面形式向人力资源部提出绩效申诉。

第17条　绩效奖金发放。

1．月度考核等级为A时，发放全部绩效奖金。

2．月度考核等级为B时，发放绩效奖金的80%。

3．月度考核等级为C时，发放绩效奖金的60%。

4．月度考核等级为D时，发放绩效奖金的40%。

5．月度考核等级为E时，不发放绩效奖金。

第18条　年终奖发放。

1．年度考核等级为A时，发放年终奖＿＿＿元。

2．年度考核等级为B时，发放年终奖＿＿＿元。

3．年度考核等级为C时，发放年终奖＿＿＿元。

4．年度考核等级为D时，发放年终奖＿＿＿元。

5．年度考核等级为E时，不发放年终奖。

第19条　基础工资调整。

1．连续三年考核等级为A时，基础工资上调10%。

2．连续三年考核等级为B时，基础工资上调5%。

3．连续两年绩效考核等级为E时，进行换岗处理。

第20条　本细则由人力资源部负责编制、解释与修订。

第21条　本细则自××××年××月××日起生效。

9.3.5　视频营销专员绩效考核细则

视频营销专员绩效考核细则

细则名称	视频营销专员绩效考核细则		受控状态	
			编　　号	
执行部门		监督部门	编修部门	

第1条　为了评估和提升视频营销专员的工作绩效，确保视频营销工作的顺利执行，特制定本细则。

第2条　人力资源部负责视频营销专员绩效考核工作事项的具体安排、实施。

第3条　市场营销部主管负责填写视频营销专员绩效考核表，并将绩效考核结果反馈给视频营销专员，并与其进行面谈。

第4条　视频营销专员的绩效考核分为月度考核和年度考核。月度考核的考核时间为下月1—＿＿＿日。年度考核的考核时间为下一年度的1月1—＿＿＿日。

第5条　视频制作计划完成率指标，占比为15%，指已经完成制作的营销视频数量与计划完成的营销视频数量的比率。

第6条　视频播放量指标，占比为15%，指营销视频制作成功后的被观看总次数。

第7条　视频转发次数指标，占比为10%，指营销视频在视频平台被转发的次数，反映了视频的传播面。

第8条　视频成本控制率指标，占比为15%，指实际制作视频产生的成本与计划制作视频的成本的比率。

第9条　视频创意完成率指标，占比为15%，指制作的视频中完成的有创意的数量与计划的有创意的数量的比率，反映视频创意完成的效率。

第10条　视频转发传播效率指标，占比为15%，指营销视频传播过程中转发的次数与时间的比率，反映营销视频是否拥有强大的传播能力。

第11条　单位成本销售收入提升率指标，占比为15%，指视频营销之后增加的销售收入与营销成本的比率，反映视频营销增加的销售收入效果。

第12条　将视频营销专员的绩效考核成绩分为6个等级，分别是卓越、优秀、良好、中等、基本合格和不合格。

1．绩效考核成绩为95~100分时，考核等级为卓越。

2．绩效考核成绩为85~94分时，考核等级为优秀。

3．绩效考核成绩为75~84分时，考核等级为良好。

4．绩效考核成绩为65~74分时，考核等级为中等。

5．绩效考核成绩为60~64分时，考核等级为基本合格。

6．绩效考核成绩为59分及以下时，考核等级为不合格。

第13条　人力资源部在考核开始之前应与视频营销专员讲解各项考核指标，并根据其实际工作情况对相关内容进行调整。

第14条　市场营销部主管根据视频营销专员的工作表现和相关数据填写"视频营销专员绩效量化考核表"，并将结果交由人力资源部进行考核评级。

第15条　人力资源部主管将考核结果反馈给视频营销专员，然后由市场营销部主管与视频营销专员进行绩效面谈，根据考核结果改进工作计划。如果视频营销专员对考核结果有任何异议，可以提出考核申诉。

第16条　绩效奖金发放。

1．绩效考核等级为卓越时，发放绩效奖金的120%。

2．绩效考核等级为优秀时，发放绩效奖金的100%。

3．绩效考核等级为良好时，发放绩效奖金的80%。

4．绩效考核等级为中等时，发放绩效奖金的60%。

5．绩效考核等级为基本合格时，发放绩效奖金的40%。

6．绩效考核等级为不合格时，不发放绩效奖金。

第17条　基础工资与职位调整。

1．连续2年考核等级为卓越时，基础工资等级上调两级，若有相关职位空缺时可优先晋升。

2．连续2年考核等级为优秀时，基础工资等级上调一级。

3．连续2年考核等级为中等时，组织相关培训。

4．连续2年考核等级为基本合格时，基础工资等级下调一级。

5．连续2年考核等级为不合格时，进行换岗处理。

第18条　本细则由人力资源部负责编制、解释与修订。

第19条　本细则自××××年××月××日起生效。

电商运营人员绩效量化考核细则

第10章

新媒体运营业务目标分解
与部门岗位绩效量化考核

10.1 网络热点追踪、内容编辑、用户运营、流量变现、获客成本业务目标分解

10.1.1 网络热点追踪业务目标分解

网络热点追踪业务的3大主要目标是：发掘网络热点，跟踪网络热点，利用网络热点。据此设计的三级分解目标如表10-1所示。

表10-1　网络热点追踪业务目标分解

一级目标	二级目标	三级目标
1. 发掘网络热点	（1）根据各大网络平台的热搜，快速、准确地发掘网络热点	每月发掘至少____个网络热点
	（2）在网络热点未爆发时做好准备工作	每日至少浏览各大门户网页____分钟
2. 跟踪网络热点	（1）制定详细的网络热点跟踪方案	网络热点跟踪方案应在____小时内完成
	（2）首先，根据热点跟踪方案，观察、调研、弄清楚热点事件的来龙去脉，热点本身所在领域的影响力如何，即垂直影响力。其次，观察热点的可传播性，以及传播范围的广泛性	被发掘的网络热点的关键词的搜索次数达到____次
	（3）编写网络热点跟踪报告，编写产品与网络热点的匹配分析报告	①网络热点跟踪报告在____小时内完成②产品与网络热点的匹配分析报告在____小时内完成
3. 利用网络热点	（1）罗列自身产品关键词，拆解网络热点关键词，并将自身产品与网络热点的关键词相结合	至少匹配____个关键词
	（2）编写网络热点利用方案	网络热点利用方案在____小时内完成

10.1.2　内容编辑业务目标分解

内容编辑业务的3大主要目标是：内容定位，文案编辑，内容优化。据此设计的三级分解目标如表10-2所示。

表10-2　内容编辑业务目标分解

一级目标	二级目标	三级目标
1. 内容定位	（1）策划选题	选题策划在____小时内完成
	（2）通过选题策划，收集素材，建立自己的素材库，并进行整理记录，最终确定选题	①素材库建立在____小时内完成 ②记录资料保存完整
2. 文案编辑	（1）确定内容标题	内容标题在____小时内确定
	（2）根据标题，进行配文、配图、内容排版	文案编辑在____小时内完成
3. 内容优化	（1）提出内容优化建议	提出至少____条内容优化建议
	（2）根据建议，优化标题、配图、配文和排版	内容优化在____小时内完成
	（3）根据优化后的内容编写出优质文案	文案在____小时内完成

10.1.3　用户运营业务目标分解

用户运营业务的4大主要目标是：获取用户，激活用户，提高留存，用户分级。据此设计的三级分解目标如表10-3所示。

表10-3　用户运营业务目标分解

一级目标	二级目标	三级目标
1. 获取用户	（1）制定用户获取方案	①用户获取方案在____日内完成 ②用户获取方案提交审核并通过
	（2）根据方案，获取目标用户	至少获取____名目标用户
	（3）粉丝获取分析报告	粉丝获取分析报告在____日内完成
2. 激活用户	（1）制定用户激活方案	用户激活方案在____日内完成

续表

一级目标	二级目标	三级目标
2. 激活用户	（2）根据用户激活方案，刺激用户参与注册、登录	①注册用户数达到____个 ②每日登录用户数达到____个
3. 提高留存	（1）制定粉丝互动方案	粉丝互动方案在____日内完成
	（2）根据粉丝互动方案，加大服务力度，确保用户体验流畅	重度活跃用户数达到____个
4. 用户分级	（1）编制用户数据分析报表	用户数据分析报表在____日之内完成
	（2）根据用户数据分析报表，编制用户分级标准	用户分级标准至少具有____级标准
	（3）编写用户数据分析报告	用户数据分析报告在____日内完成

10.1.4 流量变现业务目标分解

流量变现业务的3大主要目标是：广告变现，卖货变现，粉丝变现。据此设计的三级分解目标如表10-4所示。

新媒体销售管理
业务目标分解

表10-4 流量变现业务目标分解

一级目标	二级目标	三级目标
1. 广告变现	（1）制定广告植入方案	广告植入方案在____日内完成
	（2）根据广告植入方案，将广告植入新媒体作品中，从而增加曝光度	①广告植入要自然，契合新媒体作品，不引人反感 ②广告植入资金投入不超过部门预算的____%
2. 卖货变现	（1）制定卖货方案	卖货方案在____日内完成
	（2）根据卖货方案为产品量身定制新媒体作品，展现出产品的优点	产品优点展示完整率达到____%
	（3）附上购买链接，便于购买	①购买链接要完整、安全 ②购买链接点击率达到____%
3. 粉丝变现	（1）制定粉丝变现方案	粉丝变现方案在____日内完成

续表

一级目标	二级目标	三级目标
3. 粉丝变现	（2）严格执行粉丝变现方案，完成粉丝变现工作	①及时解决粉丝变现过程中所遇到的问题 ②无法解决的问题在____小时内上报
	（3）编制粉丝变现工作报告	粉丝变现工作报告在____日内完成

10.1.5　获客成本业务目标分解

获客成本业务的3大主要目标是：往期获客成本分析，当前获客成本调查，未来获客成本管理计划。据此设计的三级分解目标如表10-5所示。

表10-5　获客成本业务目标分解

一级目标	二级目标	三级目标
1. 往期获客成本分析	（1）调查与统计往期获客成本	至少调查____期往期获客成本数据
	（2）分析往期获客成本，并编制分析报告	①往期获客成本分析准确率达到____% ②往期获客成本分析报告在____日内完成
2. 当前获客成本调查	（1）分析当前获客成本情况	至少采取____种方式分析当前获客成本情况
	（2）将当前获客成本情况与往期情况进行对比	对比分析的准确率达到____%
	（3）提出降低当期获客成本来提高获客质量的建议	提出至少____条建议
3. 未来获客成本管理计划	（1）根据往期和当前获客成本情况，对未来获客成本作出有效预测	未来获客成本预测准确率达到____%
	（2）制订未来获客成本管理计划	未来获客成本管理计划在____日之内完成
	（3）将未来获客成本管理计划报领导审批	未来获客成本管理计划提报审批并通过

10.2 新媒体运营主管、内容审核专员、用户运营专员、流量管理专员量化考核方案

10.2.1 新媒体运营主管量化考核方案

新媒体运营主管绩效考核指标主要有8个，其中2个KPI指标为活动策划计划完成率、平台访客量目标完成率。据此设计的新媒体运营主管量化考核方案如表10-6所示。

表10-6　新媒体运营主管量化考核方案

考核指标	量化考核说明		
	计算公式与指标描述	权重	考核标准
1．活动策划计划完成率	活动策划计划完成率= $\frac{已经完成的活动策划数}{计划完成的活动策划总数} \times 100\%$	20%	①活动策划计划完成率在____%以上，得____分 ②每降低____%，扣____分 ③低于____%，不得分
2．平台访客量目标完成率	平台访客量目标完成率= $\frac{网站独立访客实际数量}{网站独立访客目标数量} \times 100\%$	20%	①平台访客量目标完成率在____%以上，得____分 ②每降低____%，扣____分 ③低于____%，不得分
3．宣传计划提交及时率	宣传计划提交及时率= $\frac{及时提交的宣传计划数}{需提交的宣传计划总数} \times 100\%$	15%	①宣传计划提交及时率在____%以上，得____分 ②每降低____%，扣____分 ③低于____%，不得分
4．广告投放数量有效率	广告投放数量有效率= $\frac{成本与投资回报成正比的广告数}{广告投放总数} \times 100\%$	15%	①广告投放数量有效率在____%以上，得____分 ②每降低____%，扣____分 ③低于____%，不得分

续表

考核指标	量化考核说明		
	计算公式与指标描述	权重	考核标准
5．策划方案一次性通过率	策划方案一次性通过率=$\dfrac{一次性通过的策划方案数}{提交的策划方案总数}\times 100\%$	10%	①策划方案一次性通过率在____%以上，得____分 ②每降低____%，扣____分 ③低于____%，不得分
6．推广方案完成率	推广方案完成率=$\dfrac{实际完成的推广方案数量}{计划完成的推广方案数量}\times 100\%$	10%	①推广方案完成率在____%以上，得____分 ②每降低____%，扣____分 ③低于____%，不得分
7．数据分析报表完成率	数据分析报表完成率=$\dfrac{实际完成的数据分析报表数量}{计划完成的数据分析报表数量}\times 100\%$	5%	①数据分析报表完成率在____%以上，得____分 ②每降低____%，扣____分 ③低于____%，不得分
8．品牌执行计划完成率	品牌执行计划完成率=$\dfrac{实际完成的品牌执行数}{计划完成的品牌执行数}\times 100\%$	5%	①品牌执行计划完成率在____%以上，得____分 ②每降低____%，扣____分 ③低于____%，不得分

10.2.2　内容审核专员量化考核方案

内容审核专员绩效考核指标主要有6个，其中3个KPI指标为内容审核错漏率、问题解决完成率、审核计划完成率。据此设计的内容审核专员量化考核方案如表10-7所示。

表10-7　内容审核专员量化考核方案

考核指标	量化考核说明		
	计算公式与指标描述	权重	考核标准
1．内容审核错漏率	内容审核错漏率=$\dfrac{审核的内容错审数、漏审数}{需要审核的内容总数}\times 100\%$	20%	①内容审核错漏率在____%以内，得____分 ②每增加____%，扣____分 ③高于____%，不得分

续表

考核指标	量化考核说明		
	计算公式与指标描述	权重	考核标准
2．问题解决完成率	问题解决完成率= $\dfrac{已经解决完成的问题数量}{需要解决的问题数量} \times 100\%$	20%	①问题解决完成率在____%以上，得____分 ②每降低____%，扣____分 ③低于____%，不得分
3．审核计划完成率	审核计划完成率= $\dfrac{实际审核数量}{计划审核数量} \times 100\%$	15%	①审核计划完成率在____%以上，得____分 ②每降低____%，扣____分 ③低于____%，不得分
4．审核建议采纳率	审核建议采纳率= $\dfrac{被采纳的审核建议数量}{提出的审核建议数量} \times 100\%$	15%	①审核建议采纳率在____%以上，得____分 ②每降低____%，扣____分 ③低于____%，不得分
5．审核记录资料齐全率	审核记录资料齐全率= $\dfrac{齐全的审核记录资料数}{全部审核记录资料数} \times 100\%$	15%	①审核记录资料齐全率在____%以上，得____分 ②每降低____%，扣____分 ③低于____%，不得分
6．共性问题解决方案提交及时率	共性问题解决方案提交及时率= $\dfrac{及时提交的共性问题解决方案数量}{需要提交的共性问题解决方案数量} \times 100\%$	15%	①共性问题解决方案提交及时率在____%以上，得____分 ②每降低____%，扣____分 ③低于____%，不得分

10.2.3　用户运营专员量化考核方案

用户运营专员绩效考核指标主要有6个，其中3个KPI指标为忠实用户率、粉丝新增率、粉丝流失率。据此设计的用户运营专员量化考核方案如表10-8所示。

表10-8　用户运营专员量化考核方案

考核指标	量化考核说明		
	计算公式与指标描述	权重	考核标准
1. 忠实用户率	忠实用户率= $\dfrac{访问时间在15分钟以上的用户数}{总用户数}\times100\%$	20%	①忠实用户率在＿＿%以上，得＿＿分 ②每降低＿＿%，扣＿＿分 ③低于＿＿%，不得分
2. 粉丝新增率	粉丝新增率= $\dfrac{新增粉丝数}{原粉丝总数}\times100\%$	20%	①粉丝新增率在＿＿%以上，得＿＿分 ②每降低＿＿%，扣＿＿分 ③低于＿＿%，不得分
3. 粉丝流失率	粉丝流失率= $\dfrac{取关的粉丝数}{取关前的粉丝总数}\times100\%$	15%	①粉丝流失率在＿＿%以下，得＿＿分 ②每增加＿＿%，扣＿＿分 ③高于＿＿%，不得分
4. 用户互动活动策划完成率	用户互动活动策划完成率= $\dfrac{已经完成的用户互动活动策划数}{用户互动活动策划总数}\times100\%$	15%	①用户互动活动策划完成率在＿＿%以上，得＿＿分 ②每降低＿＿%，扣＿＿分 ③低于＿＿%，不得分
5. 后台回复率	后台回复率= $\dfrac{8小时内后台回复数}{8小时内后台咨询总数}\times100\%$	15%	①后台回复率在＿＿%以上，得＿＿分 ②每降低＿＿%，扣＿＿分 ③低于＿＿%，不得分
6. 评论回复率	评论回复率= $\dfrac{8小时内评论回复数}{8小时内评论总数}\times100\%$	15%	①评论回复率在＿＿%以上，得＿＿分 ②每降低＿＿%，扣＿＿分 ③低于＿＿%，不得分

10.2.4　流量管理专员量化考核方案

　　流量管理专员绩效考核指标主要有5个，其中2个KPI指标为流量转换率、广告合作商数量。据此设计的流量管理专员量化考核方案如表10-9所示。

表10-9　流量管理专员量化考核方案

考核指标	量化考核说明		
	计算公式与指标描述	权重	考核标准
1. 流量转换率	流量转换率=$\dfrac{\text{下单量}}{\text{链接总访问量}} \times 100\%$	30%	①流量转换率在___%以上，得___分 ②每降低___%，扣___分 ③低于___%，不得分
2. 广告合作商数量	考核期内，流量管理专员按要求开发的广告合作商数量	30%	①广告合作商数量达到___个，得___分 ②每减少一个，扣___分 ③少于___个，不得分
3. 客户信息收集计划完成率	客户信息收集计划完成率=$\dfrac{\text{实际收集客户信息数}}{\text{计划收集客户信息数}} \times 100\%$	15%	①客户信息收集计划完成率在___%以上，得___分 ②每降低___%，扣___分 ③低于___%，不得分
4. 合同目标额完成率	合同目标额完成率=$\dfrac{\text{实际完成的合同数额}}{\text{合同目标数额}} \times 100\%$	15%	①合同目标额完成率在___%以上，得___分 ②每降低___%，扣___分 ③低于___%，不得分
5. 回访者比率	回访者比率=$\dfrac{\text{回访者数}}{\text{独立访问者数}} \times 100\%$	10%	①回访者比率在___%以上，得___分 ②每降低___%，扣___分 ③低于___%，不得分

10.3　新媒体运营部与新媒体运营岗位量化考核制度、办法、细则

10.3.1　新媒体运营部绩效考核制度

制度名称	新媒体运营部绩效考核制度	受控状态	
		编　号	
执行部门		监督部门	编修部门	

第1章　总则

第1条　目的

为了达成如下目的，特制定本制度。

1．加强对企业新媒体运营部的工作管理。

2．提高新媒体运营部的工作效率。

第2条　适用范围

本制度适用于企业对新媒体运营部绩效考核工作的管理。

第3条　考核原则

1．公平、公正、公开原则

考核的方式、时间、内容、流程、结果等向部门公开，考核过程保持公正与客观。

2．沟通与进步原则

在考核过程中，人力资源部与新媒体运营部进行沟通，发现其存在的问题，共同找到解决办法，从而提高新媒体运营部门及运营人员的业绩水平。

3．结果反馈原则

考核的结果要及时反馈给新媒体运营部，同时考核小组还应当对考核结果进行解释说明，使考核结果得到新媒体运营部的认可，以积极改进其工作。

第4条　职责划分

1．新媒体运营部经理负责审批考核制度的制定与修改，审定考核结果。

2．人力资源部负责制定考核制度，对考核过程进行监督与检查；负责汇总、统计考核评分结果，形成考核总结报告。

第2章　考核时间与周期

第5条　考核时间与周期

新媒体运营部的绩效考核周期分为月度考核与年度考核。

1．月度考核每月进行一次，当月考核应于次月＿＿＿日前完成。

2．年度考核在每年12月开始进行，并于次年1月的第一个工作周内完成。

第6条　考核方式

部门考核采用上级考评（80%）和人力资源部考核（20%）综合考评的方式，人力资源部通过部门

考核表计算出综合得分。

第7条　绩效分机制

企业给每个部门都设置了绩效分得分规则（满分为100分），用于评价绩效。绩效分将影响部门绩效奖励与部门重点负责人的晋升。

第3章　绩效考核内容

第8条　用户引流工作考核

用户引流工作主要通过以下指标进行考核。

1. 渠道开拓计划完成率：渠道开拓计划完成率=$\dfrac{实际完成的渠道开拓数量}{计划完成的渠道开拓数量}×100\%$，渠道开拓计划完成率在＿＿％以上，得＿＿分；每降低＿＿％，扣＿＿分；低于＿＿％，不得分。

2. 平台访客量目标完成率：平台访客量目标完成率=$\dfrac{网站独立访客实际数量}{网站独立访客目标数量}×100\%$，平台访客量目标完成率在＿＿％以上，得＿＿分；每降低＿＿％，扣＿＿分；低于＿＿％，不得分。

3. 粉丝新增率：粉丝新增率=$\dfrac{新增粉丝数}{原粉丝总数}×100\%$，粉丝新增率在＿＿％以上，得＿＿分；每降低＿＿％，扣＿＿分；低于＿＿％，不得分。

第9条　用户运营工作考核

用户运营工作主要通过以下指标进行考核。

1. 忠实用户率：忠实用户率=$\dfrac{访问时间在15分钟以上的用户数}{总用户数}×100\%$，忠实用户率在＿＿％以上，得＿＿分；每降低＿＿％，扣＿＿分；低于＿＿％，不得分。

2. 粉丝流失率：粉丝流失率=$\dfrac{取关的粉丝数}{取关前的粉丝总数}×100\%$，粉丝流失率在＿＿％以下，得＿＿分；每增加＿＿％，扣＿＿分；高于＿＿％，不得分。

第10条　用户转化考核

用户转化工作主要通过用户转化率进行考核。

用户转化率=$\dfrac{下单量}{链接总访问量}×100\%$，用户转化率在＿＿％以上，得＿＿分；每降低＿＿％，扣＿＿分；低于＿＿％，不得分。

第11条　品牌执行工作考核

品牌执行工作主要通过品牌执行计划完成率进行考核。

品牌执行计划完成率=$\dfrac{实际完成的品牌执行数}{计划完成的品牌执行数}×100\%$，品牌执行计划完成率在＿＿％以上，得＿＿分；每降低＿＿％，扣＿＿分；低于＿＿％，不得分。

第12条　活动策划考核

活动策划工作主要通过活动策划计划完成率进行考核。

活动策划计划完成率 $=\dfrac{\text{已经完成的活动策划数}}{\text{计划完成的活动策划总数}}\times 100\%$，活动策划计划完成率在____%以上，

得____分；每降低____%，扣____分；低于____%，不得分。

第13条 广告投放考核

广告投放工作主要通过广告投放数量有效率进行考核。

广告投放数量有效率 $=\dfrac{\text{成本与投资回报成正比的广告数}}{\text{广告投放总数}}\times 100\%$，广告投放数量有效率在____%以

上，得____分；每降低____%，扣____分；低于____%，不得分。

第4章 考核实施

第14条 绩效考核程序

1. 月度考核

（1）人力资源部协同新媒体运营部经理根据具体运营岗位的职责，对于各岗位的工作内容、工作要求等分别确定各岗位的考核内容与评分标准，并编制考核表，然后根据运营人员的实际工作成果实施考核。

（2）新媒体运营部经理根据部门实际情况填写考核表。

（3）人力资源部汇总考核表并计算部门考核得分。

（4）人力资源部将考核结果上报企业总经理审批通过后，将考核结果向新媒体运营部公布。

2. 年度考核

年度考核的工作流程与月度考核的相似，人力资源部统计新媒体运营部全年的绩效考核信息，并计算全年绩效分得分。

第5章 考核结果管理

第15条 考核结果等级划分

1. 优秀部门：指考核得分为91~100分，工作目标超额完成，有创新性成果的部门。

2. 良好部门：指考核得分为81~90分，工作绩效达到目标且成绩突出的部门。

3. 一般部门：指考核得分为71~80分，工作绩效达到目标的部门。

4. 合格部门：指考核得分为60~70分，工作绩效大部分达到目标，但须更加努力的部门。

5. 不合格部门：指考核得分为0~59分，工作绩效大部分未达到目标，经督促后仍没有提升的部门。

第16条 运用方向

1. 作为制订绩效改进计划与培训计划的主要依据。

2. 与薪酬制度接轨，作为薪酬调整和奖金分配的直接依据。

3. 作为职位等级晋升、降级和岗位调整的依据。

第6章 绩效申诉

第17条 考核申诉流程

1. 相关人员若对考核结果有异议的，在得知考核结果后的____个工作日内，可向更高一级领导提出申诉。

2. 若超过申诉时间期限的，相关领导将不予受理。

3. 相关领导受理申诉后，应及时审查考核记录，对考核得分进行确认，发现错漏，及时更改，并经新媒体运营主管领导审批后，向部门及部门人员公布申诉结果。

4. 对于无客观事实依据而仅凭主观臆断的申诉可不予受理。

第7章　附则

第18条　编制单位

本制度由人力资源部负责编制、解释与修订。

第19条　生效时间

本制度自××××年××月××日起生效。

编制日期		审核日期		批准日期	
修改标记		修改处数		修改日期	

10.3.2　内容运营主管绩效考核办法

内容运营主管绩效考核办法

办法名称	内容运营主管绩效考核办法		受控状态	
			编　号	
执行部门		监督部门	编修部门	

第1条　目的

为了规范内容运营主管的绩效考核工作，提高内容运营主管的工作效率，特制定本办法。

第2条　考核原则

1. 公平、公开、公正原则。

2. 客观、稳定原则。

3. 结果导向原则。

第3条　权责人员

1. 新媒体运营部经理负责对内容运营主管进行考核评分。

2. 人力资源部负责考核结果的汇总、分析以及资料的保管。

第4条　考核时间与周期

对内容运营主管实施月度考核，于次月前5个工作日内完成对上月度工作绩效的考核。

第5条　考核维度

1. 工作业绩。主要考核内容为规划情况、内容创新情况、计划目标达成情况。

2. 工作态度。主要对工作有没有按时保质保量完成、迟到早退等情况进行考核。

第6条　考核方式与绩效分

1. 上级评议，新媒体运营部经理根据考核标准对内容运营主管的工作绩效进行评分。

2．绩效考核总分为100分，内容运营主管的绩效分由工作业绩与工作态度两方面的得分综合折算而得。

第7条　考核指标、权重与评分

工作业绩与工作态度分别占内容运营主管绩效考核得分总权重的60%与40%。

1．工作业绩考核指标、权重与评分

（1）内容规划方案通过率：内容规划方案通过率 $=\dfrac{\text{通过的内容规划方案数}}{\text{提交的内容规划方案总数}}\times100\%$，占工作业绩权重的10%，内容规划方案通过率在____%以上，得____分；每降低____%，扣____分；低于____%，不得分。

（2）10万以上阅读量爆款热门文章计划达成率：10万+爆款热门文章计划达成率 $=$

$\dfrac{10\text{万以上阅读量爆款热门文章数}}{\text{文章总数}}\times100\%$，占工作业绩权重的20%，10万以上阅读量爆款热门文章计划达成率在____%以上，得____分；每降低____%，扣____分；低于____%，不得分。

（3）转发量增长率：转发量增长率 $=\dfrac{\text{本月原文转发总数}-\text{上月原文转发总数}}{\text{上月原文转发总数}}\times100\%$，占工作业绩权重的20%，转发量增长率在____%以上，得____分；每降低____%，扣____分；低于____%，不得分。

（4）阅读量增长率：阅读量增长率 $=\dfrac{\text{本月总阅读量}-\text{上月总阅读量}}{\text{上月总阅读量}}\times100\%$，占工作业绩权重的10%，阅读量增长率在____%以上，得____分；每降低____%，扣____分；低于____%，不得分。

（5）新增粉丝数计划达成率：新增粉丝数计划达成率 $=\dfrac{\text{实际新增粉丝数}}{\text{计划新增粉丝数}}\times100\%$，占工作业绩权重的20%，新增粉丝数计划达成率在____%以上，得____分；每降低____%，扣____分；低于____%，不得分。

（6）传播效果总结报告提交及时率：传播效果总结报告提交及时率 $=$

$\dfrac{\text{及时提交的传播效果总结报告份数}}{\text{需提交的传播效果总结报告份数}}\times100\%$，占工作业绩权重的10%，传播效果总结报告提交及时率在____%以上，得____分；每降低____%，扣____分；低于____%，不得分。

（7）页面方案创新：页面方案创新占工作业绩权重的10%，有很好的创新想法并能运用到方案中，得____分；有创新想法但无法满足方案，得____分；无创新想法，不得分。

2．工作态度考核

（1）向上沟通。

①与上级主管配合默契，所有问题都能与上级主管达成一致，得____分。

②与上级主管配合默契，极少问题不能与上级主管达成一致，得____分。

③与上级主管配合勉强默契，很多问题不能与上级主管达成一致，得____分。

④与上级主管配合不默契，大部分问题不能与上级主管达成一致，得____分。

（2）执行能力。

①能很好地遵守企业制度与部门工作要求，并能积极、有效地执行工作，得____分。

②能较好地遵守企业制度与部门工作要求，并能有效地执行工作，得____分。

③能基本遵守企业制度与部门工作要求，并能按时完成工作，得____分。

（3）创新能力。

①经常能应时势所需，提出新的构想来改善现行工作且有成效，得____分。

②尚能应时势所需，勇于自我突破，偶尔提出新的构想来改善现行工作，得____分。

③行事墨守成规，无法应时势所需，无法进行自我突破，须做必要的改善，得____分。

第8条　考核程序

1. 新媒体运营部经理根据绩效考核表对内容运营主管进行考核评分。

2. 人力资源部将绩效考核结果汇总、统计，报总经理审批，并于3个工作日内对考核结果予以公布。

第9条　考核结果运用

考核结果将作为内容运营主管绩效工资发放的依据。得分为60分以下的等级为不合格，发放绩效工资的50%；得分为60~80分的等级是尚可，发放绩效工资的90%；得分为81~90分的等级为良好，发放绩效工资的110%；得分为90分（不含）以上的等级为优秀，发放绩效工资的130%。

第10条　编制单位

本办法由人力资源部负责编制、解释与修订。

第11条　生效时间

本办法自××××年××月××日起生效。

10.3.3　用户运营专员绩效考核细则

用户运营专员绩效考核细则

细则名称	用户运营专员绩效考核细则		受控状态	
			编　　号	
执行部门		监督部门	编修部门	

第1条　为了规范用户运营专员的绩效考核工作，完善新媒体运营管理体系，特制定本细则。

第2条　对用户运营专员进行绩效考核时，要坚持公平、公正和客观原则。

第3条　新媒体运营部主管负责用户运营专员的绩效考核，并将考核结果提交给人力资源部；人力资源部负责根据考核结果对用户运营专员进行个人奖惩、制订岗位培训计划等。

第4条　用户运营专员的考核可分为月度考核和年度考核。

第5条　对用户运营专员的考核从工作业绩和工作能力两方面进行。

第6条　工作绩效考核指标设置。

1．用户互动活动策划完成率：用户互动活动策划完成率=$\dfrac{\text{已经完成的用户互动活动策划数}}{\text{用户互动活动策划总数}}$

×100%，用户互动活动策划完成率在＿＿%以上，得＿＿分；每降低＿＿%，扣＿＿分；低于＿＿%，不得分。

2．后台回复率：后台回复率=$\dfrac{\text{8小时内后台回复数}}{\text{8小时内后台咨询总数}}$×100%，后台回复率在＿＿%以上，得＿＿分；每降低＿＿%，扣＿＿分；低于＿＿%，不得分。

3．评论回复率：评论回复率=$\dfrac{\text{8小时内评论回复数}}{\text{8小时内评论总数}}$×100%，评论回复率在＿＿%以上，得＿＿分；每降低＿＿%，扣＿＿分；低于＿＿%，不得分。

4．忠实用户率：忠实用户率=$\dfrac{\text{访问时间在15分钟以上的用户数}}{\text{总用户数}}$×100%，忠实用户率在＿＿%以上，得＿＿分；每降低＿＿%，扣＿＿分；低于＿＿%，不得分。

5．粉丝流失率：粉丝流失率=$\dfrac{\text{取关的粉丝数}}{\text{取关前的粉丝总数}}$×100%，粉丝流失率在＿＿%以下，得＿＿分；每增加＿＿%，扣＿＿分；高于＿＿%，不得分。

第7条　工作能力考核指标设置。

1．团队协作能力：主要考核能否同项目推广团队成员合作，共同完成工作任务。

2．沟通能力：主要考核能否进行有效沟通，从而减少冲突与矛盾。

3．自律性：主要考核是否遵守项目团队的制度及行为规范。

4．工作责任心：主要考核工作态度是否端正，在工作中是否认真、负责、积极主动。

第8条　考核方式采用绩效考核表评分法，绩效考核评分表由人力资源部编制。

第9条　每月＿＿日之前、每年1月＿＿日前分别对用户运营专员进行月度考核和年度考核，由新媒体运营部主管负责考核实施，人力资源部准备好考核表。

第10条　新媒体运营部主管根据用户运营专员绩效考核标准进行评估打分，并形成考核结果。

第11条　若用户运营专员对考核结果存有异议，可在考核结果公布后5个工作日内，向新媒体运营部主管提出申诉。新媒体运营部主管应对申诉内容进行重新检查、核实，并在3个工作日内作出答复。

第12条　人力资源部根据用户运营专员的考核结果，确定其绩效奖金发放标准。

第13条　人力资源部根据用户运营专员绩效考核结果分析培训需求，并为其制订培训计划。

第14条　年度考核结果将作为用户运营专员职位晋升和薪资等级调整的依据，具体应遵循企业薪酬管理制度的相关规定。

第15条　本细则由人力资源部负责编制、解释与修订。

第16条　本细则自××××年××月××日起生效。

新媒体引流
考核办法

第11章

仓储物流业务目标分解与部门岗位绩效量化考核

11.1 智能化仓储管理、可视化物流管理、安全库存管理、联合库存管理、第三方物流管理业务目标分解

11.1.1 智能化仓储管理业务目标分解

智能化仓储管理业务的4大主要目标是：物资入库管理，自动存储系统管理，物资分拣管理，设备与系统管理。据此设计的三级分解目标如表11–1所示。

表11–1 智能化仓储管理业务目标分解

一级目标	二级目标	三级目标
1. 物资入库管理	（1）填写并呈报物资入库单，进入仓储物流检查流程，保证物资完好	①入库物资手续齐全，入库单填写完整、无漏项 ②每月安全检查次数在＿＿次以上，并保证物资完好
	（2）根据物资要存储的位置对物资进行编号	①物资编号正确率在＿＿%以上 ②物资编号无遗漏
	（3）进行仓库物资盘点，保证物资与物资台账相符	①每月进行物资盘点次数在＿＿次以上，确保物资与物资台账相符 ②年度物资台账准确率在＿＿%以上
2. 自动存储系统管理	（1）及时存储物资，并保证物资储位置正确、无差错	①物资存储及时，未发生物资暴露在外的情况 ②物资存储位置正确，没有出现物资错放或混放的情况
	（2）确保剩余存储容量在安全的范围内，物资存储环境干净、卫生、安全	①剩余存储容量可控 ②存储环境干净、卫生、安全
3. 物资分拣管理	（1）根据订单对需要出库的物资编号进行整理，并将相关信息录入系统	①物资编号整理工作完成准确且高效 ②相关信息在＿＿天内准确录入系统
	（2）根据录入的信息高效地完成物资分拣工作，并且物资分拣工作正确、无遗漏	①物资分拣工作效率高 ②物资分拣正确率在＿＿%以上 ③物资分拣遗漏率在＿＿%以下
	（3）对已完成分拣的物资进行统计，并将信息及时录入发货系统中	①已完成分拣的物资统计正确、完整 ②物资信息在＿＿天内准确录入发货系统

续表

一级目标	二级目标	三级目标
4．设备与系统管理	（1）及时对存储、分拣设备进行维护，对已经损坏的设备进行及时更换	①设备维护每月在____次以上 ②设备更换及时且不影响其他工作
	（2）请专业团队定期对智能仓储软件系统进行故障测试，并对可能产生的故障进行预处理	①智能仓储软件系统每年测试次数在____次以上 ②故障预处理方案及时、可行性高
	（3）根据实际需要，及时对智能仓储软件系统进行更新	智能仓储软件系统在____天内完成更新

11.1.2　可视化物流管理业务目标分解

可视化物流管理业务的4大主要目标是：物资出库管理，物流信息管理，物资配送规划管理，可视化系统管理。据此设计的三级分解目标如表11-2所示。

表11-2　可视化物流管理业务目标分解

一级目标	二级目标	三级目标
1．物资出库管理	（1）对出库物资进行盘点，确保出库物资数量与种类没有错误	①出库物资盘点在____天内完成 ②出库物资没有遗漏 ③出库物资种类正确
	（2）对出库物资进行编码，做到出库物资与运输工具相对应	①出库物资编码准确、完整 ②出库物资与运输工具匹配度高
2．物流信息管理	（1）做好物资重量、体积、目的地、需求紧急程度等信息的统计工作	物资信息统计完整、准确
	（2）及时收集天气、交通等影响物流的信息，对这些信息进行分析并提交预案	①对影响物流的信息收集及时、准确、全面 ②预案提交及时、可行性高
	（3）及时更新物资位置信息，并将信息录入系统	①物资位置信息更新频率高 ②物资位置信息录入系统及时、准确、完整
3．物资配送规划管理	（1）根据物资需求的紧急程度、距离、费用等信息，选择合适的运输工具，合理规划好运输路线	①运输工具选择正确 ②运输路线规划合理 ③运输成本控制在合理的范围内

续表

一级目标	二级目标	三级目标
3．物资配送规划管理	（2）当发生极端天气、交通事故等突发事件时，根据预案对运输路线及运输工具作好及时调整	①对突发事件的响应速度快 ②对运输路线及运输工具的调整及时、合理
	（3）若配送过程中发生货物损坏、物资配送错误等情况，应该及时进行补发货等处理	①库存能及时应对突发情况 ②补发货处理及时，发货速度快
4．可视化系统管理	（1）运用地理信息系统、虚拟现实等技术建立物流可视化系统	①物流可视化系统运行效率高 ②物流可视化系统实际应用效果良好
	（2）定期对物流可视化系统进行维护与更新	①物流可视化系统每年维护在＿＿＿次以上 ②物流可视化系统更新及时且未出现异常情况

11.1.3　安全库存管理业务目标分解

安全库存管理业务的3大主要目标是：安全库存规划管理，安全库存量管理，物资缺货与呆滞管理。据此设计的三级分解目标如表11-3所示。

表11-3　安全库存管理业务目标分解

一级目标	二级目标	三级目标
1．安全库存规划管理	（1）对客户的订单数量以及客户服务要求进行及时统计，对单位库存成本进行计算、分析	①对影响安全库存的信息统计及时、准确、全面 ②单位库存成本计算正确率在＿＿＿％以上
	（2）根据物资的体积、重量、性质等，对物资进行分类	物资分类正确、合理
	（3）根据生产能力、客户需求、供应商物资供应的变动，及时更改安全库存的规划	①市场信息调研在＿＿＿天内完成 ②安全库存的规划更改合理、及时
2．安全库存量管理	（1）实时收集安全库存状态信息，并将数据录入系统中	①安全库存状态跟踪及时 ②安全库存状态信息收集及时、准确 ③数据录入正确率在＿＿＿％以上

续表

一级目标	二级目标	三级目标
2. 安全库存量管理	（2）对现有的数据进行分析，编制科学、合理的安全库存计划	①数据分析客观、科学、有效 ②安全库存计划编制科学、合理 ③安全库存计划提交审批并通过
	（3）实时监控现有库存量，当现有库存量不足时，及时发出预警	①现有库存量每月监控次数在____次以上 ②现有库存量不足时，在____小时内发出预警
3. 物资缺货与呆滞管理	（1）当某项物资的库存量在安全预警以下时，及时进行补货处理	补货在____天内完成
	（2）若出现某项物资库存过多且长时间在仓库内，应该根据库存成本以及利润分析进行及时处理	呆滞物资处理及时，且损失最低

11.1.4　联合库存管理业务目标分解

联合库存管理业务的3大主要目标是：联合库存管理体系建设，联合库存信息沟通管理，快速响应系统建立。据此设计的三级分解目标如表11-4所示。

表11-4　联合库存管理业务目标分解

一级目标	二级目标	三级目标
1. 联合库存管理体系建设	（1）与供应商和客户建立良好的合作关系，并协商共同建立联合库存	与供应商和客户合作关系良好
	（2）共同建立联合库存管理制度，制定联合库存工作流程和操作标准	①联合库存管理制度合理、科学、可行性高 ②联合库存工作流程和操作标准统一
	（3）建立公平的利益分配机制，确保各企业的协作性和协调性	①利益分配机制公平、有效 ②各企业之间的协作性和协调性良好
2. 联合库存信息沟通管理	（1）收集、统计供应商和客户的数据信息	①供应商和客户的数据信息完整、客观、真实 ②数据信息统计及时、正确率高

续表

一级目标	二级目标	三级目标
2.联合库存信息沟通管理	（2）构建联合库存管理网络系统，将收集到的数据信息录入其中	①联合库存管理网络系统稳定、实用性好 ②数据信息录入及时、完整
	（3）根据实际情况对数据信息进行及时更新，避免因为延误产生信息差	数据信息在＿＿小时内更新完成
3.快速响应系统建立	（1）通过与供应商和客户签订协议，实现物资的快速供应	①协议签订速度快且各方满意 ②物资供应速度快
	（2）增加企业内部业务处理功能，采用条形码和EDI（Electronic Data Interchange，电子数据交换）技术	①条形码和EDI技术运用广泛 ②内部业务处理流畅
	（3）与供应商和客户共同预测未来需求，并做到订货量与补货周期一致	①未来需求预测科学、合理 ②订货量与补货周期一致

11.1.5　第三方物流管理业务目标分解

第三方物流管理业务的3大主要目标是：第三方物流职能管理，第三方物流合同管理，第三方物流实施。据此设计的三级分解目标如表11-5所示。

表11-5　第三方物流管理业务目标分解

一级目标	二级目标	三级目标
1.第三方物流职能管理	（1）企业对物流业务进行综合分析，确定自身需求	需求定位准确、清晰
	（2）结合实际赋予第三方物流企业的相关职能，优化物流配送流程，加快物流配送效率	①相关职能赋予合理、科学 ②物流配送流程简洁、高效
	（3）收集相关物流资料，确定第三方物流的预算	①相关物流资料收集完整、客观、真实 ②第三方物流预算设计合理、可行性高
	（4）编写"第三方物流招标书"，邀请有资质的企业竞标	①"第三方物流招标书"编写规范、内容完整 ②所邀请的竞标企业口碑良好

续表

一级目标	二级目标	三级目标
2．第三方物流合同管理	（1）招标项目开标后，对第三方物流企业的资质进行审核，选择最合适的企业	①资质审核资料齐全、真实 ②资质审核通过率高 ②第三方物流企业选择合理
	（2）与第三方物流企业共同起草第三方物流合同，双方满意后交由企业高层审批	①第三方物流合同起草规范、内容全面 ②第三方物流合同提交审批并通过
	（3）审批通过后，与第三方物流企业签订合同，并对第三方物流合同进行保管与归档	①第三方物流合同在____天内归档 ②第三方物流合同保管安全、完整、无损坏
3．第三方物流实施	（1）在企业内，对与第三方物流企业合作的人员进行培训，以使工作衔接流畅	①人员培训次数达到____次 ②工作衔接流畅、效率高
	（2）针对第三方物流企业设计考核指标，对于做得好的企业进行奖励	第三方物流企业考核指标设计合理、科学
	（3）仓储、搬运相关人员积极与第三方物流企业配合，以提高工作效率	①相关人员配合意愿高 ②工作效率明显提高

11.2　仓储主管、物流主管、配送专员、运输专员量化考核方案

11.2.1　仓储主管量化考核方案

仓储主管绩效考核指标主要有12个，其中3个KPI指标为库存利用率、库存货损率、库存周转率。据此设计的仓储主管量化考核方案如表11-6所示。

库存主管量化
考核方案

表11-6　仓储主管量化考核方案

考核指标	量化考核说明		
	计算公式与指标描述	权重	考核标准
1. 库存利用率	库存利用率＝ $\dfrac{\text{库存货物所占面积}}{\text{仓库总面积}} \times 100\%$	15%	①库存利用率在＿＿%以上，得＿＿分 ②每降低＿＿个百分点，扣＿＿分 ③低于＿＿%，不得分
2. 库存货损率	库存货损率＝ $\dfrac{\text{库存货物损失数量}}{\text{库存货物总数量}} \times 100\%$	15%	①库存货损率在＿＿%以下，得＿＿分 ②每增加＿＿个百分点，扣＿＿分 ③高于＿＿%，不得分
3. 库存周转率	库存周转率＝ $\dfrac{\text{考核期内出库货物总金额}}{\text{考核期内平均库存货物金额}}$ $\times 100\%$	10%	①库存周转率在＿＿%以上，得＿＿分 ②每降低＿＿个百分点，扣＿＿分 ③低于＿＿%，不得分
4. 发货准确率	发货准确率＝ $\left(1 - \dfrac{\text{发货出错批次数}}{\text{发货总批次}}\right) \times 100\%$	10%	①发货准确率在＿＿%以上，得＿＿分 ②每降低＿＿个百分点，扣＿＿分 ③低于＿＿%，不得分
5. 账货相符率	账货相符率＝ $\dfrac{\text{账货相符笔数}}{\text{货物存储总笔数}} \times 100\%$	10%	①账货相符率在＿＿%以上，得＿＿分 ②每降低＿＿个百分点，扣＿＿分 ③低于＿＿%，不得分
6. 库存结构合理性	库存总量中各货物品类的存储结构达到一定的合理性	10%	①库存结构非常合理，得＿＿分 ②库存结构合理，得＿＿分 ③库存结构不合理，得＿＿分
7. 盘点任务按时完成率	盘点任务按时完成率＝ $\dfrac{\text{按时完成的盘点任务数}}{\text{应完成的盘点任务总数}} \times 100\%$	5%	①盘点任务按时完成率在＿＿%以上，得＿＿分 ②每降低＿＿个百分点，扣＿＿分 ③低于＿＿%，不得分
8. 入库货物质量合格率	入库货物质量合格率＝ $\dfrac{\text{质量合格的入库货物数}}{\text{入库货物总数}} \times 100\%$	5%	①入库货物质量合格率在＿＿%以上，得＿＿分 ②每降低＿＿个百分点，扣＿＿分 ③低于＿＿%，不得分
9. 仓库安全事故发生次数	考核期内，仓库安全事故发生的次数	5%	①仓库安全事故发生次数在＿＿次以内，得＿＿分 ②每增加＿＿次，扣＿＿分 ③多于＿＿次，不得分

考核指标	量化考核说明		
	计算公式与指标描述	权重	考核标准
10．库存货物养护情况	是否综合使用各种调节措施，确保在库货物的质量、性能和安全	5%	①库存货物养护情况良好，得＿＿＿分 ②库存货物养护情况一般，得＿＿＿分 ③库存货物养护情况较差，得＿＿＿分
11．出库手续办理情况	是否严格按出库手续办理货物出库，且货物出库办理及时、准确	5%	①出库手续办理及时且准确，得＿＿＿分 ②出库手续办理准确，得＿＿＿分 ③出库手续办理不准确，得＿＿＿分
12．账务处理的及时性	是否及时、准确地对进出库货物进行账务处理	5%	①账务处理及时且准确，得＿＿＿分 ②账务处理准确，得＿＿＿分 ③账务处理不准确，得＿＿＿分

11.2.2　物流主管量化考核方案

物流主管绩效考核指标主要有9个，其中3个KPI指标为物流成本率、货物准时送达率、货物发货率。据此设计的物流主管量化考核方案如表11-7所示。

表11-7　物流主管量化考核方案

考核指标	量化考核说明		
	计算公式与指标描述	权重	考核标准
1．物流成本率	物流成本率=$\dfrac{物流成本}{企业总成本}\times100\%$	15%	①物流成本率在＿＿＿%以下，得＿＿＿分 ②每增加＿＿＿个百分点，扣＿＿＿分 ③高于＿＿＿%，不得分
2．货物准时送达率	货物准时送达率=$\dfrac{准时送达货物数}{发出货物总数}\times100\%$	15%	①货物准时送达率在＿＿＿%以上，得＿＿＿分 ②每降低＿＿＿个百分点，扣＿＿＿分 ③低于＿＿＿%，不得分
3．货物发货率	货物发货率=$\dfrac{已发出货物量}{计划发出货物量}\times100\%$	10%	①货物发货率在＿＿＿%以上，得＿＿＿分 ②每降低＿＿＿个百分点，扣＿＿＿分 ③低于＿＿＿%，不得分

续表

考核指标	量化考核说明		
	计算公式与指标描述	权重	考核标准
4. 配送计划按时完成率	配送计划按时完成率= $\dfrac{按时完成的配送次数}{计划完成的配送次数}\times100\%$	10%	①配送计划按时完成率在____%以上，得____分 ②每降低____个百分点，扣____分 ③低于____%，不得分
5. 货物损失率	货物损失率= $\dfrac{货物损失量}{货物总量}\times100\%$	10%	①货物损失率在____%以下，得____分 ②每增加____个百分点，扣____分 ③高于____%，不得分
6. 装卸效率	装卸效率= $\dfrac{实际装卸作业人时数}{标准装卸作业人时数}\times100\%$	10%	①装卸效率在____%以上，得____分 ②每降低____个百分点，扣____分 ③低于____%，不得分
7. 发货及时率	发货及时率= $\dfrac{及时发货的次数}{发货总次数}\times100\%$	10%	①发货及时率在____%以上，得____分 ②每降低____个百分点，扣____分 ③低于____%，不得分
8. 问题解决能力	能迅速理解复杂事物且对其有独到见解，发现并快速解决关键问题的能力	10%	①问题解决能力强，得____分 ②问题解决能力一般，得____分 ③问题解决能力差，得____分
9. 工作主动性与协作性	工作是否积极主动，是否具有良好的团队协作精神	10%	①工作主极性与协作性强，得____分 ②工作主极性与协作性一般，得____分 ③工作主极性与协作性较差，得____分

11.2.3　配送专员量化考核方案

配送专员绩效考核指标主要有11个，其中3个KPI指标为按时发货率、配送延误率、紧急订单响应率。据此设计的配送专员量化考核方案如表11-8所示。

表11-8　配送专员量化考核方案

考核指标	量化考核说明		
	计算公式与指标描述	权重	考核标准
1. 按时发货率	按时发货率= $\dfrac{按时发货次数}{发货总次数} \times 100\%$	15%	①按时发货率在____%以上，得____分 ②每降低____个百分点，扣____分 ③低于____%，不得分
2. 配送延误率	配送延误率= $\dfrac{延误的配送次数}{配送总次数} \times 100\%$	10%	①配送延误率在____%以下，得____分 ②每增加____个百分点，扣____分 ③高于____%，不得分
3. 紧急订单响应率	紧急订单响应率= $\dfrac{未超过12小时出货的订单数}{同时期订单总数} \times 100\%$	10%	①紧急订单响应率在____%以上，得____分 ②每降低____个百分点，扣____分 ③低于____%，不得分
4. 货物分拣准确率	货物分拣准确率= $\dfrac{分拣准确的货物数}{分拣货物总数} \times 100\%$	10%	①货物分拣准确率在____%以上，得____分 ②每降低____个百分点，扣____分 ③低于____%，不得分
5. 货物破损率	货物破损率= $\dfrac{损失、损坏的货物数量}{应交付货物总量} \times 100\%$	10%	①货物破损率在____%以下，得____分 ②每增加____个百分点，扣____分 ③高于____%，不得分
6. 货物交付差错率	货物交付差错率= $\dfrac{货物交付差错累计批次数}{货物应交付总批次数} \times 100\%$	10%	①货物交付差错率在____%以下，得____分 ②每增加____个百分点，扣____分 ③高于____%，不得分
7. 货物丢失率	货物丢失率= $\dfrac{丢失的货物总量}{应交付货物总量} \times 100\%$	10%	①货物丢失率在____%以下，得____分 ②每增加____个百分点，扣____分 ③高于____%，不得分
8. 投诉处理率	投诉处理率= $\dfrac{处理的投诉数量}{受理的投诉数量} \times 100\%$	10%	①投诉处理率在____%以上，得____分 ②每降低____个百分点，扣____分 ③低于____%，不得分
9. 签收单返回率	签收单返回率= $\dfrac{签收单实际返回数}{签收单应返回总数} \times 100\%$	5%	①签收单返回率在____%以上，得____分 ②每降低____个百分点，扣____分 ③低于____%，不得分

考核指标	量化考核说明		
	计算公式与指标描述	权重	考核标准
10. 通知及时率	通知及时率=$\dfrac{配送后及时通知的次数}{需要通知的总次数}\times100\%$	5%	①通知及时率在____%以上，得____分 ②每降低____个百分点，扣____分 ③低于____%，不得分
11. 客户满意度	客户对配送专员的满意度评分	5%	①客户满意度评分在____分以上，得____分 ②每减少____分，扣____分 ③低于____分，不得分

11.2.4　运输专员量化考核方案

运输专员绩效考核指标主要有8个，其中3个KPI指标为运输计划完成率、出库准时率、入库准时率。据此设计的运输专员量化考核方案如表11-9所示。

表11-9　运输专员量化考核方案

考核指标	量化考核说明		
	计算公式与指标描述	权重	考核标准
1. 运输计划完成率	运输计划完成率=$\dfrac{实际完成运输量}{计划完成运输量}\times100\%$	15%	①运输计划完成率在____%以上，得____分 ②每降低____个百分点，扣____分 ③低于____%，不得分
2. 出库准时率	出库准时率=$\dfrac{按时出库的货物数量}{货物出库总数量}\times100\%$	15%	①出库准时率在____%以上，得____分 ②每降低____个百分点，扣____分 ③低于____%，不得分
3. 入库准时率	入库准时率=$\dfrac{准时入库的货物数量}{货物入库总数量}\times100\%$	15%	①入库准时率在____%以上，得____分 ②每降低____个百分点，扣____分 ③低于____%，不得分
4. 货物准时送达率	货物准时送达率=$\dfrac{货物准时送达订单数}{发货订单总数}\times100\%$	15%	①货物准时送达率在____%以上，得____分 ②每降低____个百分点，扣____分 ③低于____%，不得分

考核指标	量化考核说明		
	计算公式与指标描述	权重	考核标准
5．运输货损率	运输货损率=$\dfrac{运输货物损失总价值}{运输货物总价值}\times100\%$	10%	①运输货损率在＿＿％以下，得＿＿分 ②每增加＿＿个百分点，扣＿＿分 ③高于＿＿％，不得分
6．运输车辆完好率	运输车辆完好率=$\dfrac{完好的运输车辆数}{运输车辆总数}\times100\%$	10%	①运输车辆完好率在＿＿％以上，得＿＿分 ②每降低＿＿个百分点，扣＿＿分 ③低于＿＿％，不得分
7．交通违章率	交通违章率=$\dfrac{交通违章次数}{运输任务总次数}\times100\%$	10%	①交通违章率在＿＿％以下，得＿＿分 ②每增加＿＿个百分点，扣＿＿分 ③高于＿＿％，不得分
8．安全事故次数	考核期内安全事故发生的次数	10%	①安全事故发生的次数在＿＿次以下，得＿＿分 ②每增加＿＿次，扣＿＿分 ③高于＿＿次，不得分

11.3　仓储物流部与仓储物流岗位量化考核制度、办法、细则

11.3.1　仓储物流部绩效考核制度

制度名称	仓储物流部绩效考核制度		受控状态	
			编　号	
执行部门		监督部门	编修部门	

第1章　总则
第1条　目的 为规范对仓储物流部员工的绩效考核工作，正确评价员工工作绩效，调动仓储物流部员工的工作积极性，同时为其岗位晋升、薪酬制定等提供科学的依据，特制定本制度。

第2条 适用范围

本制度适用于企业对仓储物流部绩效考核工作的管理。

第3条 考核原则

1. 公平、公正、公开原则。

2. 定性与定量考核相结合的原则。

3. 以提高仓储物流部及其员工绩效为导向的原则。

第2章 绩效考核内容

第4条 考核组织

1. 人力资源部副总经理负责对仓储物流部员工的考核结果进行审批，并且拥有考核申诉的最终决定权。

2. 企业副总经理、仓储物流部经理、人力资源部相关人员作为考核人员，负责对仓储物流部员工的工作情况进行绩效考核。

3. 人力资源部是企业绩效考核工作的归口管理部门，负责企业仓储物流部所有员工的绩效考核培训、监督实施、结果统计与分析、申诉处理等工作。

第5条 考核时间

企业对仓储物流部员工实施月度考核、季度考核和年度考核。

1. 月度考核

当月考核时间为下月月初的前____个工作日内。

2. 季度考核

当季考核时间为下季度开始的前____个工作日。

3. 年度考核

当年考核时间是次年1月1—____日。

第6条 考核指标

仓储物流部员工的考核指标具体如下（括号中为该项所占比重）。

1. 仓库面积可利用率（10%）

$$仓库面积可利用率=\frac{仓库可利用面积}{仓库建筑总面积}\times100\%$$

2. 仓库设备利用率（5%）

$$仓库设备利用率=\frac{仓库设备实际负荷}{仓库设备计划负荷}\times100\%$$

3. 平均收发货时间（10%）

$$平均收发货时间=\frac{收发货时间总和}{收发货总批次数}$$

4. 单件出入库成本（10%）

$$单件出入库成本=\frac{仓储总费用}{出入库货物总量}$$

5. 库存周转率（10%）

$$库存周转率 = \frac{考核期内出库货物总金额}{考核期内平均库存货物金额} \times 100\%$$

6. 仓储作业效率（10%）

$$仓储作业效率 = \frac{考核期内出入库货物总量}{考核期内的工作天数}$$

7. 订单处理及时率（5%）

$$订单处理及时率 = \frac{及时处理的订单数}{订单总数} \times 100\%$$

8. 货物准时送达率（10%）

$$货物准时送达率 = \frac{准时送达订单数}{发货订单总数} \times 100\%$$

9. 货损率（10%）

$$货损率 = \frac{损失、损坏的货物量}{应交货物总量} \times 100\%$$

10. 运力利用率（5%）

$$运力利用率 = \frac{实际耗用运力}{总运力} \times 100\%$$

11. 装卸作业效率（5%）

$$装卸作业效率 = \frac{装卸作业总量}{装卸工时数}$$

12. 事故发生次数（10%）

在考核期内，发生火灾、交通违规、车祸、货物丢失等事故的次数。

第7条　评分体系管理

根据上述指标对仓储物流部的员工进行绩效评分，并将评分分为优秀、良好、合格、不合格四个等级。

1. 绩效评分为90~100分的，等级为优秀。

2. 绩效评分为70~89分的，等级为良好。

3. 绩效评分为60~69分的，等级为合格。

4. 绩效评分为0~59分的，等级为不合格。

第3章　绩效考核实施

第8条　绩效考核程序

1. 每月（季）第一个工作日启动上月（季）度考核工作。

2. 考核人员收集各项考核信息，各部门积极提供相关资料。

3. 考核人员收集各项考核信息后对被考核人员进行评分。

4. 每月（季）第＿＿＿个工作日前，由人力资源部汇总、计算各项评分，得出考核结果，并报人力资源部副总经理审批。

5. 人力资源部与被考核人员进行沟通，了解被考核人员对考核结果的反馈意见。

6. 部门年度考核可采用仓储物流部员工当年各月（季）考核成绩的得分平均数为基础数据，并对其他项目进行补充考核。

第9条　考核结果应用

1. 仓储物流部员工的绩效考核结果直接影响其岗位晋升与降级、工资等级升降、奖金分配、培训机会获得等方面。

2. 绩效反馈：在考核结束后____天内，仓储物流部经理针对考核范围内的工作评分进行讨论，对仓储物流管理过程中存在的问题进行公正、客观的反馈。

3. 绩效改进：仓储物流部的员工对仓储物流管理过程中存在的问题进行分析，针对现有不足之处制定有效改进措施，并编制绩效改进计划，明确计划时间和内容，最终上报领导审批。

第4章　绩效面谈与申诉

第10条　绩效面谈管理

1. 绩效面谈由被考核人员的直接上级和被考核人员共同参加，必要时，考核人员也可参加面谈，提供相应的支持。

2. 绩效面谈须包括员工绩效考核结果、员工工作情况概述、员工工作中存在的问题、对员工工作的指导意见及员工反馈意见等内容。

3. 绩效面谈过程中，被考核人员的直接上级须根据面谈的实际情况填写"绩效考核面谈记录"，并在面谈结束后，组织面谈参与人员在面谈记录上签字确认。

第11条　绩效申诉

若被考核人员对绩效考核结果或绩效面谈结果存有异议，可向人力资源部提出申诉，具体要求如下。

1. 被考核人员须在面谈结束后____个工作日内填写"绩效申诉表"。若被考核人员超过申诉时间期限而未提出申诉的，人力资源部将不予受理。

2. 人力资源部在接到员工的"绩效申诉表"后，须在____个工作日内完成对申诉内容的调查。若查证申诉内容属实，应责令相关人员整改，并重新进行考核，然后公布新的考核结果；若查证申诉内容不实，须在____个工作日内告知申诉人。

3. 员工若对申诉处理结果不满意，可在接到"绩效申诉表"的反馈后____个工作日内，根据企业的相关规定向总经理提请最后申诉，由总经理做最后的申诉仲裁。

第5章　附则

第12条　编制单位

本制度由人力资源部和仓储物流部共同编制、解释与修订。

第13条　生效时间

本制度自××××年××月××日起生效。

编制日期		审核日期		批准日期	
修改标记		修改处数		修改日期	

11.3.2　物流主管绩效考核办法

物流主管绩效考核办法

办法名称	物流主管绩效考核办法		受控状态	
			编　　号	
执行部门		监督部门	编修部门	

第1条　目的

1．为物流主管薪资调整、绩效工资发放、职位调整提供依据。

2．促使物流主管改进工作方式，提高工作效率。

第2条　权责人员

1．人力资源部根据物流主管岗位职责和素质要求选择合理、有效的考核指标，并设定权重，编制"物流主管考核计划"。

2．人力资源部相关负责人应将"物流主管考核计划"提交至人力资源部及物流主管所在部门的物流经理审核，并交主管物流部门的副总经理审批，审批通过后方可执行。

第3条　考核时间与周期

物流主管的考核分为月度考核和年度考核。月度考核的考核时间为下个月1—＿＿日。年度考核的考核时间为下一年度的1月1—＿＿日。

第4条　考核指标

物流主管的绩效考核采用定量与定性指标相结合的方式，其中定量指标占绩效考核指标的80%，定性指标占20%，具体的考核方法如下。

（一）定量指标（括号后面为该项所占权重）

1．物流成本率（15%）

$$物流成本率 = \frac{物流成本}{企业总成本} \times 100\%$$

2．配送计划按时完成率（10%）

$$配送计划按时完成率 = \frac{按时完成的配送次数}{计划完成的配送次数} \times 100\%$$

3．货物发货率（10%）

$$货物发货率 = \frac{已发出货物量}{计划发出货物量} \times 100\%$$

4．货物准时送达率（15%）

$$货物准时送达率 = \frac{准时送达货物数}{发出货物总数} \times 100\%$$

5．货物损失率（10%）

$$货物损失率=\frac{货物损失量}{货物总量}\times100\%$$

6．装卸效率（10%）

$$装卸效率=\frac{实际装卸作业人时数}{标准装卸作业人时数}\times100\%$$

7．回款率（10%）

$$回款率=\frac{实际收到的货款金额}{应收到的货款金额}\times100\%$$

（二）定性指标

1．问题解决能力（10%）

能迅速理解复杂事物且对其有独到见解，发现并快速解决关键问题的能力。

2．工作主动性与协作性（10%）

工作是否积极主动，是否具有良好的团队协作精神。

第5条　评分系统

根据物流主管的绩效考核得分，可以将其划分为杰出、优秀、中等、一般和较差五个等级。

1．绩效考核得分为90~100分的，等级为杰出。

2．绩效考核得分为80~89分的，等级为优秀。

3．绩效考核得分为70~79分的，等级为中等。

4．绩效考核得分为60~69分的，等级为一般。

5．绩效考核得分为59分及以下的，等级为较差。

第6条　考核程序

1．绩效考核小组工作人员根据被考核人员的定量考核和定性考核的总得分来对物流主管进行评级。

2．人力资源部汇总并统计考核结果，在绩效反馈阶段将考核结果告知被考核人员。

3．绩效考核小组将考核结果与被考核人员进行充分沟通，了解被考核人员对考核结果的反馈意见。

4．人力资源部负责人对资料进行归档，并根据物流主管的绩效考核得分出具"职层、职级变动证明"，交财务部作为其工资发放的依据。

第7条　考核结果运用

1．考核结果为物流主管的岗位奖金发放、薪资调整、岗位培训与调整、人事变动等提供客观的依据。

2．根据物流主管绩效考核的结果，可以发现物流主管与标准要求的差距，从而制订有针对性的发展计划和培训计划，提高培训的有效性，使物流主管的素质不断得到提高。

第8条　编制单位

本办法由人力资源部负责编制、解释与修订。

第9条　生效时间

本办法自×××年××月××日起生效。

11.3.3　配送专员绩效考核细则

配送专员绩效考核细则

细则名称	配送专员绩效考核细则		受控状态	
			编　　号	
执行部门		监督部门	编修部门	

第1条　为提高配送专员的工作效率与服务质量，规范企业配送专员的工作流程，增强企业配送竞争力，特制定本细则。

第2条　考核原则

1．坚持实事求是、客观公正的原则。

2．体现多劳多得、奖勤罚懒的原则。

3．遵循差异考核、结果公开的原则。

4．实行分级考核、逐级落实的原则。

第3条　配送主管对配送专员进行绩效考核，其他相关人员积极配合。

第4条　考核时间与周期

对配送专员的考核周期分为月度考核与年度考核。月度考核结果决定配送专员当月绩效考核得分，并以此作为其当月绩效工资发放依据。年度考核结果是将配送专员当年各月考核评估得分进行汇总，并按照年度考核次数计算出年度平均考核得分，再结合部门主管的意见，最终作为其年终奖的发放依据。月度考核的时间为下月的1—＿＿＿日；年度考核的时间为次年的1月1—＿＿＿日。

第5条　考核指标

配送专员考核内容分为配送前考核、配送中考核和配送后考核三个部分。

（一）配送前考核（括号中为该项所占权重）

1．分拣货物准确率（10%）

$$分拣货物准确率 = \frac{分拣准确的货物数}{分拣货物总数} \times 100\%$$

2．紧急订单响应率（10%）

$$紧急订单响应率 = \frac{未超过12小时出货的订单数}{同时期订单总数} \times 100\%$$

3．按时发货率（15%）

$$按时发货率 = \frac{按时发货次数}{发货总次数} \times 100\%$$

（二）配送中考核

1．配送延误率（10%）

$$配送延误率 = \frac{延误的配送次数}{配送总次数} \times 100\%$$

2．货物破损率（10%）

$$货物破损率=\frac{损失、损坏的货物数量}{应交付货物总量}\times100\%$$

3．货物交付差错率（10%）

$$货物交付差错率=\frac{货物交付差错累计批次数}{货物应交付总批次数}\times100\%$$

4．货物丢失率（10%）

$$货物丢失率=\frac{丢失的货物总量}{应交付的货物总量}\times100\%$$

5．签收单返回率（5%）

$$签收单返回率=\frac{签收单实际返回数}{签收单应返回数}\times100\%$$

（三）配送后考核

1．通知及时率（5%）

$$通知及时率=\frac{配送后及时通知的次数}{需要通知的总次数}\times100\%$$

2．投诉处理率（10%）

$$投诉处理率=\frac{处理的投诉数量}{受理的投诉数量}\times100\%$$

3．客户满意度（5%）

客户对配送专员的满意度评分。

第6条　评分系统

根据配送专员的绩效考核得分，将其划分为以下几个等级。

1．绩效考核得分为95分及以上的，等级为杰出。

2．绩效考核得分为85~94分的，等级为优秀。

3．绩效考核得分为75~84分的，等级为良好。

4．绩效考核得分为60~74分的，等级为普通。

5．绩效考核得分为59分及以下的，等级为较差。

第7条　考核程序

1．绩效考核说明

在进入考核周期之前，配送主管与配送专员进行绩效考核沟通，明确考核目标与考核标准。

2．绩效考核指导

在考核周期内，配送主管要对被考核的配送专员进行绩效考核指导，以帮助其随时保持正确的工作方向，最终保证绩效考核目标的顺利达成。

3．自我绩效评价

配送主管在考核周期结束之前向被考核的配送专员发放考核表，并指导其对照绩效目标进行自我绩效评价。

4．部门主管考核

配送专员完成自我绩效评价后将考核表交给配送主管，由配送主管对照绩效考核目标对配送专员进行考评。

第8条　考核结果运用

1．月度绩效工资发放

根据当月被考核配送专员的绩效考核得分、等级来确定其当月绩效工资的发放比例。

2．年度年终奖金发放

进行年度考核时，将配送专员当年各月考核评估得分进行汇总，并按照年度考核次数计算出年度平均考核得分，根据其考核得分及等级进行年终奖金发放。

3．员工培训

根据配送专员的年度绩效考核情况，考核等级为杰出和优秀的员工，有资格享受企业安排的带薪培训的奖励；考核等级为良好和普通的员工，可以申请相关培训，但须部门主管与人力资源部批准后方可参加；考核等级为较差的员工，可参加由企业安排的适职培训。

物流人员绩效
管理制度

第9条　本细则由人力资源部负责编制、解释与修订。

第10条　本细则自××××年××月××日起生效。

第12章

客户服务业务目标分解与部门岗位绩效量化考核

12.1 大客户接待管理、客户分级管理、客户满意度管理、客户关系管理业务目标分解

12.1.1 大客户接待管理业务目标分解

大客户接待管理业务的3大主要目标是：接待准备管理，接待进行管理，后续事宜管理。据此设计的三级分解目标如表12–1所示。

表12–1　大客户接待管理业务目标分解

一级目标	二级目标	三级目标
1. 接待准备管理	（1）明确大客户来访的时间、人数、事由等细节，做好接待准备	大客户来访各项内容的确认准确率达到＿＿＿%
	（2）做好接待大客户所需要的人员、场所、物资等准备工作	各项准备工作在＿＿＿个工作日之内完成
2. 接待进行管理	（1）在指定的时间与地点接待大客户	①接待时间应完全准确，不得迟到②接待地点应完全准确，非特殊情况不能临时更换
	（2）根据大客户到访事由，为其做好服务	服务期间的工作出错率为0
3. 后续事宜管理	（1）大客户接待工作结束后，礼貌送行，若其需要，要为其提供交通工具	不得因工作失误耽误大客户的出行时间
	（2）定时回访大客户，询问其是否有未尽事宜，并调查其对接待工作的满意度	大客户对接待的满意度评分在＿＿＿分以上

12.1.2 客户分级管理业务目标分解

客户分级管理业务的4大主要目标是：制定分级标准，筛选客户，客户分级，分级客户维护。据此设计的三级分解目标如表12–2所示。

表12-2　客户分级管理业务目标分解

一级目标	二级目标	三级目标
1．制定分级标准	制定详细的客户分级标准，并形成规范性文件	客户分级标准的规范性文件提交审核并通过
2．筛选客户	（1）调查已有客户的信用状况，对客户信用进行分级	客户信用分级工作在____个工作日之内完成
	（2）调查已有客户的运营发展现状及前景，探索长期合作的可能性，并对其进行分级，同时撰写客户运营前景分析报告	客户运营前景分析报告内容完整、分析准确，提交审核并通过
	（3）统计已有客户在本企业的下单数量及金额，并进行分级	①客户下单数量和金额的统计工作在____个工作日之内完成 ②客户的下单数量及金额的统计工作准确率达到____%
	（4）计算已有客户对本企业的利润贡献率，并进行分级	①客户的利润贡献率的计算正确率达到____% ②分级工作在____个工作日之内完成
	（5）对各项指标进行加权计算，得到最终的客户分级数据	加权计算的准确率达到____%
3．客户分级	（1）按照加权计算的结果，对客户进行分级	客户分级工作在____个工作日之内完成
	（2）制定客户分级管理的规范性文件，明确不同等级客户的合作程度和维护策略	客户分级管理的规范性文件内容完整、分类清晰，提交审核并通过
4．分级客户维护	按照客户分级管理的相关文件，对不同客户采取不同的合作策略，维护好客户关系	客户策略操作失误率为0

12.1.3　客户满意度管理业务目标分解

客户满意度管理业务的3大主要目标是：调查客户满意度，制定客户满意度管理办法，执行相关办法并按需调整优化。据此设计的三级分解目标如表12-3所示。

表12-3　客户满意度管理业务目标分解

一级目标	二级目标	三级目标
1. 调查客户满意度	（1）确定客户满意度调查方向和目标，设计客户满意度调查问卷	客户满意度调查问卷内容详尽，功能性强，提交审核并通过
	（2）向目标客户发放满意度调查问卷，并收集结果	①至少发放____份满意度调查问卷 ②满意度调查问卷的发放和收集工作在____个工作日之内完成
	（3）分析调查问卷，寻找客户的核心关注点，并撰写问卷分析报告	①至少采用____种方法进行问卷分析 ②问卷分析报告内容完整、指导性强，提交审核并通过
2. 制定客户满意度管理办法	（1）根据前期满意度调查分析结果，明确客户满意度管理的重点，编制客户满意度管理办法	客户满意度管理办法在____个工作日之内完成
	（2）将客户满意度管理办法报上级领导审批，审批通过后进行公示，公示期过后正式执行	①客户满意度管理办法提交审批并通过 ②客户满意度管理办法的公示期不得少于____天
3. 执行相关办法并按需调整优化	（1）按客户满意度管理办法的相关内容，进行客户满意度管理工作，提高客户满意度	客户满意度管理办法实施后，客户满意度得到明显提高
	（2）若工作中发现相关办法的不足之处，应及时反馈并对其进行调整，以不断优化相关办法	发现问题后的反馈时间不得超过____小时

12.1.4　客户关系管理业务目标分解

客户关系管理业务的4大主要目标是：准确识别客户，客户差异分析，满足不同需求，客户关系调整。据此设计的三级分解目标如表12-4所示。

表12-4　客户关系管理业务目标分解

一级目标	二级目标	三级目标
1. 准确识别客户	（1）统计尽可能多的客户数据，以增强客户数据的科学性	至少统计＿＿份客户数据
	（2）验证客户信息，增加全新的客户信息，去除过时的客户信息	过时的客户信息删除准确率达到＿＿%
2. 客户差异分析	（1）统计大量数据，分析不同客户之间的差异	至少采取＿＿种方法对客户数据进行分析
	（2）将不同差异划分为不同类型，再将客户归类整理	客户归类整理工作在＿＿个工作日之内完成
3. 满足不同需求	根据客户差异类型，明确不同的客户需求，根据客户重要程度，有选择性地满足这些需求	客户需求的分析准确率达到＿＿%
4. 客户关系调整	根据企业客户策略、需求满足程度来调整与客户的关系	客户关系调整准确率达到＿＿%

12.2　客户接待主管、客户信息主管、售后服务主管、客户关系主管量化考核方案

12.2.1　客户接待主管量化考核方案

客户接待主管绩效考核指标主要有5个，其中3个KPI指标为接待准时性、接待完成率、客户接待满意率。据此设计的客户接待主管量化考核方案如表12-5所示。

表12-5　客户接待主管量化考核方案

考核指标	量化考核说明		
	计算公式与指标描述	权重	考核标准
1．接待准时性	接待工作应按预先规划的时间准时进行，不得延误	30%	①准时接待，得____分 ②每迟到____分钟，扣____分 ③迟到时间超过____分钟，不得分
2．接待完成率	接待完成率= $\dfrac{接待完成次数}{应接待总次数} \times 100\%$	30%	①接待完成率达到____%，得____分 ②每降低____个百分点，扣____分 ③低于____%，不得分
3．客户接待满意率	客户接待满意率= $\dfrac{客户满意的接待次数}{接待客户总次数} \times 100\%$	20%	①客户接待满意率达到____%，得____分 ②每降低____个百分点，扣____分 ③低于____%，不得分
4．接待失误率	接待失误率= $\dfrac{接待失误次数}{接待总次数} \times 100\%$	10%	①接待失误率为0，得____分 ②每增加____个百分点，扣____分 ③高于____%，不得分
5．接待完成率	接待完成率= $\dfrac{接待完成次数}{接待总次数} \times 100\%$	10%	①接待完成率达到____%，得____分 ②每降低____个百分点，扣____分 ③低于____%，不得分

12.2.2　客户信息主管量化考核方案

客户信息主管绩效考核指标主要有8个，其中2个KPI指标为信息登记准确率、信息登记及时性。据此设计的客户信息主管量化考核方案如表12-6所示。

大客户主管量化
考核方案

表12-6　客户信息主管量化考核方案

考核指标	量化考核说明		
	计算公式与指标描述	权重	考核标准
1．信息登记准确率	信息登记准确率= $\dfrac{信息登记准确次数}{信息登记总次数} \times 100\%$	20%	①信息登记准确率达到____%，得____分 ②每降低____个百分点，扣____分 ③低于____%，不得分

续表

考核指标	量化考核说明		
	计算公式与指标描述	权重	考核标准
2. 信息登记及时性	新信息出现后在一定期限内登记完成	20%	①新信息登记工作在＿＿天以内完成，得＿＿分 ②每延迟1天，扣＿＿分 ③延迟超过＿＿天，不得分
3. 信息登记率	信息登记率= $\dfrac{已登记信息数}{应登记信息总数}×100\%$	10%	①信息登记率达到＿＿%，得＿＿分 ②每降低＿＿个百分点，扣＿＿分 ③低于＿＿%，不得分
4. 信息更新及时率	信息更新及时率= $\dfrac{及时更新信息次数}{需更新信息总次数}×100\%$	10%	①信息更新及时率达到＿＿%，得＿＿分 ②每降低＿＿个百分点，扣＿＿分 ③低于＿＿%，不得分
5. 信息分析完成率	信息分析完成率= $\dfrac{信息分析完成次数}{应分析信息总次数}×100\%$	10%	①信息分析完成率达到＿＿%，得＿＿分 ②每降低＿＿个百分点，扣＿＿分 ③低于＿＿%，不得分
6. 信息分析准确率	信息分析准确率= $\dfrac{信息分析准确次数}{信息分析总次数}×100\%$	10%	①信息分析准确率达到＿＿%，得＿＿分 ②每降低＿＿个百分点，扣＿＿分 ③低于＿＿%，不得分
7. 信息丢失率	信息丢失率= $\dfrac{信息丢失份数}{信息总份数}×100\%$	10%	①信息丢失率为0，得＿＿分 ②每增加＿＿个百分点，扣＿＿分 ③高于＿＿%，不得分
8. 信息失效率	信息失效率= $\dfrac{信息失效份数}{信息总份数}×100\%$	10%	①信息失效率为0，得＿＿分 ②每增加＿＿个百分点，扣＿＿分 ③高于＿＿%，不得分

12.2.3　售后服务主管量化考核方案

售后服务主管绩效考核指标主要有6个，其中3个KPI指标为售后服务完成率、客户对服务投诉率、客户好评率。据此设计的售后服务主管量化考核方案如表12-7所示。

表12-7　售后服务主管量化考核方案

考核指标	量化考核说明		
	计算公式与指标描述	权重	考核标准
1. 售后服务完成率	售后服务完成率= $\dfrac{售后服务完成次数}{应完成售后服务总次数}$ $\times 100\%$	20%	①售后服务完成率达到____%，得____分 ②每降低____个百分点，扣____分 ③低于____%，不得分
2. 客户对服务投诉率	客户对服务投诉率= $\dfrac{客户对服务投诉次数}{客户投诉总次数}\times 100\%$	20%	①客户对服务投诉率为0，得____分 ②每增加____个百分点，扣____分 ③高于____%，不得分
3. 客户好评率	客户好评率= $\dfrac{客户好评次数}{服务客户总次数}\times 100\%$	20%	①客户好评率达到____%，得____分 ②每降低____个百分点，扣____分 ③低于____%，不得分
4. 客户五星好评率	客户五星好评率= $\dfrac{客户五星好评次数}{服务客户总次数}\times 100\%$	20%	①客户五星好评率达到____%，得____分 ②每降低____个百分点，扣____分 ③低于____%，不得分
5. 客户纠纷解决率	客户纠纷解决率= $\dfrac{客户纠纷解决次数}{发生客户纠纷总次数}\times 100\%$	10%	①客户纠纷解决率达到____%，得____分 ②每降低____个百分点，扣____分 ③低于____%，不得分
6. 客户回访率	客户回访率= $\dfrac{回访客户次数}{应回访客户总次数}\times 100\%$	10%	①客户回访率达到____%，得____分 ②每降低____个百分点，扣____分 ③低于____%，不得分

12.2.4　客户关系主管量化考核方案

客户关系主管绩效考核指标主要有9个，其中3个KPI指标为新客户发展数量、客户留存率、重点客户利润贡献率。据此设计的客户关系主管量化考核方案如表12-8所示。

表12-8　客户关系主管量化考核方案

考核指标	量化考核说明		
	计算公式与指标描述	权重	考核标准
1. 新客户发展数量	考核期内，发展新客户的数量	20%	①新客户发展数量超过____家，得____分 ②每减少____家，扣____分 ③少于____家，不得分
2. 客户留存率	客户留存率=$\dfrac{客户留存数量}{已发展客户总数量}\times100\%$	10%	①客户留存率达到____%，得____分 ②每降低____个百分点，扣____分 ③低于____%，不得分
3. 重点客户利润贡献率	重点客户利润贡献率=$\dfrac{重点客户利润贡献量}{所有客户利润贡献总量}\times100\%$	10%	①重点客户利润贡献率达到____%，得____分 ②每降低____个百分点，扣____分 ③低于____%，不得分
4. 客户数据分析准确率	客户数据分析准确率=$\dfrac{客户数据分析准确次数}{客户数据分析总次数}\times100\%$	10%	①客户数据分析准确率达到____%，得____分 ②每降低____个百分点，扣____分 ③低于____%，不得分
5. 客户拜访目标完成率	客户拜访目标完成率=$\dfrac{客户拜访完成次数}{客户拜访目标次数}\times100\%$	10%	①客户拜访目标完成率达到____%，得____分 ②每降低____个百分点，扣____分 ③低于____%，不得分
6. 客户需求分析准确率	客户需求分析准确率=$\dfrac{客户需求分析准确次数}{客户需求分析总次数}\times100\%$	10%	①客户需求分析准确率达到____%，得____分 ②每降低____个百分点，扣____分 ③低于____%，不得分
7. 重点客户关系维护数量	考核期内，持续维护的重点客户数量	10%	①重点客户关系维护超过____家，得____分 ②每减少____家，扣____分 ③少于____家，不得分
8. 客户关系改善数量	考核期内，与客户改善关系的数量	10%	①客户关系改善数量超过____家，得____分 ②每减少____家，扣____分 ③少于____家，不得分
9. 客户重复合作率	客户重复合作率=$\dfrac{客户重复合作次数}{客户合作总次数}\times100\%$	10%	①客户重复合作率达到____%，得____分 ②每降低____个百分点，扣____分 ③低于____%，不得分

12.3　客户服务部与客户服务岗位量化考核制度、办法、细则

12.3.1　客户服务部绩效考核制度

制度名称	客户服务部绩效考核制度		受控状态	
			编　　号	
执行部门		监督部门	编修部门	

第1章　总则

第1条　目的

为规范、明确对客户服务部的考核程序和考核方式，提高客户服务部的工作积极性，促使客户服务部持续高水平运营，特制定本制度。

第2条　适用范围

本制度适用于企业对客户服务部绩效考核工作的管理。

第3条　职责划分

1．人力资源部负责主导客户服务部的绩效考核工作。

2．客户服务部接受考核并提供相关信息。

第2章　考核时间与方式

第4条　考核周期与时间

客户服务部的绩效考核分为月度考核与年度考核。

1．月度考核于每月＿＿＿日开始，并在一个工作周之内完成。

2．年度考核于每年12月＿＿＿日开始，并在次年1月的第一个工作周内完成。

第5条　考核方式

对客户服务部的考核采取"内部自考、外部监督"的形式，其部门内部考核由客户服务部经理负责，外部监督由人力资源部负责。

第6条　评分体系

企业按相关规定给客户服务部进行相关工作的考核，并得出绩效得分。

第3章　考核内容

第7条　客户接待工作考核

客户服务部应做好客户接待工作。部门客户接待工作方面的绩效得分由部门接待岗位人员的绩效得分平均计算而得。

第8条　客户信息管理工作考核

客户服务部应做好客户信息管理工作。部门客户信息管理工作方面的绩效得分由部门客户信息管理岗位人员的绩效得分平均计算而得。

第9条　客户分级管理工作考核

客户服务部应做好客户分级管理工作。部门客户分级管理工作方面的绩效得分由部门客户分级管理岗位人员的绩效得分平均计算而得。

第10条　客户关系管理工作考核

客户服务部应做好客户关系管理工作。部门客户关系管理工作方面的绩效得分由部门客户关系管理岗位人员的绩效得分平均计算而得。

第11条　售后服务管理工作考核

客户服务部应做好售后服务管理工作。部门售后服务管理工作方面的绩效得分由部门售后服务管理岗位人员的绩效得分平均计算而得。

第12条　客户服务日常考核

1．部门出勤率：由部门所有人员的出勤率加权平均计算而得。

2．部门迟到、早退次数：由部门所有人员迟到、早退次数相加而得。

第4章　考核实施

第13条　绩效考核程序

1．月度考核

（1）人力资源部每月____日向客户服务部发送"客户服务部绩效考核信息表"，由客户服务部负责人填写此表，并于____个工作日之内返至人力资源部。

（2）人力资源部收到客户服务部填报的表单后，开始进行信息确认、录入与评分工作。

（3）评分完成后，人力资源部将客户服务部绩效考核结果发送至客户服务部负责人，请其确认。

（4）客户服务部负责人确认无误后，人力资源部将客户服务部月度考核结果上传至企业考核系统。

2．年度考核

年度考核的工作流程与月度考核相似，人力资源部要统计客户服务部全年的绩效考核信息，并汇总、整理全年绩效考核结果。

第5章　考核结果管理

第14条　月度考核结果运用

客户服务部月度考核结果将作为部门奖金发放的依据。当部门月度考核得分连续3个月在____分以上，一次性发放____元的部门集体奖金。

第15条　年度考核结果运用

客户服务部的年度考核结果将作为部门绩效奖励发放及部门主要负责人的职务调整的依据，人力资源部将对企业所有部门的年度考核得分进行分级管理，具体如下。年度考核得分由当年度所有月度考核得分加权平均后而得。

1．AAAAA级部门：指部门年度考核得分在90~100分的部门。

2．AAAA级部门：指部门年度考核得分在80~89分的部门。

3．AAA级部门：指部门年度考核得分在70~79分的部门。

4．AA级部门：指部门年度考核得分在60~69分的部门。

5．A级部门：指部门年度考核得分低于60分的部门。

对于AAAAA级部门，一次性发放____元集体奖金，其部门主要负责人获得一次提薪或竞聘机会；对于AAAA级部门，一次性发放____元集体奖金；对于AAA级部门，一次性发放____元鼓励金；对于AA及以下等级的部门，不发放奖励，且为其制订培训计划，相关部门负责人半年内不得申请调薪或晋升。

<h2 style="text-align:center">第6章　附则</h2>

第16条　编制单位

本制度由人力资源部与客户服务部共同编制、解释与修订。

第17条　生效时间

本制度自××××年××月××日起生效。

编制日期		审核日期		批准日期	
修改标记		修改处数		修改日期	

12.3.2　客户关系主管绩效考核办法

客户关系主管绩效考核办法

办法名称	客户关系主管绩效考核办法		受控状态	
			编　　号	
执行部门		监督部门	编修部门	

第1条　目的

为了激励客户关系主管的工作积极性，规范对客户关系主管的绩效考核工作管理，特制定本办法。

第2条　适用范围

本办法适用于企业对客户关系主管绩效考核工作的管理。

第3条　权责人员

1. 人力资源部主导整个绩效考核程序，包括考核信息确认、录入、评分、运用等。

2. 客户服务部经理负责对客户关系主管进行具体考核，包括日常评价、考核信息收集等。

第4条　考核周期与时间

对客户关系主管实行月度考核，具体时间为每月最后一个工作周。

第5条　考核内容

对客户关系主管的考核内容主要有工作能力与工作态度两方面。

1. 工作能力：主要从工作完成数量与质量两方面进行考核。

2. 工作态度：主要从日常工作积极性、迟到和早退情况等方面进行考核。

第6条　考核方式

1. 对客户关系主管的考核采取评分制，即将其工作成果以考核指标的形式进行提炼，再划分每个指标的权重，并对每个指标的完成情况进行评分，最后将得分结果进行运用。

2. 绩效考核总分为100分，由工作能力与工作态度两方面的得分综合折算而得。

第7条　考核指标、权重与评分

工作能力与工作态度分别占60%与40%。

1. 工作能力考核指标、权重与评分

（1）客户数据分析准确率：占工作能力权重的10%。客户数据分析准确率达到＿＿＿%，得＿＿＿分；每降低＿＿＿个百分点，扣＿＿＿分；低于＿＿＿%，不得分。

（2）客户拜访目标完成率：占工作能力权重的10%。客户拜访目标完成率达到＿＿＿%，得＿＿＿分；每降低＿＿＿个百分点，扣＿＿＿分；低于＿＿＿%，不得分。

（3）客户需求分析准确率：占工作能力权重的10%。客户需求分析准确率达到＿＿＿%，得＿＿＿分；每降低＿＿＿个百分点，扣＿＿＿分；低于＿＿＿%，不得分。

（4）重点客户关系维护数量：占工作能力权重的10%。重点客户关系维护数量超过＿＿＿家，得＿＿＿分；每减少＿＿＿家，扣＿＿＿分；少于＿＿＿家，不得分。

（5）客户关系改善数量：占工作能力权重的10%。客户关系改善数量超过＿＿＿家，得＿＿＿分；每减少＿＿＿家，扣＿＿＿分；少于＿＿＿家，不得分。

（6）新客户发展数量：占工作能力权重的20%。新客户发展数量超过＿＿＿家，得＿＿＿分；每减少＿＿＿家，扣＿＿＿分；少于＿＿＿家，不得分。

（7）客户留存率：占工作能力权重的10%。客户留存率达到＿＿＿%，得＿＿＿分；每降低＿＿＿个百分点，扣＿＿＿分；低于＿＿＿%，不得分。

（8）客户重复合作率：占工作能力权重的10%。客户重复合作率达到＿＿＿%，得＿＿＿分；每降低＿＿＿个百分点，扣＿＿＿分；低于＿＿＿%，不得分。

（9）重点客户利润贡献率：占工作能力权重的10%。重点客户利润贡献率达到＿＿＿%，得＿＿＿分；每降低＿＿＿个百分点，扣＿＿＿分；低于＿＿＿%，不得分。

2. 工作态度考核指标、权重与评分

（1）当月出勤天数：占工作态度权重的40%。当月应出勤天数每少＿＿＿天，扣＿＿＿分。

（2）当月迟到次数：占工作态度权重的30%。当月每迟到1次，扣＿＿＿分。

（3）当月早退次数：占工作态度权重的30%。当月每早退1次，扣＿＿＿分。

第8条　考核实施

1. 由客户服务部经理每月定期收集客户关系主管的绩效考核信息，并填写"客户关系主管月度绩效考核表"，发到人力资源部。

2. 人力资源部收到考核表后，对考核表内容进行审查，如有疑问及时处理、确认。

3. 确认考核表内容后，人力资源部根据考核表内容计算客户关系主管的绩效考核得分。

第9条　发布考核结果

1. 人力资源部应将客户关系主管的绩效考核结果发给客户关系主管，请其确认。

2. 客户关系主管确认无误后，人力资源部将考核结果存档，作为其绩效工资发放的依据。

第10条　考核结果运用

对客户关系主管的绩效考核主要用于其绩效工资的核算。

1. 当月绩效得分在____~____分的，发放绩效工资的100%；在____~____分的，发放绩效工资的90%；在____~____分的，发放绩效工资的80%；在____~____分的，发放绩效工资的70%；在____~____分的，发放绩效工资的60%。

2. 绩效工资最少发放60%，但若连续3个月绩效考核得分低于____分，则降低其绩效工资的总额。

第11条　编制单位

本办法由人力资源部负责编制、解释与修订。

第12条　生效时间

本办法自×××年××月××日起生效。

12.3.3　售后服务专员绩效考核细则

售后服务专员绩效考核细则

细则名称	售后服务专员绩效考核细则		受控状态	
			编　号	
执行部门		监督部门	编修部门	

第1条　为了明确企业对售后服务专员的绩效考核工作的相关细节，规范绩效考核工作相关程序，特制定本细则。

第2条　对售后服务专员进行绩效考核时，要数据准确、程序正当、公开透明。

第3条　售后服务主管负责提供具体考核信息，人力资源部负责主导整个考核流程。

第4条　对售后服务专员的绩效考核，按月度进行，每月____日开始，____日结束。

第5条　对售后服务专员考核的内容主要是工作结果与工作态度两方面。

第6条　工作结果和工作态度的考核权重各占绩效考核总权重的50%。

第7条　工作结果考核指标中的售后服务完成率的公式是：售后服务完成率＝$\frac{售后服务完成次数}{售后服务应完成总次数}×100\%$，该项指标主要用以考核售后服务专员售后服务工作的整体完成情况。

第8条　工作结果考核指标中的客户对服务投诉率的公式是：客户对服务投诉率＝$\frac{客户对服务投诉次数}{客户投诉总次数}×100\%$，该项指标主要用以考核售后服务专员售后服务工作的质量。

第9条　工作结果考核指标中的客户好评率的公式是：客户好评率＝$\frac{客户好评次数}{客户服务总次数}×100\%$，该项指标主要用以考核售后服务专员的工作态度和工作质量。

第10条　工作结果考核指标中的客户纠纷解决率的公式是：客户纠纷解决率＝

$\dfrac{客户纠纷解决次数}{发生客户纠纷总次数}×100\%$，该项指标主要用以考核售后服务专员的纠纷解决能力。

第11条　工作结果考核指标中的客户回访率的公式是：客户回访率＝$\dfrac{回访客户次数}{应回访客户总次数}$

×100%，该项指标主要用以考核售后服务专员工作的规范性。

第12条　售后服务完成率的考核权重占工作结果考核权重的30%。

第13条　客户对服务投诉率的考核权重占工作结果考核权重的30%。

第14条　客户好评率的考核权重占工作结果考核权重的20%。

第15条　客户纠纷解决率的考核权重占工作结果考核权重的10%。

第16条　客户回访率的考核权重占工作结果考核权重的10%。

第17条　工作态度方面的考核，主要从出勤率、迟到和早退次数、工作状态等方面进行。

第18条　出勤率与迟到、早退的核算以企业内部打卡系统导出的结果为准。

第19条　工作状态的考核以售后服务主管的评价为准。

第20条　对售后服务专员工作的考核进行评分管理，并将其划分为SSS级、SS级、S级三个等级。

第21条　工作结果与工作态度满分各为100分，按考核指标所占权重比例进行折算。具体扣分原则以售后服务部内部管理制度为准。

第22条　人力资源部应在每月____日前完成对售后服务专员工作的考核信息收集的工作，并核算绩效分。

第23条　人力资源部应于考核月次月____日前将考核结果发至售后服务部，请其确认。

第24条　对售后服务专员工作的考核，将直接影响其绩效工资的发放。

第25条　如果售后服务专员对考核结果有异议，可在____个工作日之内向人力资源部提出申诉，人力资源部按相关制度进行处理。

大客户部绩效考核管理制度

第26条　本细则由人力资源部负责编制、解释与修订。

第27条　本细则自×××年××月××日起生效。

第 13 章

项目管理业务目标分解与
部门岗位绩效量化考核

13.1   项目调研、项目立项、项目运营、项目验收、项目预算控制业务目标分解

13.1.1   项目调研业务目标分解

项目调研业务的4大主要目标是：项目需求分析，项目竞争分析，项目效益分析，项目可行性分析。据此设计的三级分解目标如表13-1所示。

表13-1   项目调研业务目标分解

一级目标	二级目标	三级目标
1. 项目需求分析	（1）在规定的时间内编制详尽的项目需求调研方案，内容简洁、准确	①项目需求调研方案在＿＿日内完成 ②项目需求调研方案提交审批并通过
	（2）按照项目需求调研方案，设计并发放项目需求调研问卷，迅速进行有效的市场需求调研，并对调研结果进行分析，依照分析结果按时编写项目需求调研报告	①至少发放＿＿份项目需求调研问卷 ②项目需求调研报告在＿＿日内完成
	（3）根据研发项目需求调研报告，尽快编写项目需求说明书，同时对其进行归档	项目需求说明书在＿＿日内完成
2. 项目竞争分析	（1）确定项目范围，分析项目价值，制定有效的项目竞争对手调研方案	①项目竞争对手调研方案在＿＿日内完成 ②项目竞争对手调研方案提交审批并通过
	（2）收集、整理并汇总竞争对手信息，以确认企业项目的优、劣势	①收集至少＿＿条竞争对手信息 ②列出至少＿＿条明确的企业项目优、劣势
	（3）评估项目的竞争机会，编写项目竞争分析报告	项目竞争分析报告在＿＿日内完成
3. 项目效益分析	（1）组织编制项目开支清单，根据项目开支清单进行研发项目成本调研	项目开支清单在＿＿日内完成

续表

一级目标	二级目标	三级目标
3．项目效益分析	（2）对项目的成本、财务效益、经济效益、社会效益进行分析，并反馈效益分析结果	效益分析准确率应达到____%
	（3）编制研发项目效益分析报表，并对文件资料进行归档	①项目效益分析报表在____日内完成 ②项目效益分析报表内容准确、完整
4．项目可行性分析	（1）编制项目报告，并对其进行归档	项目报告在____日内完成
	（2）根据项目报告，对研发项目进行可行性分析	至少采取____种方法对研发项目进行可行性分析
	（3）编制研发项目可行性分析报告，确定项目立项	①项目可行性分析报告在____日内完成 ②项目可行性分析报告提交审批并通过

13.1.2　项目立项业务目标分解

项目立项业务的2大主要目标是：项目立项管理，项目立项评审管理。据此设计的三级分解目标如表13–2所示。

表13–2　项目立项业务目标分解

一级目标	二级目标	三级目标
1．项目立项管理	（1）根据项目管理需要，制定项目立项管理制度	项目立项管理制度在____日内完成
	（2）收集项目相关信息，制订项目立项计划，并通过项目可行性分析报告，编写项目立项建议书	①项目立项计划在____日内完成 ②项目立项建议书在____日内完成 ③项目立项建议书提交审批并通过
	（3）确定项目立项，编制项目立项报告	项目立项报告在____日内完成并提交
2．项目立项评审管理	（1）组织并成立项目立项评审小组，明确评审目标，制定评审方案	①项目立项评审小组至少由不同部门的____名专家级人员组成 ②评审方案在____日内完成

续表

一级目标	二级目标	三级目标
2. 项目立项评审管理	（2）对项目预算、技术可行性、人员资质和市场前景进行评审	评审准确率达到____%
	（3）编写项目立项评审报告，审批通过后进行备案，并进行资料归档	项目立项评审报告在____日内完成

13.1.3　项目运营业务目标分解

项目运营业务的4大主要目标是：项目需求管理，项目投资管理，项目运营管理，项目合同管理。据此设计的三级分解目标如表13-3所示。

表13-3　项目运营业务目标分解

一级目标	二级目标	三级目标
1. 项目需求管理	（1）提出项目需求，进行实地考察，制订实地考察计划	实地考察计划在____日内完成
	（2）严格按照实地考察计划完成实地考察任务	实地考察任务完成率达到____%
	（3）认真填写有关实地考察的记录资料，并形成可行性研究报告	①考察记录资料完整、无差错 ②可行性研究报告在____日内完成
2. 项目投资管理	（1）根据考察结果，组织会议沟通，对可行性项目形成尽职调查报告	尽职调查报告在____日内完成
	（2）根据尽职调查报告，决定是否投资	符合投资标准的项数至少达到____项
	（3）编制投资分析报告	投资分析报告在____日内完成
3. 项目运营管理	（1）制订项目运营计划，组织编写项目运营方案	①项目运营计划在____日内完成 ②项目运营方案在____日内完成 ③项目运营方案提交审批并通过
	（2）按照项目运营计划与运营方案具体实施	①项目运营计划按时完成率为____% ②项目运营方案完成率为____%
	（3）编写项目运营分析报告，并按规定提交主管领导	项目运营分析报告在____日内完成

续表

一级目标	二级目标	三级目标
4. 项目合同管理	（1）制定项目合同管理制度	①项目合同管理制度在____日内完成 ②项目合同管理制度体系完整率达到____%
	（2）对项目合同档案和合同手续的完整性、项目合同纠纷上报和项目合同变更的及时性进行管理	①项目合同档案和合同手续的完整率达到____% ②项目合同纠纷上报和项目合同变更的及时率达到____%

13.1.4　项目验收业务目标分解

项目验收业务的4大主要目标是：成果验收组织管理，成果验收文档管理，成果专利申报管理，成果信息发布管理。据此设计的三级分解目标如表13-4所示。

表13-4　项目验收业务目标分解

一级目标	二级目标	三级目标
1. 成果验收组织管理	（1）确定验收人员要求，组建成果验收小组，组织制定成果验收标准	成果验收标准在____日内完成
	（2）组织对成果进行验收，拟定验收工作流程，制订成果验收工作计划	成果验收工作计划在____日内完成
	（3）进行成果验收工作，编制成果验收报告	成果验收报告在____日内完成
2. 成果验收文档管理	（1）组织项目验收培训，实施项目成果验收，编制成果验收文档并提交	成果验收文档在____日内完成并提交
	（2）组织成果验收文档会审，对成果验收文档的解释及示范进行审核，若成果验收文档解释及示范未审核通过，则须重新提交成果验收文档	成果验收文档解释及示范审核通过率达到____%
	（3）成果验收文档解释及示范通过后，整理、汇总成果验收文档	成果验收文档完整、无差错

续表

一级目标	二级目标	三级目标
3．成果专利申报管理	（1）收集成果专利相关资料，确定注册年限，编写成果专利注册申请报告	成果专利注册申请报告在＿＿＿日内完成
	（2）在缴纳受理费用、实质审查费用、授权登记费用后，获得成果专利证书	专利证书数量为＿＿＿个
	（3）编写成果专利注册总结报告	成果专利注册总结报告在＿＿＿日内完成
4．成果信息发布管理	（1）制定成果信息发布方案	成果信息发布方案在＿＿＿日内完成
	（2）按照成果信息发布方案进行成果信息发布工作	①联络的信息媒体人士至少＿＿＿人 ②解答相关成果问题
	（3）编制成果信息发布工作报告	成果信息发布工作报告在＿＿＿日内完成

13.1.5　项目预算控制业务目标分解

项目预算控制业务的3大主要目标是：项目预算管理，项目预算控制，项目预算调整管理。据此设计的三级分解目标如表13-5所示。

表13-5　项目预算控制业务目标分解

一级目标	二级目标	三级目标
1．项目预算管理	（1）制定项目预算方案	①项目预算方案在＿＿＿日内完成 ②项目预算方案提交审批并通过
	（2）分项目汇总预算并制定预算目标，确定预算额度，编制项目预算表	项目预算表在＿＿＿日内完成
	（3）编写项目预算分析报告	项目预算分析报告在＿＿＿日内完成
2．项目预算控制	（1）制定项目预算执行方案	①项目预算执行方案在＿＿＿日内完成 ②项目预算执行方案提交审批并通过
	（2）对项目费用进行审核，监督预算执行，直至立项项目终止，编制项目预算执行分析表	项目预算执行分析表在＿＿＿日内完成

一级目标	二级目标	三级目标
2．项目预算控制	（3）按项目预算执行方案实现项目预算控制	执行过程中遇到的问题应及时上报，并提出解决方案
	（4）编写项目预算执行报告	项目预算执行报告在____日内完成
3．项目预算调整管理	（1）制订项目预算调整执行计划	项目预算调整执行计划在____日内完成
	（2）按项目归集费用收入确定预算执行偏差，调整项目预算，编制项目预算调整表	①项目预算调整表在____日内完成 ②对预算执行偏差进行说明，并提出预防措施
	（3）编写项目预算调整执行方案	项目预算调整执行方案在____日内完成

13.2　项目立项主管、项目运营主管、项目质量主管、项目验收主管量化考核方案

13.2.1　项目立项主管量化考核方案

项目立项主管绩效考核指标主要有6个，其中2个KPI指标为项目立项计划完成率、项目立项通过率。据此设计的项目立项主管量化考核方案如表13-6所示。

表13-6　项目立项主管量化考核方案

考核指标	量化考核说明		
	计算公式与指标描述	权重	考核标准
1．项目立项计划完成率	项目立项计划完成率=$\dfrac{已完成的项目立项计划数}{项目立项计划总数}\times100\%$	20%	①项目立项计划完成率在____%以上，得____分 ②每降低____%，扣____分 ③低于____%，不得分

续表

考核指标	量化考核说明		
	计算公式与指标描述	权重	考核标准
2. 项目立项通过率	项目立项通过率= $\dfrac{项目立项通过数}{申请的项目立项总数}\times100\%$	20%	①项目立项通过率在____%以上，得____分 ②每降低____%，扣____分 ③低于____%，不得分
3. 项目立项管理制度编制及时率	项目立项管理制度编制及时率= $\dfrac{及时编制的项目立项管理制度数}{应编制项目立项管理制度总数}$ $\times100\%$	15%	①项目立项管理制度编制及时率在____%以上，得____分 ②每降低____%，扣____分 ③低于____%，不得分
4. 项目立项资料归档完备率	项目立项资料归档完备率= $\dfrac{已归档的项目立项资料数}{应归档的项目立项资料总数}\times100\%$	15%	①项目立项资料归档完备率在____%以上，得____分 ②每降低____%，扣____分 ③低于____%，不得分
5. 项目立项报告编制及时率	项目立项报告编制及时率= $\dfrac{及时编制的项目立项报告数}{应编制项目立项报告总数}\times100\%$	15%	①项目立项报告编制及时率在____%以上，得____分 ②每降低____%，扣____分 ③低于____%，不得分
6. 项目立项培训完成率	项目立项培训完成率= $\dfrac{项目立项培训完成次数}{项目立项培训计划次数}\times100\%$	15%	①项目立项培训完成率在____%以上，得____分 ②每降低____%，扣____分 ③低于____%，不得分

13.2.2　项目运营主管量化考核方案

项目运营主管绩效考核指标主要有8个，其中2个KPI指标为项目成本预算达成率、项目运营计划按时完成率。据此设计的项目运营主管量化考核方案如表13-7所示。

表13-7　项目运营主管量化考核方案

考核指标	量化考核说明		
	计算公式与指标描述	权重	考核标准
1. 项目成本预算达成率	项目成本预算达成率= $\dfrac{项目成本发生额}{项目成本预算额} \times 100\%$	15%	①项目成本预算达成率在____%以上，得____分 ②每降低____%，扣____分 ③低于____%，不得分
2. 项目运营计划按时完成率	项目运营计划按时完成率= $\dfrac{按时完成的项目运营计划数}{应完成的项目运营计划总数} \times 100\%$	15%	①项目运营计划按时完成率在____%以上，得____分 ②每降低____%，扣____分 ③低于____%，不得分
3. 项目运营管理制度编制及时率	项目运营管理制度编制及时率= $\dfrac{及时编制的项目运营管理制度数}{应编制项目运营管理制度总数} \times 100\%$	15%	①项目运营管理制度编制及时率在____%以上，得____分 ②每降低____%，扣____分 ③低于____%，不得分
4. 项目实地考察计划完成率	项目实地考察计划完成率= $\dfrac{已完成的项目实地考察计划数}{项目实地考察计划总数} \times 100\%$	15%	①项目实地考察计划完成率在____%以上，得____分 ②每降低____%，扣____分 ③低于____%，不得分
5. 项目投资计划完成率	项目投资计划完成率= $\dfrac{已完成的项目投资计划数}{项目投资计划总数} \times 100\%$	10%	①项目投资计划完成率在____%以上，得____分 ②每降低____%，扣____分 ③低于____%，不得分
6. 项目合同制度管理体系推行完成率	项目合同制度管理体系推行完成率= $\dfrac{已完成的项目合同制度管理体系推行工作项数}{项目合同制度管理体系推行工作总项数} \times 100\%$	10%	①项目合同制度管理体系推行完成率在____%以上，得____分 ②每降低____%，扣____分 ③低于____%，不得分
7. 项目合同制度体系文件编制完成率	项目合同制度体系文件编制完成率= $\dfrac{实际编制完成的项目合同制度体系文件数}{项目合同制度体系应有文件总数} \times 100\%$	10%	①项目合同制度体系文件编制完成率在____%以上，得____分 ②每降低____%，扣____分 ③低于____%，不得分

续表

考核指标	量化考核说明		
	计算公式与指标描述	权重	考核标准
8．项目运营分析报告编制准确率	项目运营分析报告编制准确率= $\dfrac{无错漏的项目运营分析报告份数}{考核期内提交的项目运营分析报告总份数} \times 100\%$	10%	①项目运营分析报告编制准确率在____%以上，得____分 ②每降低____%，扣____分 ③低于____%，不得分

13.2.3　项目质量主管量化考核方案

项目质量主管绩效考核指标主要有9个，其中3个KPI指标为项目产品检验合格率、项目质检准确率、项目质检及时率。据此设计的项目质量主管量化考核方案如表13-8所示。

表13-8　项目质量主管量化考核方案

考核指标	量化考核说明		
	计算公式与指标描述	权重	考核标准
1．项目产品检验合格率	项目产品检验合格率= $\dfrac{检验合格的项目产品数量}{项目产品检验总数量} \times 100\%$	15%	①项目产品检验合格率在____%以上，得____分 ②每降低____%，扣____分 ③低于____%，不得分
2．项目质检准确率	项目质检准确率= $\dfrac{项目质检不合格数-错检数}{项目质检不合格数-错检数+漏检数} \times 100\%$	15%	①项目质检准确率在____%以上，得____分 ②每降低____%，扣____分 ③低于____%，不得分
3．项目质检及时率	项目质检及时率= $\dfrac{及时质检项目项数}{应质检项目总项数} \times 100\%$	15%	①项目质检及时率在____%以上，得____分 ②每降低____%，扣____分 ③低于____%，不得分

考核指标	量化考核说明		
	计算公式与指标描述	权重	考核标准
4. 项目质量报告编制准确率	项目质量报告编制准确率=$\dfrac{无错漏的项目质量报告份数}{考核期内提交的项目质量报告总份数}\times100\%$	15%	①项目质量报告编制准确率在___%以上，得___分 ②每降低___%，扣___分 ③低于___%，不得分
5. 项目质量标准编制及时率	项目质量标准编制及时率=$\dfrac{及时编制的项目质量标准数}{应编制项目质量标准总数}\times100\%$	10%	①项目质量标准编制及时率在___%以上，得___分 ②每降低___%，扣___分 ③低于___%，不得分
6. 项目质量控制计划完成率	项目质量控制计划完成率=$\dfrac{已完成的项目质量控制计划数}{项目质量控制计划总数}\times100\%$	10%	①项目质量控制计划完成率在___%以上，得___分 ②每降低___%，扣___分 ③低于___%，不得分
7. 项目质量成本预算达成率	项目质量成本预算达成率=$\dfrac{项目质量成本发生额}{项目质量成本预算额}\times100\%$	10%	①项目质量成本预算达成率在___%以上，得___分 ②每降低___%，扣___分 ③低于___%，不得分
8. 项目质量改进任务完成率	项目质量改进任务完成率=$\dfrac{已完成的项目质量改进任务数}{项目质量改进任务总数}\times100\%$	5%	①项目质量改进任务完成率在___%以上，得___分 ②每降低___%，扣___分 ③低于___%，不得分
9. 项目质量管理体系推行完成率	项目质量管理体系推行完成率=$\dfrac{已完成的项目质量管理体系推行工作项数}{项目质量管理体系推行工作总项数}\times100\%$	5%	①项目质量管理体系推行完成率在___%以上，得___分 ②每降低___%，扣___分 ③低于___%，不得分

13.2.4 项目验收主管量化考核方案

项目验收主管绩效考核指标主要有9个，其中2个KPI指标为项目验收准确率、项目验收报告提交及时率。据此设计的项目验收主管量化考核方案如表13-9所示。

表13-9 项目验收主管量化考核方案

考核指标	量化考核说明		
	计算公式与指标描述	权重	考核标准
1．项目验收准确率	项目验收准确率= $\frac{验收结果核对正确的项目数}{已验收的总项目数}\times100\%$	15%	①项目验收准确率在____%以上，得____分 ②每降低____%，扣____分 ③低于____%，不得分
2．项目验收报告提交及时率	项目验收报告提交及时率= $\frac{及时提交的项目验收报告份数}{应提交的项目验收报告总份数}\times100\%$	15%	①项目验收报告提交及时率在____%以上，得____分 ②每降低____%，扣____分 ③低于____%，不得分
3．项目验收计划编制及时率	项目验收计划编制及时率= $\frac{及时编制的项目验收计划数}{应编制项目验收计划总数}\times100\%$	10%	①项目验收计划编制及时率在____%以上，得____分 ②每降低____%，扣____分 ③低于____%，不得分
4．项目验收任务及时完成率	项目验收任务及时完成率= $\frac{及时完成的项目验收任务数}{计划完成的项目验收任务数}\times100\%$	10%	①项目验收任务及时完成率在____%以上，得____分 ②每降低____%，扣____分 ③低于____%，不得分
5．项目验收质量复查合格率	项目验收质量复查合格率= $\frac{经上级部门复查合格的项目数}{验收质量合格的项目总数}\times100\%$	10%	①项目验收质量复查合格率在____%以上，得____分 ②每降低____%，扣____分 ③低于____%，不得分
6．项目验收证据准确率	项目验收证据准确率= $\frac{无错漏的项目验收证据数}{项目验收证据总数}\times100\%$	10%	①项目验收证据准确率在____%以上，得____分 ②每降低____%，扣____分 ③低于____%，不得分
7．项目验收资料审核及时率	项目验收资料审核及时率= $\frac{及时审核的项目验收资料数}{应审核项目验收资料总数}\times100\%$	10%	①项目验收资料审核及时率在____%以上，得____分 ②每降低____%，扣____分 ③低于____%，不得分

考核指标	量化考核说明		
	计算公式与指标描述	权重	考核标准
8．项目验收发现的问题处理及时率	项目验收发现的问题处理及时率= $\dfrac{\text{及时处理的项目验收发现的问题数}}{\text{项目验收发现的问题总数}} \times 100\%$	10%	①项目验收发现的问题处理及时率在＿＿％以上，得＿＿分 ②每降低＿＿%，扣＿＿分 ③低于＿＿%，不得分
9．验收后项目质量事故发生次数	指考核期内项目验收合格后发生的，经核查后是项目验收主管存在过错的项目质量事故的次数	10%	①验收后项目质量事故发生次数为0，得＿＿分 ②每增加1次，扣＿＿分 ③多于＿＿次，不得分

13.3　项目管理部与项目管理岗位量化考核制度、办法

13.3.1　项目管理部绩效考核制度

制度名称	项目管理部绩效考核制度		受控状态	
			编　号	
执行部门		监督部门		编修部门

第1章　总则

第1条　目的

为了规范项目管理部的绩效考核工作，提高企业项目运作效率，充分调动项目管理部成员的积极性，结合企业项目实际运作情况，特制定本制度。

第2条　适用范围

本制度适用于企业对项目管理部绩效考核工作的管理。

第3条　考核原则

1．公开性原则。考核标准是公开的、制度化的，考核结果是公开的。

2．客观性原则。用事实说话，避免主观武断，缺乏事实依据。

3. 时效性原则。绩效考核是对考核期内工作成果的综合评价，不应将考核期之前的行为强加于本次的考核结果中，也不能用考核期内比较突出的一两个劳动成果来代替整个考核期的业绩。

第4条　职责划分

1. 人力资源部负责制定绩效考核制度并组织实施绩效考核工作。

2. 项目管理部要积极配合人力资源部，执行绩效考核制度并及时反馈结果。

第2章　考核时间与方式

第5条　考核时间与周期

对项目管理部的绩效考核实行月度考核，当月考核于次月____日前完成。

第6条　考核方式

对项目管理部的绩效考核实行考核量化评分制，月度考核满分为100分，根据考核指标进行绩效评分，绩效分将影响部门绩效奖励与部门重点负责人的晋升。

第3章　考核内容

第7条　项目立项工作考核

项目立项工作的考核指标是项目立项通过率，其公式是：项目立项通过率=$\dfrac{\text{项目立项通过数}}{\text{申请的项目立项总数}}$×100%，项目立项通过率在____%以上，得____分；每降低____%，扣____分；低于____%，不得分；占绩效考核权重的5%。

第8条　项目进度工作考核

项目进度工作考核的相关考核指标如下。

1. 项目计划完成率：项目计划完成率=$\dfrac{\text{实际完成项目数}}{\text{计划完成的项目总数}}$×100%，项目计划完成率在____%以上，得____分；每降低____%，扣____分；低于____%，不得分；占绩效考核权重的5%。

2. 项目进度延期率：项目进度延期率=$\dfrac{\text{项目实际执行天数-项目计划执行天数}}{\text{项目计划执行天数}}$×100%，项目进度延期率在____%以内，得____分；每增加____%，扣____分；大于____%，不得分；占绩效考核权重的5%。

第9条　项目质量工作考核

项目质量工作考核的相关考核指标如下。

1. 项目质量合格率：项目质量合格率=$\dfrac{\text{质量验收合格项目数量}}{\text{验收项目总数量}}$×100%，项目质量合格率在____%以上，得____分；每降低____%，扣____分；低于____%，不得分；占绩效考核权重的10%。

2. 项目质量改进完成率：项目质量改进完成率=$\dfrac{\text{项目质量改进完成任务数}}{\text{项目质量改进计划任务数}}$×100%，项目质量改进完成率在____%以上，得____分；每降低____%，扣____分；低于____%，不得分；占绩效考核权重的10%。

3. 项目创新率：项目创新率=$\dfrac{\text{创新项目数}}{\text{项目总数}}$×100%，项目创新率在____%以上，得____分；每降低____%，扣____分；低于____%，不得分；占绩效考核权重的10%。

第10条　项目运营工作考核

项目运营工作考核的相关考核指标如下。

1. 项目总成本控制率：项目总成本控制率=$\dfrac{项目实际支出费用}{项目成本预算总额}$×100%，项目总成本控制率在____%以下，得____分；每增加____%，扣____分；高于____%，不得分；占绩效考核权重的5%。

2. 项目成本降低率：项目成本降低率=（1-$\dfrac{本期项目成本发生额}{上期项目成本发生额}$）×100%，项目成本降低率在____%以上，得____分；每降低____%，扣____分；低于____%，不得分；占绩效考核权重的10%。

3. 项目投资计划完成率：项目投资计划完成率=$\dfrac{已确定投资的项目数}{计划投资的项目总数}$×100%，项目投资计划完成率在____%以上，得____分；每降低____%，扣____分；低于____%，不得分；占绩效考核权重的5%。

第11条　项目验收工作考核

项目验收工作考核的相关考核指标如下。

1. 项目验收资料审核及时率：项目验收资料审核及时率=$\dfrac{及时审核的项目验收资料数}{应审核项目验收资料总数}$×100%，项目验收资料审核及时率在____%以上，得____分；每降低____%，扣____分；低于____%，不得分；占绩效考核权重的5%。

2. 验收后项目质量事故发生次数：考核期内，项目验收合格后发生的，经核查项目验收主管存在过错的项目质量事故的次数，验收后项目质量事故发生次数为0，得____分；每增加1次，扣____分；超过____次，不得分；占绩效考核权重的10%。

第12条　客户维度考核

客户维度考核的相关考核指标如下。

1. 客户投诉次数：客户投诉次数在____次以内，得____分；每增加1次，扣____分；超过____次，不得分；占绩效考核权重的5%。

2. 投诉处理及时率：投诉处理及时率=$\dfrac{及时处理的投诉数}{受理的投诉总数}$×100%，投诉处理及时率在____%以上，得____分；每降低____%，扣____分；低于____%，不得分；占绩效考核权重的5%。

第13条　学习成长工作考核

学习成长工作考核的相关考核指标如下。

1. 项目管理人员流失率：项目管理人员流失率=$\dfrac{考核期内流失的项目管理人员数}{考核期内流失前项目管理人员总数}$×100%，项目管理人员流失率在____%以内，得____分；每增加____%，扣____分；大于____%，不得分；占绩效考核权重的5%。

2. 项目管理部培训完成率：项目管理部培训完成率=$\dfrac{项目管理部培训完成次数}{项目管理部培训计划次数}$×100%，项目管理部培训完成率在＿＿％以上，得＿＿分；每降低＿＿％，扣＿＿分；低于＿＿％，不得分；占绩效考核权重的5%。

第4章　考核实施

第14条　考核实施管理

1．人力资源部向项目管理部经理发放部门绩效考核表。

2．项目管理部经理根据实际情况填写项目管理部绩效考核表。

3．人力资源部汇总考核表并计算项目管理部部门考核得分。

4．人力资源部将考核结果提交企业总经理审批通过后，再向项目管理部公布。

5．考核过程中的文件资料由人力资源部存档。

第15条　考核结果计算说明

各考核指标得分=各考核指标分数×各考核指标权重，月度考核得分是各考核指标得分的总和。

第5章　考核结果运用

第16条　考核结果分级

人力资源部根据各部门的考核得分进行排序，可分为优秀、良好、中等、合格、差五个等级，具体内容如下：90~100分的评定为优秀；80~89分的评定为良好；70~79分的评定为中等；60~69分的评定为合格；60分以下（不包含60分）的评定为差。

第17条　考核结果运用

1．用于项目管理部绩效工资与奖金的核算和发放。

2．用于项目管理部相关责任人薪酬等级和岗位级别的调整。

3．用于项目管理部相关人员的工作指导和培训。

4．用于项目管理部下半年度业务目标及发展方向的调整。

第6章　绩效申诉

第18条　考核申诉流程

1．若被考核部门对考核结果有异议，可在考核结果公布后的10日内填写"考核申诉表"并向人力资源部提出申诉。

2．人力资源部接到申诉后，须在5个工作日内作出是否受理的答复。对于申诉事项无客观事实依据而仅凭主观臆断的申诉，人力资源部可不予受理。

3．被受理的申诉事件，人力资源部首先对申诉内容进行调查，然后与项目管理部经理进行协调、沟通。

4．企业总经理拥有申诉的最终决定权，各相关人员须按照其指示进行处理。

第7章　附则

第19条　编制单位

本制度由人力资源部负责编制、解释与修订。

第20条　生效时间

本制度自××××年××月××日起生效。

编制日期		审核日期		批准日期	
修改标记		修改处数		修改日期	

13.3.2　项目运营主管绩效考核办法

项目运营主管绩效考核办法

办法名称	项目运营主管绩效考核办法		受控状态	
			编　号	
执行部门		监督部门	编修部门	

第1条　目的

为了客观评价项目运营主管的工作业绩，最大限度地调动其工作积极性，提高其工作效率，有效确保项目运营主管相关工作的顺利开展，特制定本办法。

第2条　考核原则

1．公平、公正、公开原则。

2．全面考核原则。

第3条　权责人员

1．企业项目管理部经理负责对项目运营主管进行考核，并实施绩效面谈工作。

2．人力资源部负责组织、指导、协助配合、考核汇总与分析等工作。

第4条　考核时间与周期

企业对项目运营主管的考核实行季度考核和年度考核，在次季度和次年度的第一个月的15日前完成，若遇节假日则顺延。

第5条　考核维度

1．工作业绩：任务的完成率、计划任务按时完成率等。

2．工作能力：团队合作能力、沟通协调能力、管理能力。

第6条　考核指标及标准

项目运营主管的考核指标及考核标准如下。

1．项目运营管理制度编制及时率：项目运营管理制度编制及时率 = $\dfrac{\text{及时编制的项目运营管理制度数}}{\text{应编制项目运营管理制度总数}}$ ×100%，项目运营管理制度编制及时率在＿＿＿%以上，得＿＿＿分；每降低＿＿＿%，扣＿＿＿分；低于＿＿＿%，不得分。

2．项目实地考察计划完成率：项目实地考察计划完成率 = $\dfrac{\text{已完成的项目实地考察计划数}}{\text{项目实地考察计划总数}}$ ×100%，项目实地考察计划完成率在＿＿＿%以上，得＿＿＿分；每降低＿＿＿%，扣＿＿＿分；低于＿＿＿%，不得分。

3．项目实地考察资料归档完备率：项目实地考察资料归档完备率 = $\dfrac{\text{已归档的项目实地考察资料份数}}{\text{应归档的项目实地考察资料总份数}}$ ×100%，项目实地考察资料归档完备率在＿＿＿%以上，得＿＿＿分；每降低＿＿＿%，扣＿＿＿分；低于＿＿＿%，不得分。

4．项目投资计划完成率：项目投资计划完成率=$\dfrac{\text{已完成的项目投资计划数}}{\text{项目投资计划总数}}\times100\%$，项目投资计划完成率在____%以上，得____分；每降低____%，扣____分；低于____%，不得分。

5．项目成本预算达成率：项目成本预算达成率=$\dfrac{\text{项目成本发生额}}{\text{项目成本预算额}}\times100\%$，项目成本预算达成率在____%以上，得____分；每降低____%，扣____分；低于____%，不得分。

6．项目运营计划按时完成率：项目运营计划按时完成率=$\dfrac{\text{按时完成的项目运营计划数}}{\text{应完成的项目运营计划总数}}\times100\%$，项目运营计划按时完成率在____%以上，得____分；每降低____%，扣____分；低于____%，不得分。

7．项目合同制度管理体系推行完成率：项目合同制度管理体系推行完成率=$\dfrac{\text{已完成的项目合同制度管理体系推行工作项数}}{\text{项目合同制度管理体系推行工作总项数}}\times100\%$，项目合同制度管理体系推行完成率在____%以上，得____分；每降低____%，扣____分；低于____%，不得分。

8．项目合同制度体系文件编制完成率：项目合同制度体系文件编制完成率=$\dfrac{\text{实际编制完成的项目合同制度体系文件数}}{\text{项目合同制度体系应有文件总数}}\times100\%$，项目合同制度体系文件编制完成率在____%以上，得____分；每降低____%，扣____分；低于____%，不得分。

9．项目运营分析报告编制准确率：项目运营分析报告编制准确率=$\dfrac{\text{无错漏的项目运营分析报告份数}}{\text{考核期内提交的项目运营分析报告总份数}}\times100\%$，项目运营分析报告编制准确率在____%以上，得____分；每降低____%，扣____分；低于____%，不得分。

10．项目运营培训完成率：项目运营培训完成率=$\dfrac{\text{已完成的项目运营培训次数}}{\text{计划完成项目运营培训总次数}}\times100\%$，项目运营培训完成率在____%以上，得____分；每降低____%，扣____分；低于____%，不得分。

11．团队合作能力

（1）团队的利益优先考虑，能够教育、引导下属，团队关系融洽，得____分。

（2）具有一定的团队意识，能够发挥领导管理的作用，并能够协调团队合作，得____分。

（3）具有一定的团队意识，但不能够发挥领导管理的作用，不能够协调团队合作，得____分。

（4）团队意识薄弱，不能平衡个人与团队之间的利益及关系，得____分。

（5）没有团队意识，常常以自我为中心，不管或不顾及团队利益，得____分。

12．沟通协调能力

（1）能够与团队成员、企业沟通顺畅，积极倾听他人意见，得____分。

（2）大部分沟通顺畅，团队信息能够流转，得____分。

（3）一小部分工作沟通不顺畅，但不会造成太大的团队成员误解，得____分。

（4）大部分工作沟通不顺畅，易造成团队成员误解，得____分。

（5）从来不沟通或即使沟通了也很糟糕，得____分。

13．管理能力

（1）采用大家都较为认可的管理方式，并且经常能与大家交流，提供工作方案，得＿＿分。

（2）管理方法略有欠缺之处，能够完成大部分工作，但需要进一步提高，得＿＿分。

（3）管理方法总有欠缺之处，能够完成部分工作，但需要更多提高，得＿＿分。

（4）管理方法僵硬，实行难度较大，得＿＿分。

（5）毫无管理经验可言，管理方法简单粗暴，不合理，得＿＿分。

第7条　考核程序

1．项目管理部经理根据绩效考核表对项目运营主管进行评分。

2．人力资源部根据考核表计算出项目运营主管的综合得分，并提交给人力资源部。

3．人力资源部进行查阅、审批以及综合评定，并返给项目运营主管进行确认。

4．考核结果确认无误后，由财务部发放项目运营主管的绩效薪酬。

第8条　考核结果等级

考核结果分为四个等级，企业针对不同的等级设置了不同的奖励办法。考核得分≥90分的评为优等级，授予优秀称号；80分≤考核得分＜90分的评为良等级，予以公开表扬；60分≤考核得分＜80分的评为中等级；得分＜60分的评为差等级，要求出具书面检查报告。

第9条　考核结果运用

1．季度绩效考核结果由人力资源部用于项目运营主管的绩效工资发放、岗位职级调整和培训规划。

2．考核结果作为项目运营主管奖金分配依据，由项目管理部经理制定奖金分配方案，报总经理审批通过后执行。

第10条　编制单位

本办法由人力资源部负责编制、解释与修订。

第11条　生效时间

本办法自××××年××月××日起生效。

13.3.3　项目验收主管绩效考核办法

项目验收主管绩效考核办法

办法名称	项目验收主管绩效考核办法	受控状态	
		编　号	
执行部门		监督部门		编修部门	

第1条　目的

为了加强对项目验收主管的评估工作，提高其项目验收管理水平，为企业项目验收做好保障工作，特制定本办法。

第2条　考核原则

1．公平、公正、公开原则。

2．定性与定量相结合的原则。

3．定期化和制度化原则。

第3条　权责人员

1．项目管理部经理负责组织、领导项目验收主管的绩效考核工作，审批考核结果。

2．人力资源部负责项目验收主管绩效考核工作的实施。

3．财务部、质量管理部以及其他相关职能部门负责参与协助考核工作。

4．项目验收主管为考核对象，须参加考核面谈并按要求提供有关考核资料。

第4条　考核时间与周期

项目验收主管的考核可分为月度考核与年度考核。月度考核对项目验收主管当月的工作业绩进行考核，考核实施结束时间为次月5日之前。年度考核对项目验收主管全年的工作情况进行考核，考核实施结束时间为次年1月5日之前。

第5条　考核维度

1．工作业绩：任务的完成率、计划任务按时完成率等。

2．工作能力：沟通能力和组织协调能力。

第6条　考核指标及标准

项目验收主管的绩效考核指标及其考核标准如下所示。

1．项目验收计划编制及时率：项目验收计划编制及时率 $=\dfrac{\text{及时编制的项目验收计划数}}{\text{应编制项目验收计划总数}}\times100\%$，项目验收计划编制及时率在____%以上，得____分；每降低____%，扣____分；低于____%，不得分。

2．项目验收任务及时完成率：项目验收任务及时完成率 $=\dfrac{\text{及时完成的项目验收任务数}}{\text{计划完成的项目验收任务数}}\times100\%$，项目验收任务及时完成率在____%以上，得____分；每降低____%，扣____分；低于____%，不得分。

3．项目验收质量复查合格率：项目验收质量复查合格率 $=\dfrac{\text{经上级部门复查合格的项目数}}{\text{验收质量合格的项目总数}}\times100\%$，项目验收质量复查合格率在____%以上，得____分；每降低____%，扣____分；低于____%，不得分。

4．项目验收证据准确率：项目验收证据准确率 $=\dfrac{\text{无错漏的项目验收证据数}}{\text{项目验收证据总数}}\times100\%$，项目验收证据准确率在____%以上，得____分；每降低____%，扣____分；低于____%，不得分。

5．项目验收资料审核及时率：项目验收资料审核及时率 $=\dfrac{\text{及时审核的项目验收资料数}}{\text{应审核项目验收资料总数}}\times100\%$，项目验收资料审核及时率在____%以上，得____分；每降低____%，扣____分；低于____%，不得分。

6．验收后项目质量事故发生次数：考核期内，项目验收合格后发生的，经核查后是项目验收主管存在过错的项目质量事故的次数，项目质量事故发生次数为0，得＿＿分；每增加1次，扣＿＿分；多于＿＿次，不得分。

7．项目验收准确率：项目验收准确率＝$\dfrac{\text{验收结果核对正确的项目数}}{\text{已验收的总项目数}}×100\%$，项目验收准确率在＿＿%以上，得＿＿分；每降低＿＿%，扣＿＿分；低于＿＿%，不得分。

8．组织协调能力。可以合理、有效地调配各种资源，确保各项工作顺利启动并有效完成，在涉及多方关系时，可以进行合理协调，确保工作顺利完成，得＿＿分；不能合理、有效地调配各种资源，不能确保各项工作顺利启动并有效完成，在涉及多方关系时，不能进行合理协调，工作不能顺利完成，得＿＿分。

9．沟通能力。能与外部客户、上级、同事及下属建立良好的双向沟通，可以认真倾听、主动征求他人意见并对意见作出积极的回应，得＿＿分；不能与外部客户、同事建立良好的双向沟通，不征求他人意见并不能对意见作出积极的回应，得＿＿分。

第7条　考核程序

1．项目结束后，由人力资源部向项目验收主管发出考核通知，项目验收主管提供有关项目验收、进度、质量、安全等各方面的资料、数据。

2．项目管理部经理根据项目验收主管绩效考核表进行评分，如有必要须对考核的有关项目进行审查、复核。

3．人力资源部对考核分数进行汇总形成考核结果，并与项目验收主管进行绩效面谈，沟通确认考核结果。

4．人力资源部将考核结果上报总经理审批，由人力资源部归档保存。

5．项目验收主管年度考核程序同上所述，综合评价全年项目验收主管工作绩效。

第8条　考核结果等级

项目管理部经理根据项目验收主管整体工作状态、心态等各方面进行综合评定，满分为100分。60~80分是尚可等级，绩效系数为1；81~90分为良好等级，绩效系数为1.2；90分（不含）以上为优秀等级，绩效系数为1.4；60分以下，为不良等级，绩效系数为0.7。

第9条　考核结果运用

1．考核结果将作为项目验收主管绩效奖金的发放依据，具体标准如下：

项目验收主管绩效奖金＝项目管理部总奖金×40%×$\dfrac{\text{项目验收主管绩效考核成绩}}{100}$。

2．人力资源部应根据项目验收主管的绩效考核目标和结果分析其培训需求，并制定项目验收主管培训方案。

3．考核结果将作为项目验收主管职位晋升及薪资级别调整的依据，具体应遵循企业薪酬管理制度。

第10条　编制单位

本办法由人力资源部负责编制、解释与修订。

第11条　生效时间

本办法自××××年××月××日起生效。